新时代政治学教材系列
TEXTBOOK SERIES OF POLITICAL SCIENCE
IN A NEW ERA

政治学原理

Principles of Political Science

陈周旺　李　辉　熊易寒　包刚升　曾庆捷　著

复旦大学出版社

"新时代政治学教材系列"编委会

主 任
苏长和　郭定平

委 员
（按姓氏音序排列）

陈明明　陈周旺　郭定平　胡　鹏

李　辉　刘季平　刘建军　汪仕凯

熊易寒　臧志军　张　骥　左　才

作者简介

陈周旺，复旦大学国际关系与公共事务学院教授，担任国家社会科学基金重大项目首席专家。主要研究领域为政治学理论、国家理论、基层治理。出版专著4部，译著3部，另主编论文集多部，在《政治学研究》《学术月刊》《文史哲》等重要刊物发表论文60多篇，其中20多篇论文被《新华文摘》《中国社会科学文摘》、人大复印资料等全文转载。曾获全国优秀博士论文、国家级教学成果奖、国家级一流本科课程、上海市哲学社会科学一等奖等奖励。

李　辉，复旦大学国际关系与公共事务学院教授、博士生导师、副院长，担任国家社会科学基金重大项目首席专家。主要研究兴趣为当代中国的权力监督与廉政建设、政治腐败的国际比较、职务犯罪的大数据分析等，在《政治学研究》等杂志发表论文60余篇，出版专著三部。

熊易寒，复旦大学国际关系与公共事务学院教授，教育部2022年度长江学者特聘教授，复旦大学－上海市公安局平安建设与社会治理研究基地主任，中国政治学会青年工作专业委员会副会长，上海市人民政府重大行政决策咨询论证专家，国家社会科学基金重大项目首席专家，入选2018年度中组部万人计划青年拔尖人才。主要研究兴趣为政治社会学和比较政治学，近期主要关注阶层政治、国家治理、社会治理和数字化治理。

包刚升，复旦大学国际关系与公共事务学院教授，主要研究领域为政治理论、比较政治与政治史，著有《民主崩溃的政治学》《政治学通识》《民主的逻辑》《抵达：一部政治演化史》《演变：西方政治的新现实》《大国的命运：从政治危机到国家现代化》以及英文专著 Politics of Democratic Breakdown (Routledge, 2022) 等。被评选为"《经济观察报》2018年度致敬作者"。作品先后入选"《新京报》2014年度社科类好书""第一财经2023年度十佳图书""腾讯读书2023年人文社科十大原创好书"等。

曾庆捷，复旦大学国际关系与公共事务学院副教授。2008年获北京大学国际政治学士学位，2009年获美国哥伦比亚大学政治学硕士学位，2015年获美国密歇根大学政治学博士学位。主要研究兴趣为中国政治、政体形式比较、国际环境与政体安全等。在 British Journal of Political Science, Democratization, International Political Science Review, Political Studies, The China Quarterly, Journal of Contemporary China, Canadian Journal of Political Science, Journal of East Asian Studies，以及《比较政治学研究》《复旦学报》等期刊发表论文数篇。

"新时代政治学教材系列"总序

当今世界正处于百年未有之大变局时期。世界大变局不只是表现在物质和生产方式层面，同时也体现在知识和文化层面。一方面，各门学科知识的新陈代谢在加快；另一方面，世界知识格局的多极化也在推进。与此同时，中华民族也处于伟大复兴重要征程上。中国开辟了一条新的现代化道路模式，中国与世界的相互联系、相互依靠前所未有，彼此之间相互理解的需求也更加迫切。这些都对高等教育特别是哲学社会科学教育和育人提出新的要求。就育人来说，一个重要环节就是教材体系建设和完善，以适应新时代人才培养的需求。

复旦大学国际关系与公共事务学院历来重视教材建设，"卓越为公，作育国士"是学院在育人上的共识。从20世纪80年代开始，国际政治系教师们就投入了很大精力，集体合作，接力工作，编写了政治学、国际关系、行政管理等一系列教材，总计有几十种，蔚为大观。这些教材在社会上产生较大的影响，也为我国政治学、国际关系、公共管理人才培养发挥了重要的作用。

近些年来，学院除了组织教师对经典教材进行修订完善以外，愈来愈觉得随着时代的变化以及课程育人的新要求，迫切需要建设一批新教材。学院在科研上重视中国政治学自主知识体系建设，在教学教材上则同步将较为成熟的中国政治学自主知识转化到新教材中，发挥科研和教材同步同向育人的效应。

学院拥有政治学、公共管理、国家安全学、区域国别学等多个一级学科。多年来，这些学科共为一体，互相支持、各有分工，形成了较好的学科融合发展生态和文化，构成复旦大学大政治学学科集群的独特特点。为了传承学院融合发展的学科和育人文化，承担一流学科为党育人、为国育才的使命，更好地将习近平新时代中国特色社会主义思想、党的创新理论、当代中国政治学理论成果、世界上最新的政治学知识等融入教材，我们组织了以中青年教师为主体的写作力量，计划在"十四五"期间，完成"新时代政治学教材系列"建设工作。

复旦大学出版社向来支持院系教材建设，过去为学院教师们出版了一批优秀教材，深受读者喜爱。学院很高兴能够再次与复旦大学出版社合作，希望双方共同努力，把这套教材编写好、建设好，更好地服务新时代育人工作。

复旦大学国际关系与公共事务学院
"新时代政治学教材系列"编委会
2023年11月

序言

◎ 陈明明

一

摆在读者面前的这本《政治学原理》，是复旦政治学人新撰的政治学入门教科书。

这类教科书有不同的题名，或叫《政治学基础》，或叫《政治学概论》，或叫《政治学教程》，要做的工作无非介绍和阐释政治世界的起源与发展、政治事物的性质与特征、政治权力的组织与运用、政治生活的冲突与合作、政治关系的界定与调适，简言之，是对基本政治要素和重大政治问题的分析与解读。中国大多数高校都有政治学的课程，也都有与课程相配套的一系列政治学教材，无论是作为一个学科领域，还是作为一种专业训练，政治学都已经成为中国现代社会科学知识体系不可分割的组成部分，而以上所提的具有不同题名的原理性或基础性的教科书，无疑是进入这个学科和专业的必要的知识准备。

刚刚过去的一年，复旦大学国际关系与公共事务学院隆重举行纪念复旦政治学科创立百年的庆典，抚今追昔，令人无限感慨。1905年清政府实施"废科举、兴西学"的国策，催发了西方学术及其体制在中国的落地，1923年复旦大学政治学系的建立和相关课程的设置，代表了政治学科在中国最大通商口岸的确立。现在的同学大概难以想象，新中国成立后，在共和国大学的社会科学体系建制中，政治学很长一段时间被革除出了学科体系。这自然是事出有因。我在一篇文章讲过，政治学作为西方知识及其体制进入中国，既包含了资本主义全球扩张带来的现代性观念，如主权国家、法治政府、政党政治、民权主义等，也受制于外来资本主义列强的在华利益、国内买办豪绅的阶级统治和资本市场逻辑的强制。面对马克思列宁主义已经传入中国、中国共产党领导的政治革命、民族革命和文化革命正在全面而艰难展开的形势,这种具有西学特征的政治学在政治上与中国革命存在着根本的矛盾,在理论上与马克思主义的国家和法的学说存在着严重的隔阂,在学科自主性上与争取民族独立、人民解放和建设新国家的使命存在着内在的紧张。因此,在共产党除旧布新的建国方略中,这个学科的体系建构、知识传播和专业训练的现状和取向受到新时代的质疑,它在1952年院系调整后无疾而终的命运是可以想见的。①

新生的共和国本应把政治学纳入学科改造和发展之中,利用政治学的现代性知识为人民民主和国家治理服务,同时在改造、利用中重建学科的新内涵,以回应新政治、新经济、新社会和新文化的需要。由于思想指导的偏差和局限,取消政治学无异于恩格斯所批评的把婴儿与洗澡水一起倒掉,在某种意义上使得中国的政治发展缺乏科学理性的审视。很长一段时间,政治知识的生产相当贫乏,理论实践的探索备受束缚,学术研究的空间极其萎缩,给中国的现代化和中国现代国家建设造成难以估量的损失。经过"文化大革命"后,人们认识到,没有政治学支持的政治进步是何等艰难,没有政治学关照的政治建设是何等曲折。于是就有了邓小平关于政治学等学科"赶快补课"的切肤之痛的呼吁。② 复旦再次站在了历史的潮头。

后面的故事是许多人知道的:在百废待举的改革开放之初,按照邓小平指示的精神,教育部通过中国政治学会委托复旦举办全国第一届政治学讲习班的决定。讲习班要解决的最大问题是教材。20世纪70年代末可谓政治学教材极度稀缺的年代。当时国外的政治学教材尚未翻译出版,改革开放前的政治理论读物亦无此学科意识,深藏于图书馆的民国时期的政治学教科书,或长期湮没未被发现,或因作者政治立场无法直接使用。显然,重新编撰适合新时期中国政治发展之需的政治学教材就成为学科恢复的头等大事。

王邦佐老师谈到他和孙关宏老师讲授政治学这门课程时的困难和办法:"没教材,根据什么讲呢? 我们就只好研究新中国成立前大学里政治学上什么课,并根据

---

① 陈明明:《政治学讲习班给复旦留下什么》,载王邦佐、桑玉成编:《亮相·启蒙·播种》,复旦大学出版社2021年版,第192—193页。
② 1979年3月30日,邓小平同志在党的理论工作务虚会上指出:"我们应该承认自然科学比外国落后了,现在也应该承认社会科学的研究工作(就可比的方面说)比外国落后了。""政治学、法学、社会学以及世界政治的研究,我们过去多年忽视了,现在也需要赶快补课。"见《邓小平文选》(1975—1982),人民出版社1983年版,第167页。

我们的理解,批判旧的政治学、西方的政治学和我们过去拨乱反正的一些东西,基本上按照1930年代恽代英那批老革命家讲马克思主义政治学的体系,也参照毛主席1960年代讲过的阶级论、国家论、政党论、民族论等九个论。北大赵宝煦老师写的那本书就是按这个体系,每一论都按照马克思主义怎么讲的,西方怎么讲的,社会主义怎么讲的,资本主义怎么讲的这样一个体系来介绍。(我们当时)大概就是这样一个讲课方法。"①

在政治学教材几乎一片空白的情况下,马克思主义的理论著述是复旦老一辈学人制定教学计划、拟定教学大纲、编写教材的重要思想和学术资源。于是马克思主义的学理、精义和方法融入政治学这个在中国呼唤"赶快补课"的新学科的建设全程,深刻影响了复旦政治学的学科发展,以至于成为复旦政治学的一个特色。从80年代中期到90年代中期的十年间,复旦政治学人先后编写的《政治学概要》(1986)、《马克思主义政治学》(1992)、《政治的逻辑:马克思主义政治学原理》(1994),以及新世纪第三个十年初出版的《政治逻辑:中国特色社会主义政治学》(2022),构成了一条复旦政治学人探索马克思主义政治学原理的主线。

二

从20世纪80年代改革开放早期编写的《政治学概要》,到市场化改革深入推进的世纪之初出版的《政治学概论》,再到中国已经完成第一个百年奋斗目标、正向第二个百年奋斗目标加速前行的历史时刻面世的《政治学原理》,复旦政治学本科生教材走过了三个不同的历史时期,正好从一个侧面反映了中国政治学与中国现代化的内在关联,以及随着中国现代化运动的展开,中国政治学在学科自主意识和知识体系自主性建构上的反思和成长。

翻开《政治学概要》这本以淡红与橘黄色相间设计为封面、纸质和印制工艺粗糙的教科书,编写者开篇就告诉我们:政治学研究的对象是国家。以国家为研究对象,就要"根据一定的社会经济条件和阶级状况来揭示国家产生、发展和消亡的规律,研究各种国家形态更替和政权组织形式变更的规律,研究无产阶级夺取政权和巩固政权的问题,确立国家活动和职能得以贯彻的方式和手段,寻求国家制度政

---

① 王邦佐:《勤于学习,勇挑重担》,载《国务学脉——复旦大学国务学院老教师访谈口述史》,复旦大学出版社2015年版,第89页。

策、处理阶级关系的不同方式"。① 在某种意义上,以国家为中心的研究,呼应了大体同期兴起的西方"国家回归学派"的学术主张,在国门初开的岁月,编写者的这种国际视野是难能可贵的——他们看到了当时西方政界和学术界对国家干预和"国家"概念的严厉批评,在解构国家概念的政治系统论和结构功能主义因历史机缘而在中国大行其道的情况下,明确提出"政治学的主要研究方向仍然是国家的活动、形式和关系的发展规律"②,和国家回归学派所言的"国家至今仍是政治的基本变量和研究的中心问题"异曲同工。当然,教科书编写者的"国家中心论"并不是来自回归学派的启示,而是来自对马克思主义国家与法理论的遵循。这从教科书给出的政治学研究范围可以看出:全书十四章,阶级斗争、政治革命、国家政权、暴力机关、人民和政治家、民族和宗教、战略和策略、时代、形势和国际关系占有极重的比例,基本是马克思主义政治原理的再阐释。编写者并不隐瞒自己的取向,他们在回顾中外政治学史时,批判了西方自亚里士多德(Aristotle)到20世纪战后西方政治科学的研究传统和研究方法,高度肯定和评价了马克思主义政治研究的科学性、阶级性、革命性和实践性,意图把《政治学概要》写成一部马克思主义政治学。而马克思主义政治学的主体恰恰是"国家问题",他们援引马克思、列宁的观点,认为"国家问题是关系全部政治的主要的和根本的问题",深信所有的政治理论、政治制度、政治组织、政治运动、政治策略等以上所述内容列入政治学研究的范围,"都是围绕着国家这个主体进行的"。③

这种鲜明的研究取向和言说风格是中国当代政治传承和80年代中国改革开放语境交汇的产物。一方面,中国是马克思主义指引下实行社会主义制度的国家,共产党领导和社会主义制度是国家的根本特征,马克思主义意识形态是国家的指导思想,它们对知识体系的制约和影响是深刻和全面的。因此,在政治学科恢复以后,马克思主义的国家和法的理论不能不规范着学科的理论和概念范畴。另一方面,中国进入改革开放的新时期,是一个告别"文化大革命"时代、重启现代化的国家,在关于真理标准的大讨论中对历史、现实和未来进行前所未有的反思,包括西

---

① 王邦佐、孙关宏、王沪宁主编:《政治学概要》,复旦大学出版社1986年版,第8页。
② 《政治学概要》主编者之一的王沪宁老师对这种"反国家主义"有简明精要的评述,认为"高举着反国家主义旗帜的人,只不过是想使国家按照他们的逻辑(新自由主义——引者注)去发挥作用"。他指出,"历史的训诫是:在政治时代,国家依然是举足轻重的,历史的力量还没有超越国家"。见《比较政治分析》,上海人民出版社1987年版,第54—55页。
③ 王邦佐、孙关宏、王沪宁主编:《政治学概要》,复旦大学出版社1986年版,第88页。

方在内的许多思想、知识和学术资源引入中国,和中国的思想解放运动相激荡,对政治学科的恢复和重建发挥了重要的作用。因此,《政治学概要》在坚持马克思主义原理的同时,吸收了政治学科传统的分析视角和政治分类的知识架构,如对国家政体形式的比较、各国政府组织机构的铺陈、不同政党制度的描述,以及行政管理、人事制度的介绍。其中,关于国家政体形式的讨论是恢复后的政治学教学中最令人瞩目、最具知识含量的内容,也是过去的政治知识教育中最薄弱或缺失的内容。当然,在政体分类中,它基本着眼于阶级统治的实质,强调的是政体与国体的关联,指出"在考察国家问题时,既不能笼统简单地只看国体问题,忽视纷繁复杂的政体问题,也不能离开国家的阶级内容,孤立地分析国家的形式,而应该把政体研究与国体联系起来"。[①] 在全书中,我们看到马克思主义国家与法原理的鲜明特征和研究倾向,也看到目光朝向世界,接纳吸收西方政治学知识,并试图在马克思主义理论的统摄下重建新学科知识框架的努力和尝试。

随着中国加快改革开放进程,并在 90 年代初开始建构社会主义市场经济体制,及至 2000 年正式加入世界贸易组织的国策推动下,中国全面进入经济全球化的时代。伴随全球化进程的是思想、理论和观念的重大变革,社会科学领域的知识动员沛然兴起,政治学知识体系的革故鼎新紧随其后。人们对海外新的理论观点、知识架构、学术流派和分析方法的兴趣和关注达到了一个前所未有的高度,表现在政治学教科书中则是大量引进西方政治学的学理资源,复旦大学出版社 2005 年推出的《政治学概论》可以看作这一时期的代表性教材之一。

从编撰的底层逻辑看,《政治学概论》把"政治权力"作为首章(相对于"绪论"而言),把权力视为"政治生活的最为普遍、最为一般的特征"[②],这和 80 年代中期出版的《政治学概要》把"阶级斗争"作为首章的处理方式有很大不同,后者遵循的是马克思主义观察政治的"指导性线索",前者实际上接受了行为主义革命后马基雅维利研究传统复兴的视角,以政治权力来解释社会阶级存在的理由和阶级关系运行的特点。从编排的架构看,《政治学概论》吸收了 20 世纪 70 年代以后西方比较政治分析的若干范畴,增加了政治参与、政治发展、政治文化等内容,这些内容长期被排除在中国政治研究的视野之外,对于中国的学人是陌生的,而在国外学界则充斥在各个研究领域。它们大大刷新了中国政治知识的库存,为中国政治学的重建

---

① 王邦佐、孙关宏、王沪宁主编:《政治学概要》,复旦大学出版社 1986 年版,第 127 页。
② 孙关宏、胡雨春、任军锋主编:《政治学概论》,复旦大学出版社 2005 年版,第 44 页。

带来知识增量。《政治学概论》对概念和理论的阐释引入了西方政治学的若干成果,有的是旧观点但开出了中国的新意,有的是西方政治学和管理学的新议题而径直被收纳其中,只因对中国有现实意义。如在关于政治权力的讨论中讲解了"合法性"的概念;在关于国家政权的讨论中补充了"国家与社会关系"的理论;在关于政府职能的讨论中打开了"新公共管理运动"的窗口;在关于政治参与的讨论中扩展了"公民""政党""利益集团"和"非政府组织"的比较;在关于政治发展的讨论中分析了"政治民主与政治稳定"的关系;在关于政治文化的讨论中介绍了"政治文化的构成与功能""政治文化与政治社会化的途径";在关于世界政治的讨论中描述了"全球化与全球治理"以及"主权国家""国际组织"和"跨国公司"的行为主体特征,如此等等。这些努力和进路都可以看作对早期编撰的政治学教科书的突破和刷新,也可以看作政治学重建对西方政治学理论的认识和接受。

毋庸讳言,在市场化改革的大趋势中,中国政治学的重建很难避免在对西方政治学采行"拿来主义"的过程中,某种程度充当了西方学理"搬运工"的角色,一些学者对国内政治学现状的批评不是没有道理和根据的。① 例如在《政治学概论》中对国家政权的社会基础的论述搬用了西方政治学的解释模式,将其分为"自由主义国家""多元主义国家"和"精英主义国家",而没有对这种分类给予必要的分析和评论;在国家政体的分类中沿袭了西方比较政治学的政体类型,把政体分为"民主政体""极权政体"和"威权政体",而没有指出这种分类蕴含的冷战时期的西方意识形态色彩;在政治民主化的历史趋势展望中,简单接受了"三波民主化浪潮"的观点,把具有明显新自由主义政治内涵的"转型"视为包括中国在内的所有后发国家的必经之路,而没有对这种"转型"的性质及其后果进行反思和评估。

不过,这与其说是教科书的问题,不如说是时代的问题,中国当时要打破僵硬的经济体制、扶持社会的自主成长所开启的市场化改革,不能不吸收那些工业市场经济走在世界前列的国家的知识产品,包括若干新自由主义的思路和政策建议,它

---

① 王绍光指出,中国政治学人如果停留在向西方政治学"取经"与"效仿"阶段,中国政治学的重建就不可能完成。他认为在20世纪80年代,中国政治学对"西方主流理论背后往往隐藏着一些未经言明的基本预设"并不了解。"如果我们对它们不了解,就会稀里糊涂地把建筑在这些预设基础之上的理论架构奉为神明。但基本预设未必是不需证明的公理,如果它们本身有问题,看似高深莫测的理论也许只是个精致的思想牢笼。"见王绍光《中国政治学三十年:从取经到本土化》,《中国社会科学》2010年第6期。21世纪以来,越来越多的中国政治学人试图改变这种状况,作出了一系列关于学科、方法和概念的创新努力,如"田野政治学"(徐勇)、"利益政治学"(王浦劬)、"历史政治学"(杨光斌)、"压力型体制"(杨雪冬)、"党政体制"(景跃进、肖滨),等等。

们对中国的政治知识生产的影响是不可避免的。在竞逐富强的现代世界中,如果说小国难有原创的政治学,那么弱国则难有自主的政治学,因为知识生产和传播的路径是沿着中心向边缘、高地向低地的扩散。众所周知,包括政治学在内的社会科学的自主性,本质上是由国家的自主性决定的,既反映国家自主性的程度,反过来又深刻影响国家的自主性。在这个由中心、半边缘和边缘构成的世界体系中,中心国家生产知识并制定标准,半边缘国家传播知识和标准,边缘国家被动地接受知识和标准。西方政治学本质上是商业、科技和工业文明的产物,它依托于现代民族国家的制度形态,借助于资本主义的全球扩张,这种结构性的落差和结构性的需求客观上具有"使未开化和半开化的国家从属于文明的国家,使农民的民族从属于资产阶级的民族,使东方从属于西方"的内在动力。[①] 这就是自19世纪中叶以来中国进入世界体系时文化知识形态面临的处境。因此,自主的政治学的创立只能建立在自主国家构建的基础上。20世纪中国社会的伟大变革,基本任务是通过民主革命的方式,摆脱世界体系中的依附地位,来开启中国现代国家建设的进程。经验表明,在"脱钩"的情况下,既不能真正确立国家的自主性,也不能真正确立社会科学的自主性。这就构成了中国改革开放的理由。40余年的改革开放,在中国共产党的领导和社会主义制度下,中国现代化快速发展,经济、科技、军事和贸易突飞猛进,国家财富总量和人均收入翻了几番,中国已经成为世界第二大经济体,可以说摆脱了西方的"政治霸权"和"经济霸权",正在走近世界的中心,但是,和经济、科技的成就相比,社会科学的自主性建构仍然有相当距离。缩短这个距离并不是靠单纯的知识资源"引进"就可以完成的,更取决于扎根中国历史、着眼中国"转型"、整合中国经验的知识资源的自主开发和提炼,这意味着自主性知识体系的建构。知识体系无非三个东西:学科体系、学术体系和话语体系,建设科学完备的学科结构、开放包容的学术建制、本土特色而富有活力的话语形态,是中国政治学走向世界的重大使命。

三

新出版的《政治学原理》正是复旦学人践行这一使命的体现。他们在《政治学

[①] 马克思、恩格斯:《共产党宣言》,载《马克思恩格斯选集》(第一卷),人民出版社1972年版,第255页。

概要》《政治学概论》的基础上,赓续传统,传承拓新,以开放包容的心态、反思批判的眼光,吸收了当代政治学的最新成果,总结了包括中国在内的人类社会政治发展的普遍经验,编写了这本《政治学原理》。通读全书,人们不难发现编写者在历史与现实、中国与世界、实践与知识之间融会贯通新旧学理的学术追求和用心。

1. 回归至简大道的终极关怀。现代政治的发展趋向是大众政治,政治知识由贵族、精英的垄断走向社会,被大众所掌握并成为大众改造和改善生活环境的武器。这种政治于国家而言,是要提供优良的治理,于社会而言,是要参与公共事务的管理,它们落在地上,无外乎表现为平等、富裕、正义、自由、有序的公共生活。政治学基础教材的"基础"就是要回答"落在地上"的这些问题。在这个意义上,政治学的有关知识,诸如国家、政体、政府、政党、选举、民主等,只有同这些问题连接起来,才是"接地气"的学问。《政治学原理》开宗明义:"政治生活是人类社会生活的重要内容,因为人都要过群体生活,并且在群体生活中去实现自己,确认自己的价值。良好的政治安排、优良的政治生活,是人类美好生活的基本前提。"而"政治学研究人类的政治生活和政治现象,旨在为'好'的政治提供理论指导,为人类美好生活创造优越的制度条件,解决人类最根本的问题。政治学的这种雄心,以及政治学对人类根本、重大问题的思考,是其他社会科学所不可比拟的"。[①] 较之此前《政治学概论》开篇以古希腊罗马政治为引论来介绍西方政治内涵的演变,把中国古代缺乏公共领域和私人领域的界分作为比照,然后从西方市民社会的变迁造就现代政治及其概念的"历时态"的叙述进路,《政治学原理》对政治内涵的阐释采取了一种"共时态"的比较视野,把政治看成人类不分古今中外的"群体生活"的需要,强调政治的公共性和社会性特征,引出人类为什么需要政治生活(终极原因)、什么是美好的政治生活(价值理念)、我们应当如何创造美好的政治生活(道路方式)等基本问题,由此确定政治的基本性质和政治学研究的根本目的。《政治学原理》的这种努力既是对古典政治学经义的继承与重解,也是对现代政治学要旨的再造与拓展。

2. 基于理论对话的传承出新。如前所述,从20世纪的《政治学概要》《马克思主义政治学》《政治的逻辑》,到21世纪的《政治学概论》《政治逻辑:中国特色社会主义政治学》,反映了不同时期复旦政治学人继承和发展马克思主义政治学原理的历程。新出版的《政治学原理》体现了这种政治信念和知识学理的传承、重建与创

[①] 陈周旺、李辉、熊易寒等:《政治学原理》,复旦大学出版社2024年版,第1页。

新。在《政治学原理》中,我们可以读到马克思主义的国家学说、马克思主义的国家与社会关系理论、马克思主义"以人民为中心"的国家哲学、马克思主义学派或受马克思主义影响的左翼学者关于国家阶级性和自主性的分析、马克思主义的政府理论以及关于民主与政治发展的思想观点。传承不是文本主义式的复述,而是注入新质进行转换的理论对话。因此在《政治学原理》中,我们也可以读到大量基于现代政治生活和当代政治研究成果的理论、知识和方法的阐述,如政治权力的三重维度、现代国家兴起的条件及意义、当代中国国家与社会关系的变革与特质、大政府与小政府的理论争议、民主与政治诸要素的关系与张力、选举政治的制度与行为逻辑、发达国家与发展中国家的政党功能及与民众的关系、政治发展的实质和前景,如此等等。这种融马克思主义政治原理和当代政治学知识学理的编撰工作不是简单的学术拼盘,而是一种对传统思想资源的调适性发展和对当代知识资源的创造性转换,它在某种程度上破除了那种对经典文本"照着说"而无视现代生活已发生根本性变迁、对域外知识"搬过来说"而不问中国实际究竟如何的教条主义,在传承和革新之间建构起富有时代意义的关联。

3. 紧扣核心概念的分析结构。和早期的《政治学概要》相比,《政治学概论》和《政治学原理》都舍弃了一些篇目,如阶级斗争,政治革命,政治思想,人民和政治家,战略和策略,时代、形势和国际关系,而把暴力机关纳入国家,把行政管理和人事制度纳入政府,这是因为有些议题已不适合今天中国的语境,有些内容从属于更高层次的范畴。和《政治学概论》相比,《政治学原理》没有专章讨论政治参与、政治文化、世界政治,是因为政治参与从属于民主,世界政治在学科分野成熟的今天可由另外的著作专门论述。①《政治学原理》的结构安排所以如此,我想大概是编写者出于对国家的巨大兴趣和长期研究的偏好使然。书中明确指出:"国家是政治学的核心概念,也是政治世界的关键行动者。有国家才有真正意义上的政治,政治史也就是一部国家史。"②在"政治学的对象与范围"一节中,原则、制度和行为三大领域分别指涉国家规定的政治价值、国家建构的基本政治安排与围绕国家资源配置展开的政治互动过程。正是因为国家构成《政治学原理》的核心概念,三大领域便

---

① 但"政治文化"一章似乎不应舍弃,无论是作为反映和约束一定社会经济政治结构发展的意识形态,还是作为植根于一个民族共同体的心理机制和习俗情感信仰因而可支配其成员生活方式的态度行为类型,政治文化以及政治社会化都是政治世界的重要现象和内容,似应列章予以阐释。
② 陈周旺、李辉、熊易寒等:《政治学原理》,复旦大学出版社2024年版,第42页。

构成了《政治学原理》的逻辑结构，国家也就成为《政治学原理》叙事的主线，而分布在国家这张蛛网(逻辑结构)上并由这条主线联结起来并且获得意义的点便是权力、政体、政府、民主、选举、政党、政治发展。在这里，我们可以看到从国家延伸出来的原则、制度和行为三个领域对政治知识的巨大整合力，抓住国家就是抓住政治学的基本问题和重大问题，对于学生的政治学入门，可收事半功倍之效。

4. 富有审辨风格的比较思维。一种几十年间大家都会不断编写和修订的通论式教材，要让学生读起来不觉得是炒冷饭，在知识上有进步，看问题的角度和解释的逻辑是至关重要的。在关于政体问题的论述中，《政治学原理》讨论了目前存在的三种视角——国体视角、政府形式视角和立法权与行政权视角，以及它们各自的理论渊源和解释效力。编写者指出，古典政治学家如亚里士多德的政体分类实际上秉持的是国体的认识，即从"谁统治"而不是"如何统治"这样一个根本性问题出发，由此奠定了君主制与共和制的经典分类，虽然"谁统治"在亚氏那里并不是一个纯然的阶级概念，而是一个和阶级(等级)有关的统治者数量加统治者意图的概念。现代政治兴起以后，特别是20世纪大量不发达国家的政治发展纳入比较政治研究以后，传统的政体分类失去了原有的统治意义，"谁统治"的问题便转向"如何统治"的问题，政府形式的视角逐渐成为政体分类的主要范式，它的重要取向是以国家与社会关系为标准重新界分不同的政府形式。其实，这种范式并不能真正取消人们对"谁统治"的关切，也无法抽掉政权背后的国家与社会关系的阶级属性。比较政治学中诸如"自由民主""威权主义""极权主义"的政体划分，用仿佛类似的表象掩盖不同政治、政权的巨大差异，在理论上具有严重的缺陷。编写者比较和分析了这两种视角，主张回到政体的经典定义，把政体视为由一定"实体分化组合的原则、方式和相互关系"所构成的国家政权组织形式，提出区分国家政体的简明(无争议)且有效(可覆盖)的标准就是立法权与行政权的关系。①

显然，《政治学原理》显示了一种基于传承(尊重经典)、超越(突破传统)和批判(反思成论)合一的学术进路，它对上面所提到的流行于比较政治学的政体分类，采取了一种历史审辨式(critical thinking)的眼光，一方面起底了它们的前世与今生的联系，考察它们的要义、使用偏好和分类依据，另一方面指出它们作为标签化概念的应用缺陷、方法贫困和含义空洞，批评了以前政治学教科书对此没有加以批判

---

① 陈周旺、李辉、熊易寒等：《政治学原理》，复旦大学出版社2024年版，第91页。

性比较的理论偏失。此外，它从立法权与行政权关系来审视国家政体，也没有仅仅停留在"顶层制度"，而是启发人们要把视野下移到"次级制度"，即从选举制度、政党制度、央地关系等次级政治结构来观察议会制、总统制、委员会制度和二元君主制。如此才能抓住权力中心（重心）之所在与选举制度、政治文化、政党制度的交互作用，才能理解这些政体的法理结构在政治过程中的变异，政治冲突（如倒阁权）在制度与文化中的解决之道，总统制中奉为圭臬的三权分立是如何反对和蚕食三权分立，强势的"半总统制"为何在"左右共治"中沦为议会制式的软弱的"半总统"，二元君主制又何以日薄西山却可借现代化而苟延残喘。本书告诫读者，一国政体的选择完全基于该国的国情与政治条件，一国的政治设计，不可以脱离国情，凭空炮制或照搬过来的政体不可避免具有脆弱性。① 这种深具辨析风格的洞见在"国家""政府""政党"等章节随处可见，可谓是对老分类做了新处理，对老范式给了新解读，对老主题有了新发掘。

5. 走进历史深处的政治叙事。理论的力量，不仅在于明快的分析逻辑，而且有赖于叙述的感染力，这很大程度上又取决于作者能否把似乎枯燥乏味的理据演绎通过富有个性特点的书写转化为和生活经验相通的知识，从而令人把文本阅读本身变成一大乐事。《政治学原理》的写作不是正襟危坐的"宣讲"，而是不无机智且有谐趣的"演讲"，有一览众山小的恢宏视野，也有逐层放大纤毫毕现的展示。例如，在讨论人类社会为什么产生权力这一问题时，书中介绍了德瓦尔（Frans de Waal）的黑猩猩群落的观察（生物学解释），也介绍了米尔格瑞姆（Milgram）的实验结果（心理学解释），讲了洛克（Locke）与霍布斯（Hobbes）的自然状态（理性选择），也讲了宗教与意识形态的控制（非理性因素），这些讲述给出了权力形成的微观机制，使人们对权力的发生和运用有了一种朴素、生动而深刻的印象。又如讨论现代国家诞生，编写者融机理与逻辑于关键性的历史事件，揭示了文艺复兴是怎样削弱了教会的势力，突厥入侵是怎样把大炮火药传入欧洲炸毁贵族的城堡，印刷术和新教的崛起又是如何推动了政教的分离，大西洋贸易和威尼斯流行的复式记账法怎么成为资本主义的前提，而欧洲绵延不绝的战争又是怎么缔造了现代国家，深邃的历史眼光加上条分缕析的叙述清晰展现了现代国家的旅程。再如对市民社会演进和市民社会概念的解释，既有关于教权与俗权的相争妥协、私域与公域的对立互

---

① 陈周旺、李辉、熊易寒等：《政治学原理》，复旦大学出版社2024年版，第93页。

构、资本与权力的抗衡勾兑这样一幅大历史画卷的工笔描绘，厘清了市民社会与国家的二元分立理论假设的由来，也有笔锋一转以"你可以发现这样一批人"为开头，对市民社会（市井生活）的非黑非白、亦正亦邪、得过且过、居于守法与违法之间的全景式的泼墨写意，破除了市民社会乌托邦化的想象，给出了市民社会内部与国家内部多重复杂的景观，从而使得人们对西方多元主义、法团主义的理论假设多了一份基于历史批判的理解和思考，并为认识中国国家与社会关系特质提供了必要的知识基础。像这样的讲解在书中比比皆是，朴素的生活化语言恰到好处的使用同历史与理论结合在一起，形成了一种有趣而不失端庄、厚重而不失活泼的风格，抽象的东西由此变得具体、丰富和生动起来。

四

改革开放 40 年余年，中国已经发生了翻天覆地的变化，在习近平总书记"517"重要讲话精神激励下，"中国政治学自主知识体系建构"这个命题越来越受到政治学界的关注和重视。人们可能要问，为什么要提出中国政治学知识体系的自主建构？中国经验对于人类政治发展和价值选择意味着什么？关于中国经验的理论总结能否转化为一种具有普遍性的知识学理，从而把国家的发展同世界秩序的治理纳入统一的分析和解释框架？这是中国政治学知识体系自主性建构需要回答的问题，其实也是《政治学原理》的编写者思考的问题。

第一，这种自主性建构是民族复兴和现代国家自主性的内在要求。如前所述，政治学的自主性，本质上是由国家的自主性决定的。国家自主性集中表现为国家主权在国际关系中维护国家安全和发展利益的独立意志，国家政权处理内部事务超越利益集团而着眼于国民普遍福祉的自主决策。中国自 19 世纪中叶被卷入世界体系，逐渐演化为世界体系的边缘地区。为了摆脱不发达状态，中国先后采取资产阶级革命和共产主义革命的方式，努力改变在世界体系中的依附地位，开启了百余年的现代化运动和现代国家建设进程。新中国 70 余年的发展特别是其中 40 余年的改革开放，可以说摆脱了这个不平等世界体系结构施加于中国的百余年屈辱地位，在中国特色社会主义市场经济体制和社会主义政治体制的建设中，势必有一个中国特色社会主义文化知识体制的建设，以策应中国的历史性巨变。政治学的自主性建构就是其中的重要内容。对中国这样一个具有深厚历史传统、规模体量巨大、又采取社会主义制度和意识形态的国家来说，没有一门立基于自身文明、制度体系、价值形态、生活方式的反映当代中国现代化和民族复兴要求的政治学，显然不符合中国日益走近世界中心的发展趋势。因此，建构一套与中国趋于成熟的经济体系和成型的政治制度相适应的政治学知识体系，服务于中华民族的伟大复兴、中国式现代化和"中国应对人类有较大贡献"的大国责任与抱负，是时代赋予中国政治学自主性建构的历史任务。

第二，这种自主性建构必定呈现为基于历史和经验的深刻认知而形成的逻辑推理和有据为证的学理阐释过程。所有的知识都是从经验起步的，在历史中积累的，但经验与历史并不简单等于知识，要形成知识，需要经历一个抽象化的过程，即把经验与历史的因果关系置于一定的约束条件（控制、比较、观照）下进行加工提炼以形成理论，这个理论能够被"移植"到大体相同的场域，因而可成为"原理"。概念、范畴以及它们之间的合乎形式逻辑的阐释就构成了原理的表述形态，构成了所谓规范的知识体系。规范的知识体系通常被认为能提供普遍性的视野，而普遍性一般又被认为是超越时空的可复验的适用性，事实上，可复验的适用性离不开特定的历史条件。普遍性知识既然是历史的产物，就不能不接受历史与实践的检验。一方面，要看这个知识是否具有覆盖性和推广性，即产生的这个新知识在其他地方和环境里是否可复验，可复验则可认为它属于普遍性的知识。另一方面，还有一种作为特殊个案的知识，它可能与一般、普遍有某种关联，却不属于一般、普遍。特殊性不是普遍性的否定，而是普遍性的一种存在方式，是事物多元性的一种形态。因此，不仅要看到知识的覆盖性法则，也要承认知识的多元性法则，以及在多元视角中特殊性知识的价值和贡献。在中国，政治学理论与方法的研究必须考虑到具体的社会或历史情境并与之相结合，而普遍性知识和特殊性知识在中国政治学知识体系中都有其理论地位。中国是一个拥有自身鲜明特点的国家，它的历史传统、国家规模、社会结构、民众心理、政治制度、组织特性等，都和西方国家存在着一些难以通约的本质差异，在开放性使用西方理论与方法研究中国经验与实践时应不失谨慎与节制，在批判性挖掘中国社会现象背后的历史逻辑和文化内涵时应持有必要的尊重与温情。从中国的独特性中发现普遍性，承认普遍性知识和特殊性知识都构成中国政治学知识的不同层面，意味着对中国整体经验和实践全局的全面而深刻的理解，意味着理论逻辑、历史逻辑和实践逻辑的有机结合。把在中国的发现淬炼为有学术价值和理论意义的概念，使之转化为符合形式逻辑的知识学理体系，无疑是中国政治学知识体系自主性建构的关键性行动。

第三,这种自主性建构需要以中国政治学的本土化作为条件和支撑。"根据中国"和"为了中国"而建构"中国自己的理想图景"是中国政治学自主性的要求,它不是一种个体性的反思活动,而是一种建立在集体反思基础上的开放的集体性行动。① 这种集体反思本质上是在直面"他者"的同时如何解决"自我"的身份认同,即中国政治学是中国人在中国的经验和语境中构筑的中国人对于中国和世界关系的理解和表达,没有政治学的本土化,就无法解决这一自我身份认同问题。的确,和自然科学不同,没有所谓中国的物理学、中国的数学、中国的化学、中国的生物学,因为自然科学面对的是一个同质化、可标准化测量的外在于人的客观世界,但是,社会科学是"社会关系"的"科学",政治科学是"经济(利益)集中表现"的"科学",社会和政治的规律都是通过一定的历史、文化和社会结构互动表现出来的。换言之,这个世界的社会科学不是纯粹的,而是有意识形态取向的,有国家立场的,有文化宗教差异的,有阶级性质的,有经济社会发展阶段差别的。在意识形态、民族国家、文化宗教、阶级集团、经济社会发展的影响和制约下,必然会发生学科和知识体系的本土化问题。毫无疑问,本土化和国际化存在着某种紧张,但这种紧张不过是特殊性与普遍性、差异性与一般性的对立统一的题中既有之义,是"越是民族的,越是世界的"的辩证过程的再现,实际上构成了中国知识体系自主性建构的内在动力。

总之,中国政治学要有鲜明的中国立场、中国特色、中国关怀,从中国的经验和实践中发现规律和提炼具有原创性、时代性的结论和方法,由此才能拥有与国外政治学平等对话的自主地位和能力。同时,中国政治学要有恢宏的世界眼光、全球意识,从构建人类命运共同体的高度来审视、理解和解释中国的经验和实践,在世界优秀文化和中国伟大文明传统之间建立起开放的理论关联,从而形成具有系统性、专业性的学科知识体系。这意味着中国政治学必须以中国式现代化道路探索为基础,植根于中华优秀传统文化,借鉴吸收国外社会科学有益成果,为完善国家治理和创造优良公共生活提供科学的学理支持。

由此而论,复旦版《政治学原理》的出版,是中国政治学知识体系自主性建构行

---

① 邓正来:《学术自主性问题:反思和推进》,《社会科学论坛》2007年第11期。邓正来先生曾邀不同作家手书题写"根据中国""为了中国",印在他主编的《中国社会科学季刊》若干期的扉页上,以表达他对建构中国社会科学自主性乃至"主体性中国"的信念。

动的一个部分。作为一本新撰于 21 世纪第三个十年的政治学教科书,它是对前辈学人筚路蓝缕、奋斗历程的致敬,也是站在现时代对政治世界新老问题的追索。任何一部作品一经产生便成为历史,《政治学原理》同样不会例外。也许,它的优点会因中国政治学知识体系的繁荣发展被人淡忘或归于烟尘,天空不留痕迹而我已飞过,自不必多说;它的不足会被中国政治学知识体系的探索创新所弥补匡正,作为曾经的铺路碎石,供后来者踏足前行,那也是它的光荣和幸运。

目 录

第一章 导论：政治与政治学 1
  第一节 什么是政治 1
  第二节 关于政治的四种定义 6
  第三节 政治学的研究对象与范围 11
  第四节 政治学的沿革 13
  本章小结 18
  思考题 19
  延伸阅读书目 19

第二章 政治权力 20
  第一节 政治权力的定义和类型 20
  第二节 政治权力的起源 25
  第三节 政治权力的分析路径 29
  第四节 政治权力与政治合法性 33
  第五节 政治合法性的类型 36
  第六节 政治权力的合法化危机 39
  本章小结 40
  思考题 41
  延伸阅读书目 41

第三章 国家 42
  第一节 现代国家简史 42
  第二节 现代国家的主要特征 47
  第三节 西欧民族国家形成的推动力 51
  第四节 现代国家兴起的意义 55
  第五节 国家的阶级性与自主性 57

第六节　中国:从天下到民族国家 ·············· 59
　　本章小结 ························· 61
　　思考题 ·························· 62
　　延伸阅读书目 ······················· 62

第四章　国家与社会 ······················· 63
　　第一节　市民社会的缘起与演进 ··············· 63
　　第二节　市民社会的含义和性质 ··············· 65
　　第三节　国家与社会关系的理论范式 ············· 67
　　第四节　当代中国的国家与社会关系 ············· 71
　　第五节　国家与社会共生 ·················· 78
　　本章小结 ························· 82
　　思考题 ·························· 82
　　延伸阅读书目 ······················· 83

第五章　政体 ·························· 84
　　第一节　政体的分类 ···················· 84
　　第二节　议会制与委员会制 ················· 93
　　第三节　总统制与二元君主制 ················ 98
　　本章小结 ························· 105
　　思考题 ·························· 105
　　延伸阅读书目 ······················· 105

第六章　政府 ·························· 107
　　第一节　政府的定义 ···················· 107
　　第二节　政府职能 ····················· 113
　　第三节　政府与市场 ···················· 118
　　第四节　政府间的横向关系 ················· 123
　　第五节　政府间的纵向关系 ················· 127
　　本章小结 ························· 132

思考题 132
　　延伸阅读书目 133

第七章 民主 134
　　第一节 民主的定义与概念辨析 134
　　第二节 民主的起源、发展与扩散 138
　　第三节 民主与民主转型的理论 143
　　第四节 民主与诸种政治要素的关系 150
　　第五节 社会主义民主 156
　　本章小结 162
　　思考题 163
　　延伸阅读书目 163

第八章 选举 164
　　第一节 选举、制度与行为 164
　　第二节 议会选举制度的类型 168
　　第三节 议会选举制度的逻辑 173
　　第四节 总统选举制度的逻辑 178
　　第五节 选举的发展 181
　　本章小结 187
　　思考题 188
　　延伸阅读书目 188

第九章 政党 189
　　第一节 政党的起源 189
　　第二节 政党的功能 191
　　第三节 政党体系 196
　　第四节 发达国家变化中的政党选民关系 201
　　第五节 发展中国家的政党与政党体系 204
　　第六节 中国的政党制度 207

本章小结 ·· 208
　　思考题 ·· 209
　　延伸阅读书目 ·· 209

第十章　政治发展 ·· 210
　　第一节　发展政治学的兴起 ··· 210
　　第二节　对政治发展实质的理解 ·· 216
　　第三节　重新"发现"国家 ·· 218
　　第四节　中观政治发展理论的进步 ··· 223
　　第五节　中国的政治发展 ·· 225
　　本章小结 ·· 226
　　思考题 ·· 227
　　延伸阅读书目 ·· 227

后记 ·· 228

第一章
导论：政治与政治学

政治生活是人类社会生活的重要内容，因为人都要过群体生活，并且在群体生活中去实现自己，确认自己的价值。良好的政治安排、优良的政治生活，是人类美好生活的基本前提。不管人们是否喜欢政治，政治其实都离我们不远，以至于我们不可能真的忽视它。那些声称不喜欢政治的人，其实是不喜欢"坏"的政治，对于"好"的政治，反而是无比神往。如何才会有"好"的政治呢，这恰恰就是政治学研究的基本内容，以及政治学的使命。政治学研究人类的政治生活和政治现象，旨在为"好"的政治提供理论指导，为人类美好生活创造优越的制度条件，解决人类最根本的问题。政治学的这种雄心，以及政治学对人类根本、重大问题的思考，是其他社会科学所不可比拟的。

第一节 什么是政治

政治常常是人们最为关心的话题之一。人们无时无刻不在谈论政治，在餐桌边，在出租车上，在公园里，政治是最引人入胜的话题之一，因为政治虽然好像离大家很遥远，但是无论是亲朋好友还是大街上的陌生人，最容易在政治话题上找到共同点，似乎都多少懂得一些。可是政治的准确定义是什么呢？谁能给出一个确凿无疑又令人信服的答案呢？

比如说，关于政治，有以下三种耳熟能详的说法。第一种说法经常出现在我们的日常生活中：我刚刚收到上级通知，今天下午要组织全体人员开展政治学习。第二种说法只要打开电视或者广播就能听到：联合国秘书长发表讲话，某某地区问题不能通过武力解决，而应该通过政治方式解决。第三种说法经常出现在一些文艺作品里:我不喜欢政治,政治就是说谎。

这三种说法,都用上了"政治"这个词,仿佛都在讲述一种叫作"政治"的东西。但是读者都知道,他们所讲的"政治"并不是同一件事,甚至他们对于"政治"的态度,也存在天壤之别。有人觉得,政治世界充斥着谎言;也有人觉得,政治是跟武力相对的,是和平解决争端的一种好方法。他们明明讲的不是一回事,为什么都会把它叫作"政治"? 好像也没有谁觉得这样做有什么不对。究其原因,政治的世界太复杂多变,太包罗万象。要从这些纷繁复杂的现象中找到统一的、富有规律性的内容,并不是简单的事情。当我们越是了解政治,掌握越多关于政治的知识,我们就越难以给政治下一个准确的定义。政治是一个万花筒,也是一个大杂烩,很多貌似截然不同的事物,都可以冠以政治之名;政治总是跟其他社会现象交织在一起,不存在某种单一的或者纯粹的政治现象。总而言之,政治现象跟其他社会现象放在一起,它的边界非常模糊。从古至今,我们都难以找到一个权威的、大家都能接受的关于政治的定义。

在古代中国,政治就是人的生活的基本面。当时没有今天的政治学,但不影响人们谈论政治,思考政治。众所周知,孔子著《春秋》而"乱臣贼子惧",这是讲,《春秋》不仅是一部史书,更是一部政治著作。从先秦到唐宋元明清,产生了许多伟大的政治作品和政治智慧。远的有"四书五经"、桓宽的《盐铁论》、柳宗元的《封建论》、司马光的《资治通鉴》,近的有梁启超先生的《异哉所谓国体问题者》,等等,不胜枚举。古人关于政治的定义,最著名的是《左传》里的这句话:"国之大事,在祀与戎。"祭祀与战争是国家的头等大事,也就是政治的最基本内容,从中可以领略古代政治生活的轮廓。

对古代政治生活性质的界定,最重要的来自《论语》。季康子问政于孔子,孔子对曰:"政者,正也。"[①]在中国古代社会,政治的要义就是定名分、守其职。《论语》也解释了什么是"正",就是"君君,臣臣,父父,子子",君主要做君主的事情,臣子要做臣子的事情,父亲做好父亲的事情,儿子做好儿子的事情。"君使臣以礼,臣事君以忠"[②],这样就能维持一个安好的政治秩序。这个说起来简单,但是天下祸乱的根源,都是因为这些基本的政治安排没有落实。君主不问朝政,整天像李后主、陈叔宝那样吟诗作对,或者像宋徽宗、宋钦宗那样去画画,像明朝天启皇帝那样天天

---

① 《论语·颜渊》。
② 《论语·八佾》。

做木匠;臣子怀"不臣之心","庆父不死,鲁难未已",如李辅国、杨国忠之流专横弄权,又或是如张居正般功高震主,帝制秩序就岌岌可危。这些都是社会纲纪混乱的表现。一言以蔽之,就如《资治通鉴》所言:"天子之职莫大于礼,礼莫大于分,分莫大于名。"① 这也是《资治通鉴》的核心思想。

那么,政治的目的是什么呢?《论语》里也有进一步的解释。《论语·子路》有这么一段话:"子适卫,冉有仆。子曰:庶矣哉! 冉有曰:既庶矣,又何加焉? 曰:富之。曰:既富矣,又何加焉? 曰:教之。"

"教之"是政治的最高境界,也就是说,在古人眼中,政治应该起到教化的功能。一个政治秩序的形成,不能只靠强制和惩罚,光有经济的增长也不够,只有通过教化实现"规训革命",建立起一种政治文明,方能确保海晏河清、长治久安。

在鸦片战争中,大清被西方的坚船利炮打败,丧权辱国,中国被拖入现代化进程,不得不反省自己,也试图效仿先行现代化国家的技术、制度,甚至学习他们的文化。这个过程,史称"西学东渐"。倡导中体西用者有之,高呼打倒孔家店者亦有之,但无论如何,古代那一套伦理纲常、政治学说,统统成为反思和批判的对象。从晚清到民国,在社会上最有影响的关于政治的定义,就是孙中山的定义:"政治,就是管理众人之事。"② 这个定义听上去稀松平常,其中却蕴含深意。孙中山的政治定义指出了政治很重要的方面,就是公共性。仔细思考,孙中山的定义里,是将现代政治和传统帝制政治做了一个比较的。他认为帝制中国不存在真正的政治,因为那时候统治者关心的,都是皇帝一人一家的事情;真正的政治,应该是超出一人一家,是管理众人之事,关心天下人的共同福祉。钱穆就指出,出于公的谓之制度,出于私的谓之法术,只有前者才算是政治。③ 就此而言,孙中山这个政治定义含有了进步的、科学的、革命的思想。但是,孙中山这个定义也有局限性,那就是没有讲清楚政治现象的本质、政治制度的内涵、政治权力的运作机理,等等,因此无法用于对政治现象进行科学分析。

中华人民共和国成立后,我国进入了社会主义现代化建设时期,对政治形成了新的理解,强调立足于我国处于社会主义初级阶段的实际国情和社会主义现代化建设的使命、现实来阐释政治、分析政治。这个时期最为人所熟知的关于政治的阐

---

① 《资治通鉴·周纪一》。
② 《孙中山选集》,人民出版社1956年版,第692—693页。
③ 钱穆:《中国历代政治得失》,生活·读书·新知三联书店2001年版,第140页。

释是:"社会主义现代化建设是最大的政治。"这个表述突出了政治最重要的几个方面,非常具有现实意义和指导意义。第一,政治生活的目的是实现人民对美好生活的向往,最大程度满足人民群众的物质文化需要;第二,政治生活是一种公共的生活,社会主义现代化建设是大家共同的目标、共同的事业;第三,政治是一种整体性,是超越个人利益的,在政治生活中要讲大局,要有大局意识,凡事要从整体利益出发来思考。

党的十八大以来,党中央高度重视党的政治建设。习近平同志指出:"党的政治建设是一个永恒课题。要把准政治方向,坚持党的政治领导,夯实政治根基,涵养政治生态,防范政治风险,永葆政治本色,提高政治能力,为我们党不断发展壮大、从胜利走向胜利提供重要保证。"①党的十九大明确提出党的政治建设这个重大命题,强调党的政治建设是党的根本性建设,要把党的政治建设摆在首位,以党的政治建设为统领。这就在国家的政治生活中,把政治提高到了一个至高的地位。党的二十届三中全会提出:"聚焦提高党的领导水平和长期执政能力,创新和改进领导方式和执政方式,深化党的建设制度改革,健全全面从严治党体系。"

经典马克思主义作家对政治现象进行了系统研究,在不同的地方对政治进行界定,为定义政治提供了根本理论指导。在马克思和恩格斯的原著中,关于政治的定义,比较有代表性的有以下两句话。

第一句话来自《共产党宣言》:"一切阶级斗争都是政治斗争。"②这表明,所有阶级斗争的最高表现形式就是政治斗争,社会上不同地位的阶级之间的冲突,要想获得根本的解决,最终都要上升至政治层面。另一方面,对政治的认识,最终也要还原为互相冲突的阶级关系上,才能得到全面的、深刻的理解,因为政治斗争的本质就是阶级斗争。不作如是观的话,我们对政治的理解就只能浮于表面。

第二句话不如第一句话那么知名,但也同样重要:"人们的政治关系同人们在其中相处的一切关系一样,自然也是社会的、公共的关系。"③在这里,马克思和恩格斯指出了政治的两个基本特征,一是公共性,二是社会性。由于人是一切社会关系的总和,所以政治其实也可以进一步被理解为人的实现、人的解放。这句话本身也蕴含了对包括资本主义社会在内所有剥削阶级社会政治的批判,因为在剥削阶级社

---

① 习近平:《增强推进党的政治建设的自觉性和坚定性》,《求是》2019年第14期。
② 《马克思恩格斯选集》(第一卷),人民出版社1995年版,第281页。
③ 《马克思恩格斯选集》(第一卷),人民出版社1972年版,第173页。

会中,统治阶级对被统治阶级的压迫,使政治失去了真正的公共性和社会性,而沦为统治阶级的支配工具,被统治阶级进行政治斗争的目标,就是要恢复政治的公共性。

马克思和恩格斯之后,列宁对政治下的定义最多,他的政治定义对我们理解政治、学习政治学有很深远的影响。列宁关于政治的定义包括以下4个:(1)政治就是各阶级的斗争①;(2)政治是经济的最集中的表现②;(3)政治就是参与国家事务,给国家定方向,确定国家活动的形式、任务和内容③;(4)政治是一种科学,是一种艺术。④

列宁给政治下的定义,涵括了政治的方方面面,政治的性质、表现形式、具体内容和特征,等等。在这些定义中,最著名的就是"政治是经济的最集中的表现"。这为我们从历史唯物主义和辩证唯物主义的角度去理解政治的起源、基础、目的和内容,具有非常重要的指导意义。特别要指出的是,在这个定义中所指的"经济"并不简单等同于我们通常所理解的"经济生活",而是指人类社会生活的物质基础,进一步也可以理解为人类的生存方式、生产方式,而在一切社会生活中,政治是人类基本生存方式的最集中的表现。可以说列宁赋予了政治生活至高的意义。列宁在另一个场合也同时指出"政治与经济相比不能不占首位"⑤,这里所说的"经济"就是指经济生活。政治生活与经济生活相比不能不占首位,因为政治是大局,以及政治是经济的"最集中"的表现。列宁这两个表述不仅不是矛盾的,而且是高度一致的。只有认识到这一点,我们对"政治是经济的最集中的表现"的理解才是比较全面的。

列宁进一步指出政治是与国家有关的现象,是参与国家事务,给国家定方向,确定国家活动的形式、任务和内容。这是一个非常经典的政治定义,为我们判断什么是政治,什么不是政治,提供了一个客观标准。列宁应该是最早从国家角度给政治下定义的人之一。这个以国家为中心的政治定义,对于后来政治学产生了深远的影响。政治学正是按照这个定义,确立了自己最基本的研究对象和研究范围。

列宁还指出:"政治是一种科学,也是一种艺术。"⑥政治是一种科学,意味着政治是有规律可循的,是可以进行科学研究的,研究人类的政治行为是很有必要的,

---

① 《列宁选集》(第四卷),人民出版社1972年版,第370页。
② 同上书,第416页。
③ 《列宁文稿》(第二卷),人民出版社1978年版,第407页。
④ 《列宁选集》(第四卷),人民出版社1972年版,第234页。
⑤ 同上书,第441页。
⑥ 同上书,第234页。

政治学对于人类社会发展是不可或缺的一门科学。政治是一种艺术,意味着从事政治活动,要讲究策略,要学会灵活处理问题,要有策略思维,只有这样,我们才能做到理论与实际相结合。

第二节 关于政治的四种定义

马克思主义学说对政治的本质、内涵和作用做出了深刻分析,为我们理解政治现象和政治生活提供了基本的理论指导。当代政治学者也尝试从不同角度给政治下定义,归结起来,一共有四种不同的政治定义。

第一种政治定义,我们称之为政治价值视角的政治定义,认为政治是一种至善的生活。这种定义追根溯源,滥觞于古希腊哲人亚里士多德,可以说有悠久的历史,但是这个政治即美德的传统,随着近东文明的衰落曾经有所中断,所以这个政治价值视角是后来重新接续上去的。亚里士多德在《政治学》里提出了一句名言,更是政治学者的座右铭——"人是天生的政治动物。"[①]也就是说,人天生就要过政治生活,只有政治生活才能成就人。为什么这样说呢?亚里士多德说人活在世界上,就要过日子,劳动、工作、赚钱都是为了生活下去,都是好事,是一种"善",但是这些"善"都是有限的,亚里士多德举例说,你可以赚无限的钱,但是赚钱这件事本身的意义是有限的。只有投身于政治,才是一种至善的生活。在政治生活中,人将自己的生命悉数奉献于共同体,在践履政治义务中实现自己。公民参与政治不应该索取任何报酬,他最大的回报就是自我价值的提升,政治就是为共同体尽义务的美德。

因为"罗马之后是一片黑暗",同样被中断的还有"政治至善"的传统,从马基雅维利(Machiavelli)开始更是让政治与美德彻底分离。马基雅维利被马克思称为"第一个从人的眼光看政治"的人。在他的名著《君主论》中,马基雅维利指出,为了实现国家利益,政治家可以不择手段,哪怕这些手段有悖于美德。[②] 从马基雅维利开始,政治就被定义为一种关乎利益的斗争,代表了政治观念的现代转型。因为与现实政治的距离越来越大,政治至善的定义,不再被当作一种政治科学的定义,而

---

① [古希腊]亚里士多德:《政治学》,吴寿彭译,商务印书馆1965年版,1253a。
② [意]尼科洛·马基雅维利:《君主论》,潘汉典译,商务印书馆1985年版,第85页。

更多被当作一种政治哲学的定义,关心的是政治的终极目标,即实现人类共同的善。正是在此意义上,重新追寻亚里士多德"政治至善"的观念,就具有了一种对现代政治的批判维度,用于对现实政治的批判,认为近代以来的政治,都是对本真政治的背离,甚至堕落。但是,这个定义不能用来作科学的、经验的分析,没有办法解释一些具体的政治现象。

第二种政治定义,我们称之为国家中心视角,认为政治是国家的活动,是治理国家、夺取和维持政权的行为。我们知道,这个定义是列宁反复论述过的,也是政治的经典定义。马克斯·韦伯等学者也持此观点。这个定义的好处在于,它使政治有了明确的指向,指出了政治研究的对象和范围,这个对象就是国家。根据这个定义,我们可以清楚地指出什么是政治,什么不是政治。凡是与国家有关的社会现象,都属于政治范畴;与国家没有关系的社会现象就不是。美国总统签署行政命令禁止非法移民,北约国家就军费问题进行谈判,英国全民公决脱欧,美联储降息,等等,虽然是属于不同层次、不同领域的事项,但都跟国家权力的运作有关,所以都是政治。另一个层面,市民在街上遛狗,学生在图书馆埋头苦读黑格尔,年轻白领下班后到酒吧喝上一杯,球迷们到体育场为自己的球队助威,这些活动,有些是私人性的,有些是群体性的,但都跟国家权力没有关系,我们可以认为不是政治。除非,市民遛狗不拴绳子违反了法律;喝酒的人被告知某种酒供应紧张,必须持有政府发放的"酒票"才能购买;足球比赛因为疫情管控而禁止球迷入场观赛,这些事件才会具有政治性质。

以国家为中心的政治定义,优点在于对政治做出了明确的界定,也指出了政治最根本的内容。但是这个定义也存在不足,那就是它把政治严格限定在国家权力的运作上,使很多原本属于政治的活动,或者具有政治性质的活动,被忽略了,不被当作政治研究的对象。比如,基层社会治理,很多并不是在国家层面的权力运作,按照这个定义,就很有可能不被当作政治学研究的对象;目前社会上存在的很多非营利性组织,虽然承担了许多公共职能,但因为它们是非政府的,也无法成为政治学研究的对象。这样一来,政治学的研究对象就显得非常局限。

第三种政治定义,我们称之为公共管理视角,认为政治就是一种由公共部门发起和实施的管理活动。考虑到以国家为中心的政治定义的局限性,公共管理视角的政治定义可以扩展到所有具有公共性质的管理活动,这样我们之前提及的基层社会治理、非政府组织对公共事务的参与,以及各种各样的城市管理活动,都可以定义为政治，被纳入政治学的研究对象范围之中。

公共管理视角的政治定义，优点在于指出了政治的根本特征在于公共性。凡是具有公共性的事务，都是政治；属于私人性质的事务，就不是政治。就此而言，这个定义的边界也是很清楚的，而且它让原来局限于国家权力的政治定义，边界向外拓展了很多，凡是在特定组织范围内的公共事务，都可以称之为政治。但是，当我们运用这个定义的时候，要尽量避免把政治和公共管理简单画上等号。作为一种公共管理，会比较侧重功用、绩效，而忽视政治所蕴含的价值。如果用效率、效益标准来衡量政治生活就失之片面了，涉及公平、正义、自由、平等的价值就无从体现。

第四种政治定义，我们称之为政治过程视角，指出政治就是对权力的追求与运用。这种定义对政治做了比较泛化、广义的理解，须知在现代社会中权力关系可谓无处不在，而这些与权力有关的现象，都可以称为政治，比如基层社会、工厂车间流水线、单位组织中所发生的事情，可以说都是政治，若冠以政治的名称，可叫作基层政治、车间政治、单位政治，等等。用权力来界定政治，既扩大了政治研究的范围，也不回避自由、平等、正义等政治价值。

美国著名的政治学家戴维·伊斯顿（David Easton）教授，就是从权力来定义政治的。他读大学的时候非常苦恼，觉得自己学的政治学是"一团乱麻（in a whirl）"，立下宏愿要用毕生的精力来给政治下一个定义，最后他给政治下的定义是：政治是社会价值的权威性分配。[①]

让我们尝试着来解释一下伊斯顿经典的政治定义。人在社会中生活，就是为了获得各种价值，这些价值，包括荣誉、地位、金钱，等等，都可以称为社会价值。但是这些社会价值的获得，是需要权威认可的。比如说，你到超市买东西，前提是超市承认你对手中的钱的所有权，你承认超市对他们的商品的所有权，买卖才能发生。这种对所有权的相互承认，是你和商家临时约定的吗？当然不是，是有某个权威机构早就已经认定好了的，并且还是用它的权威来维护的。就此而言，我们社会关系的发生，很多都是以政治为前提的。从来就没有脱离政治的社会关系。戴维·伊斯顿的政治定义的缺点是太抽象、太晦涩，优点是他指出了政治的最重要特征，包括权威性、公共性等，也指出了政治生活的内容，就是对社会价值进行分配。

---

① David Easton, "Political Science in the United States", *International Political Science Review*, 1985, 6(1), pp. 133–152.

采用政治过程视角来对待政治,让人更加关注权力实现、权力运作的动态过程。20世纪世界政治学的巨大发展,很大程度上得益于对政治的重新定义,就是用权力来定义政治。一方面,它让政治成为可观察、可量化、可检测的对象,可以运用科学方法来进行研究;另一方面,它让政治研究从静态转变为动态,从宏观转变为微观,在理论上取得了重大的突破。

用权力来界定政治也有它的不足,主要在于两个方面。一个不足就是这个定义过于宽泛。按照这个标准,几乎所有现代社会现象,都是政治研究对象,因为我们几乎找不到"非政治"的现象。上街买水果、年轻人谈恋爱等按照国家中心视角根本不可能属于政治的私人行为,在这里也都可能被赋予政治特征。比如,甲上街买水果,他当然想买到最新鲜的水果,水果店老板当然也想尽办法要把积压了好多天的、不那么新鲜的水果卖给他。由于水果店老板对水果的了解程度要远高于他的顾客,所以他更有可能实现自己的目标。这里的关键是"信息不对称",在信息不对称的条件下,掌握了信息的,就比没有掌握信息的,拥有更大的权力,更能实现自己的意志。这样一来,貌似公平的市场贸易,就带有了不对等支配的权力特征。

再如,年轻人谈恋爱,互相爱慕,本来也不应该是权力关系,当然也就不是政治。但是设想一下,恋爱中的两个人,如果一方甲的条件比较好,追求者也比较多,另一方乙的条件没有那么好,那么乙要付出比较多的成本才能从众多竞争者中脱颖而出,与甲确立恋爱关系。在这种情况下,甲对于乙就有很强的优势,乙对于甲的依赖程度也更高,相反,甲还可以有很多潜在的替代选择。这样一来,甲和乙虽然是恋人,但他们之间的关系也是一种微妙的权力关系,在这种权力关系中,甲是统治者,乙是被统治者。这就是美国社会科学中关于权力的"恋爱原理"。

所以,按照政治过程视角,一个人除非是像鲁滨孙那样与世隔绝,自己在孤岛上跑步、跳高,挑战地心引力,或者去打野兔子充饥,自然也就跟权力、跟政治绝缘。否则的话,只要有多人的参与,都会有权力关系产生,也就会形成政治现象。政治学经常会问到的一个问题是:如果鲁滨孙在孤岛上看到了一座图书馆,他会去读书吗?答案可能是多种多样的。

为了克服泛化的问题,政治学者应该把范围限定在公共权力上,而不是所有的权力。正如戴维·伊斯顿的政治定义那样,他通过"权威性认定"这个说法,赋予政治比较清晰的边界。政治特指那些与组织中的公共权威相关的权力过程。这样一来，权力过程视角就与国家中心视角、公共管理视角指向相差无几了。

政治过程视角在研究上存在的另一个重要不足，就是它过于注重政治过程，而不那么重视制度。但是对政治的研究，制度是基础，不了解制度是无法研究过程的。可以说，一切政治过程，都是在既定的制度框架下的权力运作，同时也推进了制度的变迁，将制度悬置是不可能的。持政治过程视角的学者，经常会舍本逐末，将过多精力放在微观层面的考察上，而忽视宏观层面的制度逻辑，使原本十分重要的政治问题变得琐碎无聊。

以上就是关于政治定义的四种不同视角，它们分别从不同侧面和范围对政治现象进行了界定，也各有其解释上的优势和适用范围，有助于我们形成对政治的全面理解。中国政治学者也试图从不同侧面来给政治下定义。王浦劬将政治定义为："在一定经济基础上，人们围绕着特定利益，借助于社会公共权力来规定和实现特定权利的一种社会关系。"[①]李景鹏在《中国大百科全书·政治学卷》中也给政治下了一个定义："上层建筑领域中各种权力主体维护自身利益的特定行为以及由此结成的特定关系。"[②]

正如亚里士多德所说的那样，"人是天生的政治动物"，只要有人，人与人一起相遇了，过上了一种群体生活，彼此之间建立了某种共同性，就会产生政治。这个过程是怎样发生的呢？从一个抽象的基础出发，人与人之间一定存在某种冲突，这种冲突可能是物质上的，也可能是心理上的。解决冲突的办法，就是进行谈判、达成妥协，妥协的结果就是一种制度共识，冲突解决了，人与人之间才能和平共处，形成基本的社会秩序。群体就在这个社会秩序下过他们的政治生活，去发展他们的生产。当社会发展到一定程度，新的冲突就会产生，这时候，就要重新开始这一个从冲突到秩序的循环。这些冲突达到一定的规模，就表现为阶级斗争和革命，所以马克思和恩格斯在《共产党宣言》中说，"迄今一切社会的历史都是阶级斗争的历史"[③]，这是对政治和政治变迁规律的高度概括。人、利益、冲突、共识、制度等，正是这些基本要素构成了政治生活的全貌。

由此出发，我们可以从以下三个层面来界定政治。第一，政治是一种统治方式。不管是在哪里，政治都首先表现为统治方式，权力、国家、法律等，都是统治方

---

① 王浦劬：《政治学基础》，北京大学出版社1995年版，第8—9页。
② 《中国大百科全书·政治学卷》，中国大百科全书出版社1992年版，第481页。
③ 《马克思恩格斯选集》（第一卷），人民出版社1995年版，第272页。

式之一。第二,政治是具有公共权威性质的统治方式。政治这种统治方式跟其他统治方式不同之处在于,它具有公共权威性质,是以一种共同生活为条件、为前提的。离开了这一点就不能说是政治。第三,政治通过公共秩序的安排来进行统治,这种政治安排是优良生活的前提。也就是说,政治的目标是追求共同的善,背离这个目标的统治方式,都不能严格说是政治,甚至可能是政治的反面,因为它们从根本上取消了政治的意义。

第三节 政治学的研究对象与范围

相对于政治的定义,政治学的定义要简单得多。政治学,顾名思义就是研究政治现象的。政治学的研究对象就是政治生活、政治现象本身。政治学研究应该涵括政治的原则、制度和行为三个不同的领域。

第一个领域是原则。研究政治学首先要理解政治体的核心价值,这些核心价值,包括自由、平等、正义、忠孝、仁义,等等。不同政治体秉持的核心政治价值是不一样的。有的核心政治价值在名义上是一样的,但是存在不同的文化理解,比如自由、平等、正义,没有人会反对,但对于什么是自由,什么是平等,在不同文化背景下,理解可能会有所不同。同样,有的核心政治价值是可以互通的,最终可以达到一种互相的理解和沟通;有的政治价值是格格不入的,没有互相妥协的余地。对政治原则的研究,通常会归入政治哲学或者政治理论的范畴,注重对政治价值的分析和褒贬。

第二个领域是制度。制度就是基本政治安排,包括政体、政府体制、选举制度等一系列制度问题。研究一个国家、一个地区,甚至一个组织的政治,前提都是要充分了解其制度安排;对这些基本制度安排不了解,就无法做进一步的政治研究。举例而言,研究美国的不知道选举人团制度,研究英国的不知道枢密院这个机构,研究日本不知道"五五"体制,研究中国不知道什么是民主集中制,这都不可能有成功的研究。

第三个领域是行为。尽管制度研究是政治学研究的前提和基础,但是对政治现象的研究,不能止步于制度。制度研究偏于静态,解释力也比较有限。美国历史上著名的学者型总统伍德罗·威尔逊(Woodrow Wilson),读大学的时候就曾经说过:"我要的是美国宪法的生命,不是美国宪法的条文。"他要研究政治过程,而不是法律文本。政治学要有更多的新发现,就要将研究落实到行为上,研究政治权力的过程,研究各种具体的政治行为,包括投票行为、政府决策行为等。这样,政治学的研究对象就可以不断进行分解,学者可以去研究选民为什么投票或者为什么不投票,研究哪一部分的选民会投票给候选人甲,哪一部分选民会投票给候选人乙;学者还可以研究官员在决策过程中的互动,以及这种互动在多大程度上影响了最终的政策制定或者政策执行。这样一来,政治学研究的内容就大大丰富了。

具体而言,关于政治学的研究对象和范围,不同的机构和学者有不同的提法。《不列颠百科全书》指出,政治学的内容主要包括政治理论、政治机构、政治过程、政治关系、政治学方法等。这是一个比较传统的、对政治学研究内容的概括。这个概括相对来说比较简单,但无法回应政治学日新月异的发展。

美国政治学会也对政治学的研究内容做出了规定,包括:外国、跨国政治体系和行为;国际法、国际组织和国家间行为;方法论;政治稳定和变革;政治理论;公共政策;公共行政;美国政治。① 这是有非常明显美国本土特色的规定。特别是这个清单将美国政治单独列出来作为一个研究内容。对于美国政治学,美国政治的内容就是政治学原理,而对美国之外国家与地区的研究,都属于比较政治的内容。

政治学界比较认可的,还有由格林斯坦、波尔斯比两位学者主编的《政治学手册》所指出的内容,包括:微观政治学;宏观政治学;非政府政治;政府体制和过程;政策制定;研究方法;国际政治等。② 当时比较政治学正大行其道,两位作者对政治学研究内容的概括,更偏重世界范围内的政治发展,对不同国家的政府体制和政治过程进行比较。

中国政治学者也试图对政治学研究范围进行界定。《中国大百科全书·政治学卷》指出政治学研究的范围包括:政治理论;中国政治;比较政治;公共政策;公共行政;国际政治;政治学方法论等。③ 中国政治学者对政治学内容的概括,结合了世界政治学的前沿理论和中国学者对政治的理解。

随着政治学的发展,在政治学学科下面形成了许多次学科领域,目前看来包括

---

① 转引自《中国大百科全书·政治学卷》,中国大百科全书出版社1992年版,第1页。
② [美]弗雷德·格林斯坦、尼尔森·波尔斯比编:《政治学手册精选》(上),竺乾威、周琪、胡君芳译,商务印书馆1996年版,第118页。
③ 《中国大百科全书·政治学卷》,中国大百科全书出版社1992年版,第2页。

了政治哲学、比较政治学、政治社会学、政治经济学、政策科学、政治心理学、政治发展、政治文化等。政治学的次学科领域都体现出跨学科的特征,政治哲学是政治学与哲学的结合,政治社会学是政治学与社会学的结合,政治经济学是政治学与经济学的结合,如此类推。一方面,这表明政治学没有自己独特的方法论,政治学的研究方法都是借鉴其他学科的方法而来的,政治学对于其他学科研究方法的进展,有较大的依赖性,比如政治科学在20世纪六七十年代的兴起,很大程度上借助了社会学调查统计方法的发展。另一方面,政治学虽然没有自己的方法论,但是政治学的整合能力特别强,它能够有效整合其他学科的研究方法,使之变成政治学的研究方法。这和一些学科比如经济学、社会学不同,这些学科都有自己很强的研究方法本位。比如经济学很难研究那些所谓"非理性"的行为;社会学无法采用博弈论的方法。这些对于政治学都不是问题,博采众长正是政治学研究方法最重要的优势。由此也可以推知,政治学的研究范围是非常宽广的,不会受到方法论本位主义的束缚,从政治的定义出发,凡是涉及公共权威的重要现象和事关全局的重大事件,都可能是政治学的研究对象。

第四节　政治学的沿革

应该说,政治研究既古老又年轻。一方面,人类对政治生活的系统思考,相比对经济生活、社会生活的系统思考,历史要久远得多。从古到今,政治思想史延绵不绝,涌现了很多伟大的政治思想家和政治著作。中国古代有"四书五经"以及《盐铁论》《贞观政要》《资治通鉴》《封建论》等经典著作,西方世界也产生了柏拉图(Plato)的《理想国》、亚里士多德的《政治学》、马基雅维利的《君主论》、霍布斯的《利维坦》、洛克的《政府论》、孟德斯鸠(Montesquieu)的《论法的精神》、卢梭(Rousseau)的《社会契约论》、约翰·密尔(John Mill)的《代议制政府》等。经济学要从亚当·斯密(Adam Smith)的《国富论》开始,才真正形成了比较系统的理论思考。另一方面,政治学作为一个学科,跟经济学、社会学相比,又是比较年轻的。如果说经济学作为一门学科追溯至亚当·斯密,社会学则以奥古斯都·孔德(Auguste Comte)为第一人,那这两个学科的建立都比政治学要早得多。政治学作为一个现代学科,公认是从美国哥伦比亚大学创建政治学研究院开始的,时间是

1880年,当时提出这一设想的是美国学者柏吉士(John Burgess)。

另外要看到,由于政治学是一个年轻的学科,起步比较晚,所以世界各国政治学的创建,从时间上来看差距并不大。以中国为例,北京大学政治学就以1899年作为建系之始;复旦大学政治学系成立相对比较晚一点,但也是在1923年就已经创建。各国的政治学,应该从本国实际情况出发,系统思考政治问题,相互尊重彼此之间的理论差异。

戴维·伊斯顿以美国为样板,认为政治学的发展经历了四个阶段:制度主义阶段、传统阶段、行为主义阶段、后行为主义阶段。[①] 戴维·伊斯顿是在中国访问期间于复旦大学发表演说时提出了"四阶段说",在中国政治学界产生了很大的影响。这个阶段划分明显是以政治科学为中心的,实际上是指前政治科学、政治科学传统的开创以及政治科学的繁荣,偏见非常严重。但是他让"行为主义"作为一个术语深入人心。中国政治学者大多倾向于用"行为主义"来描述美国政治科学。事实上,"行为主义"是一种误用。当时麦卡锡主义的阴影笼罩美国,社会科学工作者很容易被扣上"社会主义科学"的帽子,为了避免遭受迫害,他们就考虑用"行为主义"一词来取代"社会科学",而不单指政治学,但是后来只有政治学把"行为主义"当作了学科名称,产生了很多误解。行为主义政治学并不是专指采用行为主义心理学方法来研究政治现象的风潮,事实上这样的研究在美国政治学中并不算主流,尽管以拉斯韦尔为代表的政治心理学者,一度也曾经担任美国政治学会主席。所谓"行为主义政治学"其实是泛指一切采用社会调查统计方法来研究政治现象的做法,戴维·伊斯顿用这个词来缅怀他所经历的美国政治科学兴起的年代。

如前文所述,中国政治学从起步上并不算太晚,事实上迄今也有百年历史。中国政治学者也从不同角度对中国政治学的发展进行阶段划分,比如林尚立就指出,新中国成立后中国政治学经历了恢复学科、转换范式、确定价值和发展学术四个阶段。[②] 也有学者将当代中国政治学发展划分为学科恢复调整阶段、学科全面发展阶段和学科精细化发展阶段[③],等等,不一而足。毋庸置疑的是,中国政治学研究的规范化、科学化和专业化水平在持续不断提高。

欧洲的政治学作为一个统一的学科虽然比美国起步晚,但无论是德国的国家

---

① [美]戴维·伊斯顿:《美国政治科学的发展阶段》,徐步衡译,《政治与法律》1984年第3期。
② 林尚立:《政治学与政治发展:中国政治学发展20年》,《政治学研究》1998年第2期。
③ 王中原、郭苏建:《中国政治学学科发展40年:历程、挑战与前景》,《学术月刊》2018年第12期。

与法哲学、英国的比较宪法学等,都对美国政治学产生了巨大影响。20世纪初,美国政治学者要到欧洲进修取得相关证书,才更容易在美国本土大学获得教职,当时欧洲政治学的盛况可见一斑。除了英国和德国,意大利政治学者对于美国政治学也具有特殊的意义。意大利裔政治学者,从米歇尔斯(Michels)、乔万尼·萨托利(Giovanni Sartori)、波比奥(Bobbio)、布隆代尔(Blondel)到帕特南(Putnam),等等,都是美国政治学响当当的人物。但是,欧洲的政治学相当长时间一直恪守它们的理论传统,不肯轻易改变,以至于显得滞后,人才也比较凋零,后继非常乏力。在制度主义研究领域,英国与欧洲其他国家的学者尚能与美国学者平分秋色,比如英国工党政治学家拉斯基(Laski)、英国新马克思主义政治学者密利本德(Miliband)、希腊政治学者普朗查斯(Poulantzas),等等。但是在政治科学领域,英国与欧洲其他国家的学者就大为逊色,以至于在20世纪下半叶,不得不反过来向美国政治学学习,不断提高他们的政治科学研究水准,并且因应欧洲政治的特点,重点放在对多党制、意识形态、福利国家等领域的研究。

从世界范围来看,可以将政治学的发展归结为两个大的阶段。第一个阶段是政治学的制度主义阶段,第二个阶段是政治学的科学研究阶段。

制度主义阶段,也就是政治学创建的时期。在这个阶段,政治学者主要关心的是不同国家政治制度的比较,在研究方法上都趋于静态研究,大部分都是基于宪法和法律文本的比较。其中比较有代表性的作品,一部是美国学者洛威(Lowell)写的《英国政府》,还有英国学者(M. J. C. Vile)写的《美国政治》和英国工党政治学家拉斯基写的《美国总统制》。研究美国政治体制最好的作品是英国人写的,研究英国政治体制最好的作品是美国人写的。

制度主义研究到后来,就发展出了一种研究方法,叫作历史比较方法。政治学者不再局限于法律文本的比较,而希望能从不同国家的历史社会发展中对不同政治模式进行比较、解释,即不同国家基于其国情,可能会形成不同的政治制度,这样就具备了比较的基础。但是这种比较仍然是相对静态的。尽管如此,历史比较方法对于政治学的发展依然具有重要意义。历史比较方法的信条是:"历史是过去的政治,政治是今天的历史"。在当时的人看来,对历史学的运用,也是将政治学与社会学区分开来的重要方面,因为社会学只研究当下,不关心历史。政治学的根本特点就在于它始终具有一种历史感,总是试图从历史中寻求重大问题的答案。历经了社会学调查统计方法和经济学计量方法的冲击,历史比较方法在政治学研究中一直延续下来，自成一体。中国学者非常熟悉的塞缪尔·P.亨廷顿（Samuel P. Huntington）的《变动社会的政治秩序》就是非常典型的历史比较研究，它出版于政治科学的鼎盛时期也就是行为主义大行其道之时，称得上是一部"反潮流"的经典。

但是，制度主义并不能满足政治学者的全部学术诉求，不久就引发了一场研究方法的革新。这场研究方法革新运动，是从芝加哥大学开始的。后来的美国总统、进步党人伍德罗·威尔逊吹响了革新的号角，他们主张用过程研究来替代静态的制度研究，开先河的作品是阿瑟·本特利（Arthur Bently）的《政府过程》。真正系统地推动这场革新运动的，是芝加哥大学的政治学教授梅里安（Charles Merriam），他也因此被公认为是政治科学之父。

梅里安倡导用统计学等科学方法来研究政治现象。这在一开始时就饱受非议，但是梅里安坚定地认为，现代国家就是建立在大规模人口社会统计基础之上的，因此用统计学方法研究现代国家是应有之义。梅里安还身体力行，完成了美国第一部政治科学著作，书名叫作《不投票》，并指导学生也采用社会调查统计的方法来研究政治现象。梅里安这样做是出于一种新的思虑，即政治学者其实不能切身掌握关于政府过程的详细资料和信息，除非政治学者有机会到政府部门任职一段时间，但是实际上难以实现。梅里安曾投身选战，信心满满的他结果一败涂地，从此杜绝从政之念。政府对于学者而言始终是一个"黑箱"，社会对于学者则是开放的，因此所谓政治过程研究，并不是指研究政府内部的过程，而是研究社会利益如何转化为政府政策这一个过程，"政治系统""政治体系"这些涵括了社会系统的概念取代传统的"国家"概念，也就势在必行。当"政治体系"成为政治学研究对象，政治学者和学生可选择的研究题目大大拓展。从此之后，运用统计学方法、实地调查方法，对政治现象做经验考察，成为一种新的潮流。新的政治科学由此产生了。这就使政治学进入了第二个阶段，我们称之为政治科学的阶段。欧洲政治学正是错过了这样一场革命，发展便相对落后了。

在这个阶段，政治科学研究成果不断涌现，政治学越来越受人瞩目，也吸引越来越多年轻学子投身到政治科学的研究中来。在这个阶段，美国政治学曾经因为遭受政治压力，不得不将政治学归结为行为主义研究，但也并未阻挡政治科学发展的步伐。也是在这个阶段，政治学作为一个学科走向了成熟，其标志主要表现在三个方面。

第一，建立自己的学科规范、明确学科研究对象和研究方法。通过对"政治系统""国家""选举"等一系列概念的讨论,政治学已经基本明确了自己的研究范围。在方法论上,政治学强调对其他学科研究方法的整合,包括心理学、社会调查统计方法、计量方法、历史比较方法,等等。当然,由于政治学内部并不存在统一的方法论,政治学与其他学科相比,规范化和标准化程度总显不足,但这也正是政治学开放包容的优势之一。

第二,形成自己的教学培养体系。梅里安掌管芝加哥大学政治学系最重要的工作之一,就是推动政治学系招收自己的本科生,从本科生到研究生形成了一体化的本土学术力量培养体系,后来美国政治科学的主力军,都是从这个培养体系中产生出来的。一开始这些学者还集中在梅里安周围,但是由于列奥·施特劳斯(Leo Strauss)后来接管了芝加哥大学政治学系,此人醉心于政治哲学,不断驱逐梅里安的残余势力,当年芝加哥大学的政治科学队伍由此星散,出走到全美其他大学。这产生了一个意想不到的后果,那就是政治科学在美国全面开枝散叶,蔚为大观。

第三,拥有自己的学术组织、学术刊物等一系列组织制度。美国政治学会成立于1903年,第一任会长就是《政治与行政》的作者古德诺(Goodnow),当时美国政治学会还是一个草台班子,成员鱼龙混杂,以记者、律师、政客为主,学者反倒不多。梅里安接手美国政治学会之后,学会成为一个纯粹的学术机构。与此同时,以美国政治学会为依托,一系列政治学专业刊物得到创办,其中包括会刊《美国政治学评论》等。

美国政治科学在二战之后获得了巨大的发展,特别是得益于战后大规模移民和招收海外留学生,美国的比较政治研究拥有了得天独厚的优势。令人意想不到的是,政治科学发展到后来,自然科学化的倾向越来越明显。政治学者满足于从自然科学而不是社会科学的立场来提问,迷恋于研究方法和数据处理技术的精致化,对身边发生的重大政治事件充耳不闻,使政治学研究与现实政治之间的距离越来越远,成为大学校园里闭门造车的学术游戏,根本无法对现实政治发展做出回应。比如,学者可以假设在非洲开采矿井越多,引发当地社会冲突就可能越多,通过各种数据统计、建模,得出了显著的正相关。但这样的研究结论,既不能改变人们继续开挖矿井的行为,也无法改变人们对改善其生活的认知,即使在最完美的情况下,基本上也是属于精致而无用的研究。从罗尔斯出版《正义论》开始,美国政治学进入了一个反思的阶段,也就是戴维·伊斯顿所说的"后行为主义"阶段。在这个阶段,政治经济学和新制度主义两条研究路径逐渐占据了美国政治科学的主流。

回顾美国政治学的发展,可以认识到,1981年中国政治学恢复招收本科生,同样是政治学发展的重要一步,从此中国政治学有了属于自己的培养体系。复旦大学1982年举办了政治学讲习班,为中国政治学培养师资作出了重要贡献。北京大学、复旦大学、中国人民大学、南京大学、南开大学、吉林大学、武汉大学、苏州大学等高校恢复或者创建了政治学系,不断完善课程体系,着手编写本土化教材,产生了《政治学原理》《政治学概要》《政治学概论》《当代中国政治制度》《比较政治制度》《比较政府体制》等一系列本土教材,填补了中国政治学研究和教学的空白。同时,中国当时唯一的政治学专业刊物《政治学研究》创刊与中国政治学会恢复建制,都是中国政治学发展的标志性事件。中国政治学者立足中国国情,从中国社会发展的战略高度,对古今中外政治思想和理论方法兼收并蓄,逐渐形成了中国特色的政治学理论,在世界政治学中独树一帜。

本 章 小 结

政治生活是人类社会生活的重要内容,良好的政治安排,优良的政治生活,是人类美好生活的基本前提。尽管政治生活如此重要,但是关于政治的定义却众说纷纭,不同的时代、不同的社会,对于政治都有自己不同的理解。概括起来,给政治下定义可以有四种视角,分别是政治价值视角、国家中心视角、公共管理视角和政治过程视角,这些视角各有其侧重,也各有其不足。我们认为,政治是一种具有公共权威性质的统治方式,公共性是政治的根本特征。政治学是研究政治现象的学问。政治学的研究对象就是政治生活、政治现象本身。政治学研究应该涵括政治的原则、制度和行为三个不同的领域。对政治现象的研究古已有之,但是政治学作为一门学科诞生于19世纪末20世纪初,算是非常年轻的学科。政治学在不同国家和地区都形成了自己的发展路径,为世界政治的进步贡献了知识力量。

思考题

1. 马克思主义关于政治的定义,有哪些重要表述?
2. 政治学有哪几种关于政治的定义?
3. 如何理解"社会主义现代化建设是最大的政治"这一重要表述?
4. 从世界范围看,政治学的发展经历了哪些阶段?

延伸阅读书目

1. 王沪宁等主编:《政治的逻辑》,上海人民出版社1995年版。
2. 刘建军等主编:《政治逻辑》,上海人民出版社2022年版。
3. [美]弗雷德·格林斯坦、尼尔森·波尔斯比主编:《政治学手册精选》(上册),竺乾威、周琪、胡君芳译,商务印书馆1996年版。

第二章
政治权力

政治权力作为权力的一种表现形式,可以说是政治学,甚至是所有社会科学最基本的概念:"在社会科学上权力是基本的概念,犹如在物理学上能是基本概念一样。"①罗素(Russell)用这个比喻试图来说明,权力就像是物理学中的能一样,是理解物质运动的基础概念,它推动了物质的物理运动。什么是政治权力?权力与合法性之间有什么区别和联系?我们应该如何理解人类社会中的政治权力?本章将从以上几个角度来解析政治权力的概念。

第一节 政治权力的定义和类型

所有的政治现象背后,是政治权力在起作用,权力推动了各种政治实践的发展和变化。因此,要理解政治现象,首先要理解什么是权力。更准确地说,要理解什么是政治权力。各种思想家对权力有过丰富的定义和类型学分析,主要有如下几类。

一、权力与影响力

政治权力实际上是把政治科学和其他社会科学区别开的一个核心概念,政治学关注的焦点问题就是权力的问题。在我们后面的章节中,关于国家、制度、政党各方面的问题,其实核心问题都是权力的问题。那我们是如何定义权力的呢?权

---

① [英]伯特兰·罗素:《权力论》,吴友三译,商务印书馆2012年版,第4页。

力不仅仅存在于政治现象中，它也存在于各种各样的社会现象中，我们一般在提到政治权力的时候，脑海里呈现出来的都是操纵、控制、压制等这些负面的词汇，但实际上**在这本教材中，我们要把权力看作一种创造性的力量，权力运用得当，就是推动人类社会进步的一种积极因素**。

权力的英文是 power，从词源学上来说它主要指的是一个人或者物影响他人或者他物，以达到某种目标的能力。所以权力本来是一个非常中性的词汇，按照这样的理解，权力非常类似于我们通常所说的影响力，因为它是要影响别人达到某种目标的这种能力。然而，权力并不等于影响力，影响力所涵盖的内容要大于权力，权力只是影响力的一种表现形式。通过区分权力和影响力，我们可以把权力的定义搞得更加清晰。

首先，要影响另外一个人，最基本和最直接的方法就是说服他。如果你想影响某个人，让他去做某件事情，最直接的方式就是摆事实、讲道理，向他解释为什么要做这件事情，最后达到自己的目标。但是这种说服还可以分为不同的形式，一种是比较正当的，告诉他实际情况如何，帮助他分析形势，让他自己做出判断，但同时又达到了你的目的。另外一种是不正当的，就是通过说谎或者欺骗的方式来说服他。这种方式虽然非常不道德，但是在现实中的应用也非常广泛，汉娜·阿伦特（Hannah Arendt）在对"谎言政治"的研究中发现，有时候人们偏爱谎言是因为真相往往过于残酷，谎言反而听起来更加"合理"，因此阿伦特认为通过说谎或者误导某人通常可以更加有效地达到自己的目标。

其次，如果通过说服的方式（不管是说真话还是说谎话），不能达到自己的目标，那就只能通过第二种方法来实现自己的目标了，就是激励。跟说服一样，激励也可以分为正当和不正当两种，物质奖励属于正当的手段，这种手段在各个领域都是司空见惯的，比如学生拿到的奖学金、公司销售人员拿到的提成，这些都属于通过一些奖励的方式激励某些人做某些事情。但是也有一些不正当的激励方式，一般被称为"诱导"，比如贿赂。贿赂的历史几乎和人类文明的历史一样长久，从古希腊的民主雅典到中世纪的宗教统治，从国会议员到跨国公司，贿赂这种非法手段，几乎无所不在、无孔不入，人类经常惊讶于其在解决问题的过程中竟如此有效。古罗马的尤利乌斯·恺撒在被海盗劫持之后，通过行贿来获得释放，最后成就一番伟业。

经济学家非常青睐于激励的方式，他们一般认为给定一种激励，多半会产生相应的结果。但也不总是如此,在《魔鬼经济学》中有一位经济学家甚至抱怨,自己作为经济学的教授,使用激励的方式甚至都不能让自己的女儿养成良好的上厕所的习惯。① 因此,影响力的第三种方式就应运而生了,这就是强制。权力就属于强制,更准确地说,就是威胁使用严厉惩罚的手段来达到自己的目标。同样,强制也可以分为正当和不正当两种类型,正当的强制是一种不容置疑的权力,就是如果别人要求你这么做,你没有办法拒绝,不得不做。而不正当的强制,也是最极端的强制方式被称为暴力,也就是威胁使用对肉体的伤害来实施强制,达到自己的目标。所以影响力可以分为三种类型和六种手段(见表2-1),而权力只是其中的一种手段而已。

表 2-1 权力和影响力

影响力类型	手段	性质
说服	说实话	正当
	说谎话	不正当
激励	物质奖励	正当
	贿赂收买	不正当
强制	权力	正当
	暴力	不正当

二、个体权力和集体权力

以上主要是从行为性质的角度来理解权力,从行为主体的角度还可以区分为个体权力和集体权力。马克斯·韦伯(Max Weber)曾经在《社会学的基本概念》里这样定义权力:"权力就意味着在一种社会关系内,自己的意志即使遇到**反对**,也能得到贯彻的任何机会,而不管这些机会建立在什么基础之上。"② 这句话里有两个词非常重要,那就是"社会关系"和"反对"。虽然这句话听起来非常的拗口,不是特别容易理解,但是其核心意思却是很明确的。首先权力是存在于一种社会关系内的,其次权力只有在不同个体的意志之间发生冲突和反对中才能被观察到。罗伯

---

① [美]史蒂芬·列维特、史蒂芬·都伯纳:《魔鬼经济学:揭示隐藏在表象之下的真实世界》,刘祥亚译,广东经济出版社2006年版,第43页。
② [德]马克斯·韦伯:《社会学的基本概念》,顾中华译,广西师范大学出版社2005年版,第71—72页。

特·达尔(Robert Dahl)对权力的定义很显然来自韦伯,他说:"如果 a 拥有支配 b 的权力,在某种程度上就意味着它能够让 b 去做不愿意去做的事情。"①所以在 a 和 b 这一对社会关系里,判断 a 是有权力的,还是 b 是有权力的,就看 a 是不是能够让 b 去做不愿意去做的事情,或者相反。这样 a 和 b 就形成一对两个个体之间的零和博弈关系,也就是说,在这一对关系里面,如果 a 得到权力 b 就有所失,如果 b 得到权力 a 就有所失。因此,在以上这种个体性权力中,我们更多的是观察到冲突和反对。

但是在政治现象中大部分的权力实际上并不是只存在于两个个体之间,也可能是存在于两个政治组织之间,甚至可以说主要是存在于不同的政治组织之间,包括国家、政党、国际组织等,所以单纯从个体性的方面来定义权力具有很大的局限性。因此,塔尔科特·帕森斯(Talcott Parsons)提出权力还拥有集体性的一面,就是所谓的"集体性权力",这种权力指的是 a 和 b 不一定是零和博弈的冲突关系,也可以在合作和组织化的过程中,同时增进他们二者对第三方的或者自然界的权力。②

三、组织化权力

集体性权力发展到高级形态就形成了组织化权力,政治权力实际上在很大程度上可以看作一种高度组织化的权力。组织化权力当然不仅仅包括政治权力,还包括各种其他类型的权力。迈克尔·曼(Michael Mann)就把组织化权力分为四种理想类型,也就是我们熟知的 IEMP,即意识形态(ideological)权力、经济(economic)权力、军事(military)权力和政治(political)权力。这四种权力的分类实际上只是韦伯所说的"理想类型"(ideal type),现实中的社会权力是这四种类型的相互交错所编织起来的网。③

首先来看意识形态权力。人是一种受观念支配的动物,从广义上来说,意识形态在这个社会中起着非常多的积极作用,它是在满足人类对于超越物质需求而产生的各种各样的欲望过程中而形成的一种权力。比如宗教统治,就是一种非常典型的意识形态权力。因为绝大多数的宗教都以禁欲主义为原则,所以宗教统治主

---

① Robert A. Dahl, "The Concept of Power", *Behavioral Science*, 1957, 2(3), pp. 201-215.
② [美]塔尔科特·帕森斯:《现代化社会的结构与过程》,梁向阳译,光明日报出版社 1988 年版,第 148 页。
③ [英]迈克尔·曼:《社会权力的来源》,刘北成译,上海人民出版社 2002 年版,第 3 页。

要不是基于以物质为基础的工具理性,宗教领域致力于塑造对于来世和彼岸世界的向往,通过控制人的观念从而形成了强大的统治能力。除了宗教以外,在世俗世界中也有各种各样的意识形态。比如,在政治学中,大家经常会听到的各种概念,包括自由主义、新自由主义、保守主义,以及最近被广泛讨论的民粹主义等。这些都属于意识形态,它们虽然不是宗教,但是某种系统化的理论体系和观念体系。如果一个政权,它通过宣扬某种主张、某种主义,宣扬某种系统化的理论和观念来达到对思想控制的目的,这种做法我们就说它会形成某种意识形态的权力。意识形态的权力可以解决很多问题,包括人生的意义的问题、道德的共识的问题、社会的审美习惯等,甚至可以用来提升整个社会群体的内聚性。

其次是经济权力。除了以观念为基础的意识形态权力之外,还有一种是非常物质化的权力,我们把它称作经济权力。相比于意识形态的权力,经济权力主要是在满足人的基本生存需要过程中而形成的权力。拥有经济权力的组织可以通过垄断对自然资源的提取、改造、分配和消费来达到统治目的,或者它也可以通过对生产、分配、交换、消费以及各种经济活动的各个环节和组织的掌控来获得经济权力。比如在原始社会中,酋长就可以通过对社会剩余物品的再分配权来获得整个部族中的特权。由于经济权力是建立在人的最基本物质需求上,所以这种权力是一种非常直接和基础性的权力。在现代世界中,经济权力可以体现为国家政权对整个经济体系的掌握和控制,也可以体现为通过对市场活动的干预来应对市场失灵(如收入分配和社会保障等)问题,另外还表现为国家通过税收来实现社会财富的再分配。

再次是军事权力。军事权力是一个国家或者政权,出于安全防卫的需要而产生出来的权力。军事权力也经常被称作暴力,现实主义的国家理论学者一般会把军事权力看作国家政权的真正基础,像查尔斯·蒂利,径直把国家看作一个单纯为组织战争而形成的暴力组织,换句话说,蒂利(Charles Tilly)认为如果没有战争的需要,那么就不会形成如此庞大的现代国家。马克斯·韦伯也认为国家最重要的特征就是垄断了合法使用暴力的权力。而国家其他一些和平的功能,实际上都是为了垄断暴力而派生出来的,比如,要征税来养兵,要发展科学来研制更具杀伤力的武器,要对武装人员进行更强有力的组织化,等等。

以上三种权力都跟政治权力有关,但是它们都不等同于政治权力。

最后一种是政治权力。迈克尔·曼认为,政治权力是依托于暴力而建立起来的权力。但这个政治权力与暴力的关系是非常微妙的,在政治运作中,它虽然是政治的基础,但是我们并不是时时刻刻都要使用它,所以政治权力和暴力之间的关系就有五种形式。第一,在人类历史上,尤其是在早期的人类历史上,暴力是获得权力的一个最重要的基础,但是随着政治文明的不断升级,政治权力就越来越不以使用暴力为基础了,恰恰相反,使用的暴力越多,有可能权力越不稳固。第二,暴力是构成政治权力的来源,但不是整个政治权力的全部,政治权力有自己的柔软的一面,我们有时候也称这些东西为软权力。第三,权力的行使并不是直接使用暴力,它以暴力为后盾,而不会时时刻刻去使用暴力。第四,权力致力于维持一种恒久的社会关系,但是暴力的直接使用可能会破坏现存的权力关系,所以不能够轻易地使用。第五,暴力虽然可以为权力提供必要的基础,但是它常常只是用在权力无效或者是低效的时候,而且暴力使用的增多有可能意味着权力的减少,而不是加强权力。

所以政治权力是依托于暴力,但也不能够时时刻刻使用暴力的这样一种权力的形式。其中的原因就涉及政治权力的另外一个非常相关的概念——政治合法性。在政治体系当中,暴力就好比是整个金融体系中的黄金。它构成了该体系的基础,所以它是有效的,但是整个体系的运作如果没有僵硬到已不能够适应社会发展的情况,我们一般是不需要使用它的,就像在日常交易中只使用纸币(在电子支付时代,今天我们甚至连纸币都不使用了),而不使用黄金一样。所以,暴力资源的最大的缺陷就在于,它常常可以帮助建立权力,但是并不能够简单地使用暴力资源来维持一个稳定的政治统治。这就是我们所说的政治权力和暴力之间的关系。

第二节 政治权力的起源

前面我们提到,权力是人类社会所特有的现象,权力的起源一直令政治学家着迷,权力是如何产生的?到目前为止我们已经讨论了关于权力的各种各样的定义,以及权力的各种类型。接下来,大家可能还要追问为什么在人类社会中会存在权力,在其他社会中是不是不存在权力以及人类社会中是不是可以没有权力,政治权力的产生是不是有一定的必然性。迈克尔·罗斯金(Michael Roskin)在《政治科学》中总结了四种对权力起源的解释,这里我们重新归纳为三种,分别是生物本能、主观意向和社会建构。

1. 生物本能

关于人类的政治活动是否存在纯粹生物学意义上的基础,至今还存在很大的争议,因为传统上我们认为政治行为是人类社会性的体现。但在美国自然主义哲学的指引下,科学家们一直致力于寻找人类各种社会特征的生物学,或者更具体来说是基因上的证据。因此,对于亚里士多德提出的——人是天生的政治动物,生物学家们认为这不仅仅是一句格言或者修辞,还有着十足的自然科学依据。

比如著名的动物学家德瓦尔,在《黑猩猩的政治》①一书中,认为黑猩猩作为与人类在基因上最为接近的生物,其在群体生活中也产生了与人类相似的政治生活。这种政治生活不仅体现在众所周知的单一领袖现象上,或者是性特权现象上。更为重要的是,这种性特权的归属,也即单一领袖的产生,是随着群落中不同群体间的力量对比形势而发生变换的,是在复杂的权力冲突之后,达到力量均衡状态的制度化结果。在这个意义上,德瓦尔认为,黑猩猩群落实际上已经拥有了与人类极为相似的政治生活。而之所以权力现象在动物界只存在于和人类最为接近的物种之中,不由得使我们推测其中有着生物学的因素。

但来自生物学的观察不足以证明政治行为拥有遗传科学的基础,2005年之后,以詹姆斯·福勒(James Fowler)为代表的一批学者开始迈向一种"基因政治学"的研究。各种不同的研究先后发现,基因与人类的政治取向有着密切关联,比如拥有某些基因的个体会倾向于自由主义,而拥有另外一种基因的人会倾向于保守主义。② 这样一来与政治倾向相关的党派认同、投票行为、政治参与、公民责任感等一系列重要的政治态度与行为,都找到了各自的基因"密码"。必须指出的是,这些研究结论还饱受争议,但不失为一种看待政治现象的新视角。

2. 主观意向

第二种理论认为,权力现象不是由人的客观生物秉性所决定的,恰恰相反,权力现象本质上属于人类的意识范畴,权力与服从是典型的人类主观意向活动。但在这里又可以区分出两类相反的解释路径:第一种认为权力是人类的理性选择,人类出于某种动机主动选择了服从权力;第二种认为权力来源于人类的非理性行为,

---

① 参见[美]弗朗斯·德瓦尔:《黑猩猩的政治:猿类社会中的权力与性》,赵芊里译,上海译文出版社2014年版。
② James H. Fowler, et al., "Genetics Viration in Political Behavior", *American Political Science Review*, 2008,102, pp. 233-248.

比如宗教狂热和偶像崇拜等。

从理性选择的视角来看,权力是人类经过理性计算而精心选择的结果。理性选择权力观以社会契约论为代表,英国历史上两位著名的政治思想家——霍布斯和洛克都认为人类社会在进入政治状态之前,存在一个所谓的自然状态,也就是没有任何权力的状态。从自然状态过渡到政治状态的过程,就是权力从无到有的诞生过程,而之所以会发生这种转变,是人类的理性选择的过程。为什么这么说呢?因为在霍布斯看来,人类的自然状态是一个所有人反对所有人的战争状态。人与人间的关系就像狼与狼之间的关系,这是霍布斯所构建的自然状态的理论。因为所有人反对所有人,那么如果这种状态持续下去的话,整个社会就会在这种状态下被毁灭掉。为了维持整个社会的生存,所有人最后都达成协议,我们就把它叫作社会契约。① 社会契约论就是这样一种观点:达成一个协议,达成一个契约,把手中的一部分权力交出来,在霍布斯看来要交给一个最高的权力、最高统治者,由他来维持整个社会的生存和稳定。在这种情况下,我们把交出这种权力的过程称作理性的选择的过程。因此,在霍布斯看来,从战争的自然状态过渡到有统治的、有权力的政治状态是人类的理性选择。

洛克是不太同意霍布斯的看法的。在洛克看来,人类的自然状态不是一个战争状态,在自然状态里面是有自然法的,人也有天赋的自然的权力,包括生命的权力、财产的权力,这些都是天赋的自然权力。在这种权力下面,人与人之间的关系并不会像狼与狼的关系,但是在自然法的调整下面,所有人都可以去执行自然法,导致自然状态不是特别地方便。因此,在洛克看来,自然状态主要就是不太方便,比如说有一个人杀了另外一个人,要惩罚罪犯的话,所有人都可以执行法律。在洛克看来,我们需要做的就是把这些执法的权力、立法的权力交到专门的一个机构,专门的一个组织来执行。② 因此,在洛克看来,我们要从自然状态到政治状态,再到有权力的状态,主要是要克服这种不便和不安。在过程中,洛克和霍布斯虽然对于自然状态的定义不一样,但他们对于权力产生的原因的分析是一样的,都是出于某种理性的分析和选择,最后形成了政治上的权力。

非理性选择理论总体上认为人类的理性能力是非常有限的,情感、价值观、艺

---

① [英]霍布斯:《利维坦》,黎思复、黎廷弼译,商务印书馆1985年版,第98—99页。
② [英]洛克:《政府论(下篇)——论政府的真正起源、范围和目的》,叶启芳、瞿菊农译,商务印书馆2017年版,第14—16页。

术、审美等精神性活动才是决定人类主观意向性的根本因素。比如在前文中提到的意识形态权力,实际上需要礼仪、教化、宣传、规训等各种复杂的社会建构机制,才能把权力的观念通过社会化的过程深深印刻在一个个体的行为之中。而由宗教建构起来的权力,在现实中就体现在欧洲中世纪的神权政治中,教权和王权的结合形成了君权神授的权力体系,这种宗教意识形态和教权组织化相结合的形式,可能达到的权力的控制程度是非常高的,甚至有可能产生某种对权力的狂热崇拜。

3. 社会建构

社会建构理论认为权力不是人类主动选择的,无论是出于理性选择还是出于非理性的动机。总体而言,权力是在人类的社会生活中被建构起来的,因此权力是人类社会发展到一定阶段的产物。这种理论认为对权力通过社会的建构将服从深深印刻在人类的潜意识之中,从而导致权力现象经常以集体无意识的面目出现,我们身处权力之中而不自知。

潜意识和无意识的视角有着政治心理学的研究基础。曾经有一个特别著名的实验,叫作米尔格瑞姆实验。在实验的过程中,首先把实验对象分成两组,一组扮演操控电椅的人,另外一组扮演坐在电椅上受罚的人。虽然电椅是不通电的,但他们被告知如果看到对方按下电钮,就要露出被电椅惩罚而非常痛苦的表情。而扮演操纵电椅按钮的实验对象实际上是整个实验的关键,因为在整个实验过程中,他们并不知道电椅没有通电。这时候会有一个穿着白大褂,戴着眼镜的白胡子老头,看起来特别像教授或者学术权威的人走到他的面前,告诉他,我们出于某些方面的需要,你现在需要按下电钮去电对面坐在电椅上的人。实验的结果发现,大部分的人都对教授或者专家的意见没有任何质疑,就毫不犹豫地按下了开关,虽然他们目睹了另外一组实验对象的痛苦,但大多数人依然选择了"服从"。这个实验告诉我们,人类在心理上首先趋向于服从权力,而不是倾向于质疑和反抗权力。

综上所述,社会科学认为权力的产生绝对不是某一单因素构成的,单纯的生物学、心理学或者是社会建构理论,都不能完整地说明权力这种人类社会所特有的复杂现象。因此,在本书中,我们倾向于认为权力是综合的结果,是各种因素在人类个体和社会互动中相互叠加而合成的结果,它是前面几种因素的综合。用罗斯金的话来说,各种对权力的解释构成了一张网,权力可以以任何形式存在于这张网之中。

第三节 政治权力的分析路径

权力的概念是抽象的,但权力的运作是具体的,政治权力在政治生活中是以一定的形态存在的。关于政治权力的形态,有一个比较经典的争论,就是所谓的精英主义权力观和多元主义权力观的论战。二者之间的争论实际上源于对美国政治形态的权力分析。在这两种权力观之后,我们将在本节介绍马克思主义的权力观,马克思主义的权力观是对前两种权力观的超越,它可以让我们在更深层次上理解权力在现实世界的运作逻辑。

1. 精英主义权力观

对于权力运作方式的争论来自对美国精英主义政治的观察。精英主义权力观主要来自对美国政治一个经典的争论:即美国式的民主政治,其本质到底是大众民主,还是精英统治。最早的时候,我们对于美国民主的了解主要来自托克维尔(Tocqueville)的作品——《论美国的民主》。托克维尔在美国游历八个月之后,通过对比美国当时的政治形态、政体的结构,以及他所生活的法国的政治,他发现美国已经形成了一种民主政体,而法国当时还没有完全民主化,尚处于贵族政体状态。托克维尔在他的论著里详细论述了美国的民主起源、演变和运作逻辑。托克维尔在这本经典著作中比较了地理、法治和民情三种因素在塑造美国民主中的作用,他认为美国民主最重要的基础是"民情",具体来说就是一种来自基层民众的"乡镇精神"。[①]

托克维尔这种认为美国民主起源于大众的观点影响很大,但是后来一些新锐政治学者在看待美国政治的时候,不太同意托克维尔对于美国民主的看法。他们认为,托克维尔在《论美国的民主》里提到的,乡镇自治的政治权力的运作方式确实可能存在于美国的基层社会,但是并不能够代表整个美国政治。在美国的高层精英政治里,不存在托克维尔所说的诗情画意、温情脉脉的乡镇民主。那么美国的民主应该用什么词汇来形容?它是什么样的政治形态呢?赖特·米尔斯(Wright Mills)认为,美国不是由乡镇自治,而是由权力精英来维持运转的。因此,他提出

---

① [法]阿列克西·德·托克维尔:《论美国的民主》,曹冬雪译,译林出版社2019年版,第4—6页。

美国民主政治是一种"精英主义政治"。①

精英主义在政治学中是非常有市场的一种观点,代表性学者除了米尔斯,还包括帕累托(Pareto)、莫斯卡(Mosca)、米歇尔斯等。精英主义实际上有两种不同的论调。一种是经验主义的,认为政治不应该由精英来统治,应该由大众来统治,只是在政治权力的实际运作过程中被精英所把控;另一种是规范主义的,这种精英主义论调更为悲观,它认为整个人类就不存在真正意义上的大众统治,像米歇尔斯所说的,组织中的寡头统治是一种铁律。帕累托的精英循环论也这么认为,整个人类社会都是由精英控制的,不存在大众统治,只是在不同的时代统治精英的所属群体有所差别而已。② 比如在欧洲的中世纪,当时的精英主要来自教会,教会里的上层人物如红衣主教就是当时整个社会中的权力精英。随着宗教改革和资本主义的发展,整个教会的权力式微,宗教精英也逐渐让位于新的精英群体。比如说,议会的议员代表政治精英,商业巨头代表经济精英,甚至还包括掌握了宣传舆论知识的文化精英等。因此,精英之间只是相互循环的,但人类社会来来回回,始终还是由精英来统治的。

莫斯卡其实也持类似的观点。他在《政治科学》一书里提到,人类社会存在不同的形态,但都会分为统治阶级和政治阶级。掌握政治权力的阶级就是统治阶级。③ 米歇尔斯就更悲观,他提出了一个著名的理论,那就是组织中的寡头统治铁律。什么叫铁律?只要形成组织,它就一定是由精英来统治的,不存在非精英统治,组织里面一定要区分寡头和普通的组织成员。④ 总之,精英主义者认为,人类社会大部分的政体都是所谓的精英主义政体。米尔斯就把类似于精英主义的观点,借用来分析美国的政治权力运作过程,反对托克维尔所说的,美国是一种完全自治的平等化大众民主。他认为,美国更深层次的政治权力运作,其实是一种权力精英的运作。

2. 多元主义权力观

精英主义的观点在流行一段时间之后,出现了一个反对者,叫罗伯特·达尔。

---

① [美]查尔斯·赖特·米尔斯:《权力精英》,王崑、许荣译,南京大学出版社2004年版,第9—12页。
② [意]维尔弗雷多·帕累托:《普通社会学纲要》,田时纲等译,生活·读书·新知三联书店2001年版,第299—300页。
③ [意]加埃塔诺·莫斯卡:《政治科学要义》,任军锋、宋国友、包军译,上海人民出版社2005年版,第119—120页。
④ [德]罗伯特·米歇尔斯:《寡头统治铁律:现代民主制度中的政党社会学》,任军锋等译,天津人民出版社2003年版,第28页。

达尔写过一本书,是他的博士论文,名字叫作《谁统治?》。这本书采用了实证主义的研究方法,他的观点是,既然我们要分析美国的政治到底是大众民主,还是精英主义,那么我们就不能够只是在理论上或者在理念上来谈,那样解决不了这场争论,我们必须实地观察权力的具体运作。达尔认为,在今天的美国,权力运作最主要就是看它的决策制定,权力最重要的表现,就是决策到底是由谁来做的。区分也非常简单,如果我们把决策看作由少数精英来制定的,那就支持精英主义权力观。但如果在决策的制定过程中,精英并不能够完全掌握决策的制定权,他还要跟其他形形色色的大众利益团体去分享决策的制定权,或者说非精英的人士有各种各样的渠道,以各种方法去对决策的制定产生非常实际的影响。那么,在这样一种权力过程中,我们就不能够简单地认为,美国的政治是我们所说的精英主义政治。

带着这样一种研究视角和方法,达尔在美国的纽黑文市,也就是耶鲁大学所在城市的市政厅对各种决策的制定开展了多年的实地观察。他主要关注三个议题:一是两党的任命权;二是纽黑文市的城市再造工程;三是纽黑文市的公共教育。达尔发现,虽然不是所有的决策制定过程都由大众直接决定,但是当在市政厅讨论不同议题的时候,与这些议题利益相关的团体会加入制订决策的过程,他们会去听听证会,去了解决策的各种各样对于自己利益的影响,然后会为了维护自己的利益去影响决策,而且决策最后确实也照顾到了大多数利益团体的利益。通过对权力实际运作过程的观察,就是关于制订决策的观察,达尔发明了一个词汇,叫作pluralism,也就是通常所说的多元主义。① 多元主义挑战了精英主义的观点。达尔认为,不能够简单地用精英主义来形容美国的政治,美国大部分地方的,尤其是纽黑文市的制订决策过程,是由多元的利益主体共同参与形成的,并没有哪几个精英能够简单地制定所有的决策。

3. 权力的两副面孔

达尔的观点刚刚抛出来不久,就受到了挑战。有两位作者,彼得·巴拉赫(Peter Bachrach)和莫顿·巴拉兹(Morton S. Baratz)发表了一篇文章,叫作 Two Faces of Power②,也就是我们所说的权力的"两副面孔",这是指什么意思呢?

---

① [美]罗伯特·达尔:《谁统治?一个美国城市的民主和权力》,范春辉、张宇译,江苏人民出版社 2019 年版,第 96 页。
② Bachrach, Peter, and Morton S. Baratz, "Two Faces of Power", *American Political Science Review*, 1962, 56(4), pp. 947-952.

这两位作者认为,罗伯特·达尔只看到了权力的一副面孔——制定决策。然而,权力还有另外一副面孔——设定议程(agenda-setting)。设定议程和制定决策之间是什么关系?设定议程是要比制定决策更重要的权力运作,设定议程一般会发生在制定决策之前,因为它决定了将哪些议题提上议事日程。也就是说,其实在纽黑文市政厅里面所要讨论的这些议题都是议程设定好的。如果在设定议程的过程中,没有给出两党的任命权,没有给公共教育这样的议题提供各种各样的利益团体来讨论的话,利益团体根本没有参与讨论议题的机会,更谈不上参与制订决策了。因此,设定议程比制定决策更重要,是更深层次和更高级别的一种权力运作。正是设定议程加上制定决策,共同构成了权力的两副面孔。

那么,设定议程的重要性体现在什么地方呢?它和达尔从制定决策的角度来思考权力有什么关系呢?达尔虽然看到了整个制定决策过程中,各种利益团体参与这种多元主义民主对于权力的影响,但这两位作者认为,利益团体没有能力去决定哪些议题是可以拿出来讨论的。他们对比了美国两个州的两个选举案例。这两个州的环境污染问题都非常严重,在其中一个州的选举中,环境问题每次都是首当其冲的重要议题。但是在另一个州,环境问题从来没有在选举辩论中被拿出来讨论过。原因在哪里?就在于议程的设定。在那个从不讨论环境问题的州里,有一个特别大的钢铁企业,也就是空气污染的源头。这个钢铁企业为有竞争力的政党提供大量的竞选资金,而为了维护这宝贵的竞选资金,在竞选过程中没有哪个政党会傻到去动钢铁集团的奶酪,因此,环保议题就遭到长期搁置了。总而言之,议程的设定在这两位作者看来,是比制定决策更重要的权力,而且这种权力是各种多元化利益集团更不容易参与其中的。民众仅仅能够影响决策是不够的,还要有能力影响议程的设定,才是真正的多元主义。

4. 马克思主义权力观

马克思主义认为,无论是精英主义统治还是多元主义民主,这些都只是虚幻的表现形式,在这些虚幻的表象之下,掩藏的是经济基础对上层建筑的决定作用。经济基础决定上层建筑,是马克思主义权力观的核心,也就是我们所说的唯物主义的权力观。这种权力观超越了精英主义和多元主义的争论,因为无论我们把美国的政治形态视作精英主义还是多元主义,其本质都是由资本主义的经济性质所决定的,只要资本主义作为经济基础的性质不变,那么美国政治权力的性质就不会轻易发生改变。所谓精英主义与多元主义,只不过是上层阶级与中下层阶级在权力分享上的程度差异而已。

而经济基础主要体现为一个社会的生产力和生产关系。恩格斯在《家庭、私有制和国家的起源》里提出,私有制也就是私有产权的形成,是权力诞生的决定性因素。因为在私有制诞生之前,人类社会无法形成社会分层,部落领袖也不掌握分配财富的实质性领导权,自然也不用为了维护领导权而建立一套专门从事公共事务的行政班子。马克思主义认为,经济基础不仅决定了权力的起源,还持续影响着权力形态的演变和发展,当社会的生产力和生产关系发生改变的时候,权力的形态也会以各种方式发生变迁以与之相适应。

第四节 政治权力与政治合法性

政治权力是依托于暴力而建立起来的权力,但是在权力的实际运作过程中又不能够频繁地使用暴力。其中的原因是什么？因为权力有其强制的一面,也有其柔软的一面。暴力不是权力的终极目标,权力的目标是获得服从,暴力仅仅是其手段之一。因此,权力的大小实际上取决于其获得服从的能力,也叫作政治合法性,英文是 legitimacy,有时候也会被翻译成正当性。

一、政治合法性

什么叫作政治合法性？合法性对于政治权力来说又有怎样的重要意义？让我们首先来看一下关于合法性的经典定义。德国学者马克斯·韦伯提出,每一种真正的支配形式,都包含着最起码的自愿服从的成分。① 因此,与前文所述的权力形成的强制服从不同,合法性指的是自愿地服从。既然是自愿的服从,我们就不需要依靠暴力等强制手段。权力的正当运作需要以自愿服从为基础,自愿的程度越高,合法性的程度也越高。当然,韦伯也说道,这种自愿的服从,可能是出于利害关系的考虑,也可能是基于真心实意的诚服。但我们一般都认为,政治的合法性主要是基于真心实意的臣服,不是一种交易,而是无条件的服从。这种无条件性对于理解

---

① [德]马克斯·韦伯:《经济与历史 支配的类型》,康乐译,上海三联书店2021年版,第291页。

韦伯的权力合法性类型是特别重要的。

西摩·马丁·李普塞特(Seymour Martin Lipset)对于政治合法性也有一个定义。他说,合法性是指某一个政治系统使人们产生和坚持现存政治制度就是社会最适宜制度之信仰的能力。[①] 这句话非常拗口,我们稍作解释,李普塞特的合法性指的是什么呢?在一个政治系统里面,系统中的大部分人都认为我们现在的政治体制和政治系统已经是最好的系统,已经是最好的制度了。如果社会中的大部分人都秉持着这种信仰,政治权力的合法性就非常高。如果社会中的大部分人认为,现在的制度不是最好的,还需要加以改进,甚至从根本上予以改变,那么政治权力的合法性就比较低。所以政治合法性,指的是被统治者对于现存统治认可和接受的程度。

二、合法性与有效性

在李普塞特看来,统治的合法性在很大程度上取决于有效性,但是二者又有一定的区别。有效性是一种非常工具性的判断,在现代社会里主要表现为社会经济发展状况和发展能力。如果一个社会的经济发展状况越好,我们一般会认为这个社会的政治合法性程度就可能越高。但这只是一种相关关系,而不是因果关系。也就是说,有效性与合法性有可能存在显著的正相关,但是有效性并不是合法性的来源,不是因为哪个政权的政策很有效,就会自然提高它的合法性。合法性更多是无条件的。民众对政权的支持,有可能来自有效性,也有可能来自合法性本身,两者要区分开来。

除了经济发展之外,政治还有各种各样其他功能。这些功能都是用来满足社会中各种各样的需求的。如果它满足社会中需求的能力越强,就可以说政权的有效性程度越高。一般认为,有效性是工具性的,合法性趋于评价性,有效性和合法性虽然高度相关,但又不完全一致,具体而言有如下四种类型。第一,有一些社会的有效性非常高,合法性也非常高,既有非常强的经济发展能力,又有非常好的政治发展和政治稳定性。第二,也有一些社会的合法性程度很高,但是它的有效性很差。也就是说,在这些社会,虽然政权的稳定程度很高,但是社会不发展、经济

---

① [美]西摩·马丁·李普塞特:《政治人:政治的社会基础》,张绍宗译,上海人民出版社2011年版,第47页。

不进步，比如一些经济落后但拥有强大的保守传统的国家。第三种类型就是有效性程度非常高，但是合法性程度非常低，你有可能会问，为什么一个社会经济发展速度很快，但反而合法性程度会低呢？这充分说明有效性并不是合法性的来源。当然这里还涉及一个非常复杂的问题，就是政治发展和经济发展的关系。有时候经济发展的速度过快，超过政治发展的程度。也就是说，政治发展不能够满足经济发展的需要的时候，反而会诱使社会抛弃现有的政权，著名的"拉美化陷阱"讲的就是这种现象。当然还有一种情况，那就是一些战后傀儡政权，这些政权可能在征服者的铁蹄下提高了管治社会的能力，但始终无法得到本国民众的认可。最后一种类型，就是合法性和有效性都非常差，我们称之为失败国家，承担巨额战争赔款的战败国、经济长期落后而又陷入政局动荡的国家，就是失败国家的典型。

三、合法性与合法律性

除了有效性，还有一个跟合法性非常近似的词，我们称之为合法律性，英文是legality，也可以翻译为守法性。合法性这个词第一次在中世纪的文献中使用的时候，词义中包含着与法律相一致的理念。这样一个概念，后来慢慢发生了变化，合法性一词其中合法律性的含义逐渐降低，政治性的含义逐渐得到加强，直到马克斯·韦伯提出了合法性的定义。韦伯提出合法性的定义，是为了强调在一个社会支配系统里，统治者除了拥有统治权力（power），还应该同时拥有统治权利（right），也就是统治的正确性、正当性。合法性逐渐变成一种对于统治权力的认可，而不在于对法律的认可。尤其是在现代社会里，合乎法律并不一定就是指合法性程度非常高，也就是说，合法的不一定非常合理和正当，而且法律有可能是坏法，是需要进行重新评估和修正的，法律有可能会失效。总之，合法性主要是指对于统治权力的认可，是一种正当性的判断和评价；合法律性主要是对于目前的法律是否相一致的评价。

马克斯·韦伯的合法性定义明显是不对称的，统治者既拥有统治权力，又拥有统治权利，被统治者则什么都没有。这不符合现代政治的要求。因此，从帕森斯到李普塞特，都试图对韦伯的合法性定义进行改造，把它从一个自上而下的"支配"概念，转化为一个自下而上的"支持"概念，其中特别强调了现代社会中民众的基本权利,也就是说,统治的正确性(right)是以权利的方式掌握在民众手里的。从这个意义上说,合法律性对于合法性来说,是至关重要的。

第五节 政治合法性的类型

合法性也有几个不同的理想类型,主要是马克斯·韦伯在支配类型里提出的三种合法性理想类型,第一种叫作法理型合法性,第二种叫作传统型合法性,第三种叫克里斯玛型合法性。① 不过,马克斯·韦伯自己也说,这三种合法性类型都是理想类型,并不代表全部类型,在现实的政治运作过程中,这三种合法性的来源可能会混杂地产生,不存在纯粹的合法性类型,这三种理想类型只是便于我们用来分析和研究而命名的。

一、法理型合法性

首先,我们来看法理型合法性。法理型合法性主要建立在相信统治者的章程所规定的制度以及各种指令性权力的合法性基础之上,也就是说,你认为是正当的,合理、合法的,主要源于对各种规章(尤其是正式的规章制度、法律)的尊重。如果合法性是来自这些东西,那我们就把它称作一种法理型合法性。在现代社会,法理型合法性是所有类型合法性中最重要的一种。法理型合法性有一个特别的代表性形式,马克斯·韦伯称之为官僚制,也可以翻译成科层制,英文是 bureaucracy。它有以下几个特点:第一,官僚在私人生活方面是自由的,他们只有在公共领域里面才有服从支配的义务,也就是说,在官僚制下,公和私是被严格划分开来的;第二,在官僚制里,职位有非常清楚的上下级关系,哪些是上级,哪些是下级,上级对下级有哪些指令性的权力,都是一清二楚的,是被严格定义出来的;第三,所有官僚人员队伍中的成员,都具有非常专业的管理性知识;第四,官僚的报酬是以货币的形式来支付的;第五,官僚和行政工具的所有权之间是完全分离的,他们在行政过程中所使用的东西是公共的,不能够据为私有;第六,官僚是有着严格的组织和纪

---

① [德]马克斯·韦伯:《经济与历史 支配的类型》,康乐译,上海三联书店2021年版,第297页。

律控制的。官僚制这种统治形式，在人类社会历史长河中诞生的时间非常晚也非常短，尤其是在欧洲。当然，韦伯也主要是在欧洲观察。

其实，中国在古代也存在官僚制，但和马克斯·韦伯所说的官僚制还是有非常大的差别。第一，对于中国古代的官员来说，公和私是不能够严格划分开来的；第二，中国古代的官员，也不具备专业的管理知识，他们并不是掌握专门技术的管理人才，例如历代负责疏浚河道的治水官员，原本都是文人出身；第三，中国古代官员的报酬也不仅仅是货币，还有其他非常复杂的形式，而且官员的私有财产和公共行政的工具之间不能够完全区别开来。中国古代官僚制和韦伯所说的官僚制之间唯一比较相似的是，其中存在非常严格的上下级关系，也有严格的纪律和控制。

法理型合法性有一些特点和优势，但也有它的缺陷。它的优势可能在于，它是一种理性化和非人格化的统治方式。在韦伯看来，官僚制的发展越是完美，就越趋近于非人性化，官僚会在职务的处理中排除爱憎等一切个人感情因素的影响，无法计算的非理性的感情因素都会被排除在官僚制的法理型合法性之外。但是，法理型合法性的缺点也是显而易见的：官僚制会使整个社会差异齐平化，因为它要求非人格化，同样，官僚机器因此成为冷冰冰的、没有情感的行政工具。在韦伯看来，官僚制就是大众民主必然的伴随物。

二、传统型合法性

第二种合法性的类型称作传统型合法性。传统型合法性的定义是，如果支配的合法性和正当性来自其所宣称的，同时也为旁人所信服的历代相承的规则，就可以称之为传统型合法性。它的关键词就在于"历代相传的"。它来自比较古老的传统，而不是来自现代社会所制定的某种规则。也就是说，当传统型合法性和法理型合法性相互冲突的时候，如果传统型合法性占上风，那就不能够轻易地制定某些规则来打破历代相传的这些规则的；如果法理型合法性占上风，那就可以通过制定新的规则来打破旧的规则，或者是历代相传的老祖宗定下来的传统规则。

传统型合法性用比较通俗的话来说，就是"我们一直都是这样做的"。我们相信我们所遵守的这些由来已久的东西，而不考虑它到底是不是合理的，我们只考虑它是不是历代相传的，是不是老祖宗传下来的规则。所以，在传统型合法性中，那些历代相传的风俗习惯、传统惯例具有无上的权威性，只要人生活在这个传统之中，他就得无条件恪守这一传统。统治者的统治地位来自他是这个传统的维护者，只要民众相信和遵从这个传统，相应地就要无条件服从这个传统守护者的权力。

可见，传统型合法性是一种基于身份的支配，因为身份就是历代相传下来的，比如贵族，而不是如法理型合法性是基于职位的，上级支配下级，他是你的上级，有支配你的权力。因此，传统型合法性代表的政治形态就是长老制、家长制以及家产制。

比如，在中国古代帝制中，三岁娃娃也可以当皇帝，原因就在于，他继承大统，并不在于他的能力，而在于嫡长子继承制这个基于血缘关系的传统。如果讲求能力，选贤择能，那本身就是最破坏传统的举措。反之，统治者为了取得民众的支持，巩固其统治，也不得不"奉天承运"，依天道而行，不能越雷池半步，否则就有被推翻之虞。汉末的王莽破除了传统，结果不得人心，落得个身败名裂的下场，就是因为在传统型合法性还占上风的社会里，打破传统将产生巨大的政治风险。

三、克里斯玛型合法性

第三种合法性类型称作克里斯玛型合法性，这是马克斯·韦伯的一个理论独创。克里斯玛型合法性又被称作魅力型权威，或者感召型权威。charisma 主要表示某种拥有超凡魅力的人格特质。某些人因为具有这些特质，被认为拥有超人的禀赋、超自然的人格以及卓尔不群的能力，或是魅力不凡的人物，他们往往会得到很多的权威和服从。

克里斯玛型合法性，用通俗的话来说，就是"我相信他是对的"。古今中外无数卓越领袖人物都具有一种与众不同的人格魅力或者英雄气概，以吸引他的追随者。现代革命的领袖人物等，是克里斯玛型合法性在现实政治生活中的体现。克里斯玛型合法性的特点，就是完全依靠领袖人物个人的魅力来建立和维持政治的合法性，既不注重制度建构，也不关心权力运作的规则，而且常常要打破既有的制度和规则，以显示统治者不屈服于机械制度的超凡魅力。

第六节 政治权力的合法化危机

合法性不完全是静态的。相反,合法性在所有的政治运作过程中是动态的。在政治发展的不同阶段,政治权力的合法性程度是会不断上升或者下降的。获得合法性和提高合法性的过程和能力,我们把它称作合法化。合法化会有各种各样的手段,如果统治者想提升传统型合法性的程度,他可以动用传统的文化象征的力量,包括图腾、特定的政治符号,等等。比如,中国传统社会中,从汉代起,历代王朝都喜欢建孔庙来加强统治者的权力;欧洲中世纪新登基的君主,也常常要举行各种君权神授的加冕仪式。如果统治者想提升民众在主观上对于政权的认同,那么他可以使用意识形态的控制,比如统治者常常会建构民族主义的意识形态来唤起民众对政权的支持。无论是动用文化象征力量,还是意识形态力量,合法化基本上都是精神层面而不是物质层面的。

因此,有效性并不是合法化的手段,而是合法性不足条件下的弥补方式。当政治合法性出现危机的时候,可以使用社会政策的手段,制定某些政策,运用这些政策来满足社会的需求,从而提升民众对于政权运作的支持,缓解合法性不足所可能带来的危机。有效性虽然不能直接替代合法性,但是在很大程度上也可以避免政权因合法性问题而出现严重的政治危机。

在政治发展过程中,不少国家会遭遇各种各样的合法化危机,著名的汉学家鲁恂·派伊(Lucian Pye)概括了政权合法化危机的四种来源。第一,合法化的基础发生了冲突或者变得不合时宜。比如说这个阶段最重要的是发展经济,但是当局没有把经济作为最重要的任务,设法建立强大的行政和法律制度体系,反而去发展一些传统的,或者是意识形态的力量。这时权威的合法性基础发生了冲突,就会带来合法化的危机。第二,在整个政治运作的过程中产生了过度竞争,或者竞争没有制度化,这也会让政治发展产生合法化危机。第三,不被接受的历史解释,或者是过高的期望。比如说政权在满足社会群体需求的时候,它有一定的能力,但是社会群体对于政权的期望太高,就会产生期望和满足需求之间的落差,这时也会产生合法化危机。第四是负作用的社会化过程。社会在整个政治发展过程中产生了一些不好的政治现象,其长久地存留在社会群体的社会化过程和人生经历中,这些东西都会导致合法化危机的产生。①

西方自由民主制度的合法化危机是一个十分现实的政治学问题。这种危机主要来自四个方面。第一个是美国学者皮帕·诺里斯（Pippa Norris）所说的民主赤字问题，在很多西方自由民主国家，民主的供给不能够满足大众对于民主的需求，相当于财政赤字一样，产生一种民主的赤字。② 第二，不断增加的期望，大家对于民主有各种各样的期望，希望民主能带来经济的发展，带来和平，能带来各种各样的好处，但可能它的作用是非常有限的，并不能够满足大家对于民主的各种各样需求。第三，互联网的发展会导致负面新闻报道不断增加，因为新闻制造者往往有猎奇的心理，想求得关注，需要报道的新闻有市场，正如一位著名记者用"一天给我一桩谋杀案"来形容他们的日常工作那样，严肃的新闻可能关注的人比较少，媒体就会倾向于报道一些负面的新闻，对政治合法性构成消极影响。第四，政府绩效的低下，政府绩效包括经济发展、公共的福利，甚至包括疫情期间的公共卫生措施，以及人民的生命、财产维护的绩效，等等。如果政府绩效不能够满足大众的需求，不能维持基本的社会运转，它不能用绩效来换取支持，就容易激发那些本已经潜在的合法化危机，或者在合法化危机来临之际无法缓解。

本 章 小 结

本章主要介绍了政治学的两个最基本的概念：权力与合法性。首先我们需要掌握这一对核心概念的区别：权力是一种强制力，从个体层面来说是一种在遇到冲突与反对时也能贯彻意志的行为，从集体层面来看则表现为一种政治实体的统治力量。而合法性主要表现为一种权威，是被统治者对统治者的认可与同意，因此合法性用来描述统治的正当性程度。在这里要注意进一步区分与合法性高度相关的另外两个概念：有效性和合法律性。有效性主要用来形容一个国家治理社会问题和提高经济发展水平的情况，有效性显然会影响一个政权的合法性，但并不必然与合法性完全一致，因为在历史上经常出现在经济高速发展的过程中，国家的合法性

---

① See Pye, Lucian W., "Identity and the Political Culture", in Binder, Leonard, et al., *Crises and Sequences in Political Development* (SPD-7), Princeton University Press, 1971.
② See Pippa Norris, *Democratic Deficit: Critical Citizens Revisited*, Cambridge University Press, 2011.

反而衰落的情况。合法律性的内涵则要小于合法性,因为法律本身也只是政权统治的一个组成部分,形式上符合法律的,在实质上可能并不正当,否则就不存在法律的修订与完善了。权力与合法性的政治学理论告诉我们,政治的发展是一个在历史情境中不断动态演变的过程,所有的政权在发展过程中都会面临各种不同形式的合法化问题,如何化解合法化危机,最大限度地提高统治的合法性,是每一个政治实体无法绕开的永恒课题。

思考题

1. 权力与影响力的区别和联系是什么?
2. 组织化权力的四种类型分别是什么?
3. 三维权力观的具体内容是什么?
4. 合法性与有效性的联系和区别是什么?
5. 合法性有哪些基本理想类型?

延伸阅读书目

1. [美]史蒂文·卢克斯:《权力:一种激进的观点》,彭斌译,江苏人民出版社2008年版。
2. [英]伯特兰·罗素:《权力论》,吴友三译,商务印书馆2012年版。
3. [德]马克斯·韦伯:《社会学的基本概念》,胡景北译,上海人民出版社2020年版。

第三章

国　　家

　　国家是政治学的核心概念,也是政治世界的关键行动者。有国家才有真正意义上的政治,政治史也就是一部国家史。国家是一个历史的存在。换言之,国家不是从来就有,也不会永远存续。国家是在历史当中诞生的,它会随着历史的变迁而逐渐地消亡。国家的出现在人类历史上是一个质的飞跃,是社会发展到一定阶段的产物。国家的诞生,既基于一定程度的富足,也基于一定程度的稀缺。一方面,如果生产力没有发展到较高水平,产生了资源的富余,就不可能形成社会分工与阶级分化,也就没有形成国家的可能性和必要性。国家是为了调节阶级矛盾和社会冲突而产生的,国家也需要有专门的政治组织和公职人员。在采集-渔猎经济形态下,食物往往比较匮乏,没有剩余,人人平等,不存在阶级分化;而到了农业社会,物资有所剩余,就开始走向阶级分化,也出现了专业化的分工,一部分人不再从事食物生产。另一方面,如果社会不存在稀缺性,同样也不需要国家,国家的重要功能之一就是"对价值/资源的权威性分配"。当所有人都摆脱了稀缺性的时候,政治就不复存在了,因为不再有围绕稀缺物的价值分歧与利益竞争,也就不需要国家作为第三方居间协调。

第一节　现代国家简史

　　国家是一个共同体,但有别于氏族、部落,不是血缘共同体,而是地缘共同体。人类早期的组织形式与动物的群落是相似的,都是按照血缘来组织的。人类早期的氏族、酋邦、部落组织,也是基于血缘的。人类社会逐渐进化为地缘共同体,这就迈向了国家的形态。例如中国有56个民族,这些民族从人种学或者基因的意义上来讲,是存在很大差异的。有人说中国人是黄皮肤、黑眼睛,但实际上,在中国的大地上,塔吉克族、俄罗斯族就是白皮肤、蓝眼睛。虽然血缘上如此不同,但他们都是中国人,都是中华民族的一员。

简单说来,国家大致经历了前现代国家和现代国家两个阶段。譬如,古希腊的城邦国家、草原上的部落国家、中国先秦和欧洲中世纪的封建国家、罗马帝国,以及中国自秦以降的王朝国家。这些前现代国家有不同的形态,共同点在于国家的权力比较分散,通常没有强有力的中央政权,中国的历代大一统王朝可能是个例外。

这里所说的现代国家,也可以称之为民族国家,起源于西欧。现代国家与前现代国家之间存在质的差别。在15世纪左右,现代国家开始显露出它的雏形。此时民族主义意识形态也初现端倪。16、17世纪,文艺复兴、宗教改革,以及君权神授的思想都促进了现代国家的发育。

为什么文艺复兴、宗教改革对于现代国家的形成非常重要?因为二者对中世纪最具实力的教会构成了致命打击。在中世纪,天主教会是独立于神圣罗马帝国皇帝和国王权威之外的自治法人,神职人员需要遵守和执行的不是神圣罗马皇帝的法令,而是教会自己的法规。文艺复兴张扬了人的理性,宗教改革使基督教内部出现了分裂,打破了教会在精神领域的垄断地位。

教会的势力遭到削弱之后,君主的地位和力量相应地上升。路易十四被称为太阳王,这象征着君权的巅峰,封建君主制转变为绝对主义君主制。到18世纪,美国独立是一个标志性的事件。美国跟欧洲国家不一样,是一个"没有历史"的国家,从一个前殖民地转化为一个民族国家,而这个国家恰恰是由来自世界各地的移民所组成的,所以它更好地代表了现代国家的一些特征。美利坚民族不同于英格兰、法兰西、德意志等民族,那些民族有共同的历史、共同的集体记忆,是在长期的互动中形成的共同体,而美利坚民族内部的异质性很大,不是一个种族意义上的民族,而是一个国族。

19世纪的重大事件是意大利、德意志的统一。意大利、德意志过去长期处于分裂状态,这两个国家走向了统一,欧洲民族国家的整体格局就基本形成了。日本的明治维新也值得关注,在亚洲乃至非西方世界第一个迈向了现代国家。

进入20世纪,苏联和中华人民共和国这两个社会主义国家崛起。社会主义国家既有民族国家的一面,又有超民族国家的一面。身处以民族国家为基本单元的国际体系,社会主义国家有民族国家的行为逻辑;同时,社会主义又是一种超民族主义/国际主义的意识形态,众多的加盟共和国也使苏联处于民族主义与多民族国家的张力之中。另一个大事件是欧盟的成立。欧盟在一定程度上构成了民族国家的替代形式。对于现代国际体系而言,民族国家是一个至高的利益单元;欧盟在一定程度上打破了这一点。欧盟行使了一部分传统上被认为属于国家的权力或职能,比如发行货币,还有部分立法权,这在一定程度上超越了民族国家的架构。当然,欧盟也面临新的挑战,英国的脱欧在一定程度上说明民族国家仍然是当今世界最重要的政治单元。即便是欧盟这样一个超国家行为体,实际上也是以民族国家为底色的,民族国家的利益高于其他政治单元。

本章要重点阐述的是现代民族国家的形成,其历史起点是中世纪的欧洲。欧洲中世纪的政治体制和中国的先秦时期有一定的相似性,也就是封建主义。历史学家约瑟夫·斯特雷耶(Joseph Strayer)指出:"西欧的封建主义基本是政治性的——它是一种政府……其中,一队军事领袖垄断政治权力,但队员之间的权力分配又相对平等。"①也就是说,君主和贵族之间的地位是相对平等的。这与中国历史上的皇帝有非常大的区别。中国的君主制讲"君君臣臣,父父子子""君要臣死,臣不得不死",中国的皇帝制度是中央集权的。而西欧的封建主义是高度分权的:君主相对于贵族来说,不是一个父亲的地位,至多只能说是一个兄长的地位,兄弟之间的权力相对平等,不像父子之间的权力结构那么不平等。

封建主义奉行的统治原则是:"我的附庸的附庸不是我的附庸,我的领主的领主不是我的领主。"这个原则至关重要。如果你是一个公爵,你是国王的附庸;你这个公爵治下还有侯爵、男爵;那么这些侯爵和男爵,只是公爵的附庸,并不是国王的附庸。假如公爵跟国王发生战争,这些侯爵和男爵应该站在公爵这边,跟国王作战。这样一来,国王的权力实际上是非常弱的,相对于大贵族而言,只有微弱的优势;面对贵族群体,还经常要做出妥协和让步。

又如,阿拉贡贵族对新国王的誓言:"和你一样优秀的我们向不比我们优秀的你发誓,我们接受你为我们的国王。至高的上帝规定你要遵守我们所有的法规和法律;如果你不遵守的话,我们就不接受你为国王。"②贵族再三强调自己跟国王是

---

① 转引自[美]弗朗西斯·福山:《政治秩序的起源:从前人类时代到法国大革命》,毛俊杰译,广西师范大学出版社2012年版,105页。
② P. J. Helm, *History of Europe*, 1450-1660, London, 1973, p.54.

一样高贵的,国王并不凌驾于贵族群体之上。贵族对国王的忠诚是有条件的,即国王必须遵守法规和法律。中国的皇帝制度,要求臣子无条件地服从君主。而封建制下的贵族与君主尽管包含了一定程度的不平等,但更多的是一种契约关系。贵族要求国王遵守他们间的协议,有条件地履行对国王的忠诚义务。

现代国家诞生当中有如下一些关键性的事件。

一是文艺复兴。文艺复兴为什么重要?如前所述,它主要是削弱了教会的势力。在中世纪,教会是欧洲最大的地主,拥有欧洲最大的版图。教皇凌驾于世俗君主之上。虽然说世俗事务是属于国王的,但宗教事务和世俗事务要截然两分是不可能的,所以教会实际上拥有非常大的世俗权力。

二是突厥入侵。15世纪中叶,突厥人的入侵把大炮、火药传入了欧洲。军事技术的进步产生了意想不到的后果。大炮的引入损害了贵族的利益。在中世纪,国王有两个主要的敌人:一个是教会,这是来自"上面"的敌人,凌驾于世俗君主之上;另外一个敌人是贵族,这是来自"下面"的敌人。贵族虽然从属于国王,但他们对国王的忠诚是有限的,经常会因为征税或其他事务跟国王发生冲突。大炮是一种昂贵的新式武器。国王跟贵族相比,财力更为雄厚,更有可能采用大炮这种新技术。国王掌握了大炮,自然对城堡中的贵族不利。在冷兵器时代,城堡易守难攻。攻破一座城堡的成本非常高。但是到了大炮的时代,城堡很容易被攻陷。国王拥有更多的大炮,相对于贵族的优势就逐渐明显。

三是印刷术与新教的崛起。大概与大炮引入欧洲同一个时期,德国人古登堡发明了活字印刷术,带来了识字率的提高。识字率的提高首先冲击了教士阶层。欧洲历史上印刷术得以迅速推广的重要推手是圣经。圣经早期主要是用羊皮纸写的,而羊皮纸非常昂贵,只有贵族、教士才能使用。这就导致了知识的垄断和对信仰的垄断。谁能解释基督教的教义?谁能跟上帝进行沟通?只有教会的神职人员。但是随着印刷术的普及,拥有圣经的人越来越多,普通教徒也可以自主地理解和阐发教义,"离经叛道"的新教就产生了。16世纪初期,路德创建了新教。新教在早期也被视为异端。随着圣经的普及和识字率的提高,教徒不需要以教会和教士作为中介,新教的发展对于教会是一个沉重的打击,同时大大提高了欧洲的理性化水平。整个中世纪,欧洲的理性化水平、知识水平、科学成就要低于古希腊和古罗马时期。到了近代,欧洲的科学和文化再度复兴,这跟识字率的提高有直接关系,印刷术大大推动了欧洲文化知识水平的提升,降低了蒙昧的程度，改善了人的精神面貌。新教与天主教之间的分裂给国王带来了机会，就是宗教战争。宗教战争实际上也推动了世俗化。当只有一个教义的时候，社会往往是高度神学化的系统；而当有不同的教义的时候，这就为世俗化提供了空间。宗教慢慢地被关进了笼子，变成了只关注精神领域的宗教，为政教分离创造了条件。如果只有一个宗教，那么政教很难分离；当存在多个宗教的时候，政教分离就水到渠成了。

四是大西洋贸易与资本主义的兴起。15世纪，葡萄牙人环游非洲，后来又发现了新大陆，开启了大西洋贸易。大西洋贸易对于资本主义的兴起至关重要。新大陆带来了廉价的原材料，带来了巨大的海外市场，直接推动了欧洲的传统手工业向大机器生产转变。

1494年，意大利的修士卢卡·帕乔利（Luca Paciloli）出版《算术、几何、比与比例概要》，系统总结了当时威尼斯流行的复式记账法。威尼斯、热那亚最早发明复式记账法，因其是当时欧洲的航海贸易中心，航海贸易不但风险远高于传统工商业，而且产权与经营也更为复杂，途中会经历多次转手贸易。复式记账法是一种详尽记录、面向审计的记账法。左边写钱的去处，右边写钱的来源，左右两栏必须相等，方便验算，可以随时查看资产和负债。采用复式记账法能清晰追踪资金来源与去向、计算资本回报率，更创造了资产等于负债加所有者权益的平衡式。马克斯·韦伯认为，从复式记账法里诞生了资本的概念，复式记账法是资本主义的前提。约瑟夫·熊彼特（Joseph Schumpeter）认为，资本主义起源于复式记账法："资本主义实践将货币单位转换成为合理的成本-利润计算的工具，复式簿记是它高耸的纪念塔。"[①]复式记账法推动了殖民贸易活动，商业资本主义随之兴起。

五是战争。17世纪的三十年战争。欧洲连绵不绝的战争使国家不断地强化自己的行政管理能力，加强官僚制的建设，不断地进行财政改革，这些改革使国家能力尤其是中央的权力变强了，从而能够更加有效地控制地方、控制贵族。在战争中，那些弱的国家基本上都被兼并了，只有强的国家、中央集权的国家才能够生存下来。这就奠定了现代国家的基本制度形式。

---

① ［美］约瑟夫·熊彼特：《资本主义、社会主义和民主》，吴良健译，商务印书馆第1999年版，第154页。

第二节 现代国家的主要特征

本书认为现代国家的主要特征主要包括以下五个方面。

一、民族国家是现代国家的主流形态

民族国家与现代国家基本上是一个同义词。民族国家被称为想象的共同体。这种想象的共同体有别于面对面的共同体。譬如同一个村庄的人,共同体意识源于面对面的互动;同一个宗族的人,共同体意识来自血浓于水的亲缘关系。而同一个民族国家,从沿海到边塞,语言文化习惯不相同,甚至外貌肤色也不一样,为什么会认为彼此是同胞?这种共同体实际上是一种社会建构,属于想象的共同体。民族作为想象的共同体,是一种典型的现代现象。

现代国家的雏形可以追溯到 15 世纪,但现代民族观念和现代民族主义直到 18 世纪晚期才出现,直到 19 世纪下半叶民族国家成为主要的力量,标志性的事件是意大利和德意志的统一。

民族首先意味着一种合适的期待,这种期待来源于一个群体在面对其他群体时的一种特殊的团结感。人们在日常生活中有多重身份,有宗教认同、地方认同、文化认同,这都是自然而然的社会认同;而民族主义是一种更加抽象的认同,民族主义的边界意识在很大程度上是需要去激活的。通常是在外部威胁的时候,民族主义的边界最有可能被激活,民族共同体的意识就会增强。这里所说的民族是一种国族(nation),譬如中华民族、美利坚民族、德意志民族;它区别于我们通常讲的族群(ethnicity),比如汉族、维吾尔族、苗族。这些族群在一起共同构成了中华民族。

族群身份通常是稳定的,代代相传;而在全球化时代,国族认同变得更加具有流动性,因为跨越国界的流动越来越频繁了。一个国家的公民移民到另一个国家,改变了国籍,就成为另一个国族的成员。

民族和国家有什么区别?首先,民族没有官员,也没有确定的领导职位,只有民族运动的情感代言人;其次,民族成员的资格没有清楚的规定,也没有明确的权

利和义务可以合法地强制执行;最后,民族和民族主义的领导人无法以民族的名义拥有强制力或征税,不能要求人们服从。只有国家才能提供这些资源,才能以有效的方式达到民族的目标。总而言之,民族不具备组织性特征:没有自主性,没有领导者,没有正式规则,仅仅拥有民族成员的心理认同。

现代国家的兴起与民族主义的发展是紧密联系在一起的。而民族主义的思潮与欧洲近代以来的战争密切相关。英法之间的长期战争催生了民族主义。在此之前,生活在法兰西疆域内的人们可能更加认同巴黎人、马赛人的身份,或者作为一个基督徒而存在,前者是一种地域认同,后者是一种宗教认同,却独独没有法国人或法兰西民族的认同。战争加剧了民族主义的萌芽和发展。创作于1790年《马赛曲》的歌词:

> 武装起来,同胞,把队伍组织好!
> 前进,前进!
> 敌人的脏血
> 将灌溉我们的田地!

"武装起来,同胞",这是一个想象的共同体;"敌人的脏血将灌溉我们的田地",这是"非我族类,其心必异"的民族主义观念。民族主义情感需要有外部敌人的存在,才会被充分激发出来。

拿破仑也在现代国家形成中扮演了非常重要的角色。拿破仑的一系列对外战争使得欧洲的民族主义得到了大范围的传播。碎片化的地域认同被整合成了民族认同/国家认同,普世的宗教认同也"降维"了——人们首先是一个法国人、英国人,其次才是天主教/基督教教徒,或者某个地方的市民。

二、现代国家都是领土国家/主权国家

现代国家的领土,是统一和同质的。

封建国家的领土因为过度分割而分化,领土之间的关系是疏离的,权力是分散的。欧洲的封建国家,贵族各有自己的领地,不需要跟国王的法律完全保持一致,有地方性的司法系统。贵族在领地拥有较大的自治权,不需要完全听命于中央,封建国家是一个高度分化的体系。中国历史上的王朝国家也一样,虽然有中央集权,

但是领土内部的异质性很强,权力是分散的。以对现代中国版图贡献最大的清王朝为例,清朝有两个政治中心,一个是首都北京,另一个是承德。为什么承德会成为第二政治中心?因为君主有双重身份,他在北京是汉人的皇帝,他在承德则是蒙古人、维吾尔人、藏人的可汗。清王朝在不同的领土实行的统治方式是不一样的。在汉民族地区实行行省制度,是高度中央集权的,督抚都是由中央任命的,必须听命于中央;而蒙古诸部则较为松散,通过联姻等方式加以控制;西藏地区则是通过藏传佛教凝聚在一起;有些少数民族地区还有土司制度。而当代中国,虽然有一国两制、民族区域自治制度这样一些制度安排,但本质上中国领土范围都是同质化的,有统一的中央权威。

三、现代国家都是中央集权的

这里所说的中央集权不是单一制意义上的集权;与传统的封建国家相比,无论是单一制还是联邦制,现代国家的中央政府权力都要大很多。从这个意义上讲,现代国家都是中央集权的。

封建制度下的国家权力只不过略多于一家之主,真正的权力属于贵族;国王在与诸侯之间的竞争中没有显著优势;迈向现代国家的过程,就是从间接统治变成直接统治、从个人统治(行政工具私有化)迈向非个人统治(行政工具公共化)、从离心的封建式统治转变为向心的国家式统治。

中央集权包含以下几个方面:

一是职业军人/常备军。对国家来说,常备军是非常昂贵的,"养兵千日,用兵一时"。常备军对国力是有要求的,在现代国家的形成过程中,常备军是一种重要的制度安排。

二是官僚制。官僚制是领主制的替代品。领主制是以贵族为本位的;官僚制是服务于国王的。与封建领主相比,官僚更多地听命于中央,是中央集权的一种工具。领主是相对独立于中央权威之外的,有相对高的独立性和自主性。

三是通过财政改革来垄断税收的来源。对于前现代国家而言,征税是一个大难题,缺乏专业性的官僚机构来评估、监测、征收、监管。一些国家为了降低征管成本,把某些贸易商品关税的计征责任承包给商人,这就是包税制。但这样一种征税方式,税收的损耗非常大,因为包税人与国王的利益并不一致。在很长一段时间里,法国国王除了亲自征收人头税等直接税,大多数间接税都是由包税人负责。后起的普鲁士较早设立了官僚机构,所以很少采用包税人制度。一方面,包税制让缺乏专业人手的国王摆脱了税收管理负担,催生了财政预算;另一方面,包税制的盛行削弱了国王的权力。现代国家形成的过程中,为了有效筹措战争所需要的资金,国家不得不进行财政改革,加强对资源的汲取。

四是统一的法律系统。领主的法律都被废除了,国家范围内实行统一的法律。这使得离心的封建式的统治转化为向心的国家式的统治。在迈向中央集权的过程中,绝对主义君主制是一个重要过渡。"朕即国家",这就是绝对主义君主制的观念。绝对主义国家是对欧洲中世纪以来的封建国家的一种反动,君主的权力达到前所未有的高度。而为什么说"朕即国家"对于现代民族国家的发展至关重要?因为国家的权力从贵族向国王集中,这实际上是一个非常重要的进步。国王就相当于国家的肉身。当国王的"头颅"被砍下的时候,国家主权就转移给了人民。现代国家用抽象的人民代替了具体的国王,这就是现代的主权观念。在英法等国家都经历了这样一个过程,国王或在肉体上被消灭,或变成虚位元首,主权在君变成主权在民。从这个角度看,绝对主义国家相对于封建国家是一种历史进步。

四、现代国家垄断强制手段

韦伯将国家定义为一个"拥有合法使用暴力的垄断地位"的实体。前现代国家往往无法垄断暴力。在中世纪,除了国王以外,领主也合法地拥有暴力。领主还可能跟君主进行军事对抗。教会也拥有一定程度的暴力,譬如宗教裁判所对布鲁诺处以火刑。在中国古代,大地主可以拥有私人武装,宗族可以对"通奸者"动用私刑。而现代国家不允许政府之外的其他组织拥有暴力,废除了私人武装,禁止血亲复仇。这就是为什么国家要打击黑社会,因为黑社会在两个维度上跟国家存在竞争关系,一是打破了国家对暴力的垄断,二是跟国家竞争税收。一个健全的国家绝不允许黑社会存在。

五、现代国家遵循新的国际秩序(现代外交)

现代国际体系的最基本原则:以主权国家为基本行为主体;各国在主权意义上

一律平等。而这一新的国际秩序肇始于威斯特伐利亚体系。1618年,三十年战争爆发。统治德意志地区的神圣罗马帝国内部的天主教与新教爆发战争,各邦国结成了天主教联盟和新教联盟。神圣罗马帝国之外的国家出于本国利益,或支持新教联盟,或支持天主教联盟。几乎所有欧洲国家都卷入了这场战争,最后新教联盟略占优势,天主教联盟求和,在威斯特伐利亚举行了和谈,于1648年正式签订了《威斯特伐利亚和约》。《和约》规定:每一个神圣罗马帝国的邦国都享有主权,可以独立地从事对外交往,包括宣战和媾和;还明确了荷兰和瑞士是独立国家,不再隶属于西班牙或神圣罗马帝国。这些内容逐渐演变成了国家主权原则。在此之前,"国家"的主权是不明确的,"国家"之间的"边界"可以随时改变,弱肉强食。现代外交体系确立之后,所有国家不分大小,在法理上一律享有平等主权。在民族国家和现代国际体系形成之前,国与国之间的关系在形式上就不平等。譬如,秉持天下观念的中国历代王朝,认为自身是天朝上国、中央之国,朝贡制度就是以中国中原王朝为核心的等级制网状政治秩序体系。这一政治秩序体系在与西方的民族国家体系碰撞之后瓦解了。

第三节 西欧民族国家形成的推动力

推动西欧民族国家形成的主要因素有如下四个方面。

一、战争是国家形成的决定因素

欧洲在中世纪晚期开始,特别是近代以来,战争非常频繁,譬如十字军东征、英法百年战争(1337—1453年)、英国玫瑰战争(1455—1485年)、三十年战争(1618—1648年)。

欧洲的战争经历了四个阶段。

第一阶段是骑士战争。参战是一种荣誉,贵族才有资格打仗,而平民是没有机会的。骑士有双重身份,既是战士,又是地主,构成了封建制度的一个基石,因为封建经济和骑士是紧密联系在一起的。骑士拥有比较多的土地,同时又是他的领主的士兵。骑士阶层需要为国王提供军事服务、财政服务,抽取农民的税款上交国家。骑士战争的规模通常比较小,作战半径比较短;骑士的战斗力参差不齐,而且注重荣誉,强调跟国王之间的相对平等地位,难以驾驭,纪律性不强。这种战争形式后来就被取代了。《唐吉诃德》讲述的就是骑士制度崩溃之后,有人还在怀念骑士精神,也就是个人英雄主义。

第二个阶段是雇佣军战争。雇佣军战争是骑士战争的替代品。"买不如租",封建国家往往没有财力供养一支常备军,于是雇佣军成为各国的理性选择。雇佣军结束了地主对于军事权力的垄断。在欧洲的雇佣军团中,瑞士雇佣兵最负盛名。15世纪开始,瑞士就组建了雇佣兵军团,瑞士兵作战勇猛,战术高明,而且有契约精神,对雇主很忠诚。瑞士雇佣兵是专业化的军团,一个瑞士方阵大约300人,250人是长矛兵,其他的则配备十字弓、来复枪和瑞士戟等装备,在战斗时随着不同的战场态势,阵型不断变换,可攻可守,能克步兵也能反骑兵。

步枪的发明也对骑士制度起到了摧毁作用。步枪的单兵作战能力不强,更强调在战斗中保持队形,临危不乱,纪律严明,令行禁止,在有效射程内对敌人的骑兵进行射击。长矛方阵和步兵兴起之后,战争进入一个"后英雄时代",武力值爆表的英雄再无用武之地,骑士制度很快就崩溃了。与此类似,大炮摧毁了贵族城堡的统治。在冷兵器时代固若金汤的城堡很容易被大炮攻陷。

步枪的广泛应用还产生了重要的组织后果。新的军事结构以步兵为主。步兵需要纪律训练。步兵不必是神枪手,最重要的是服从长官的命令,发挥团体作战的力量。士兵的训练催生了专业化的军队,催生了集权化的官僚行政模式——高度理性化,注重统一指挥和效率。马克斯·韦伯的官僚制的原型就来自普鲁士的军队。普鲁士军队把士兵分为排、连、营、团、军等军事单位,这就是官僚制的起源。专业军队的兴起,打破了贵族的军事自治权,巩固了君主权力。

第三阶段是常备军战争。虽然雇佣兵战斗力较强,但往往军纪不佳,忠诚度不高,很可能因为军饷等问题而哗变,"德意志雇佣军之父"弗伦茨贝格就在1528年因为雇佣军哗变而身亡。在中世纪,国王依靠封建领主收入就可以满足王室的开支需要;但战争带来的巨额军费开支,使家产制面临财政危机,国王入不敷出,必须在经济上"开源"。16世纪后期,由于战争规模的扩大,天主教各国越来越无力支付雇佣军的佣金,雇佣军的抢掠哗变之风愈演愈烈。三十年战争之后,欧洲列国意识到雇佣兵只能作为常备军的补充。

荷兰是常备军建设的先行者。从1621年到1648年,荷兰在与西班牙的战争期间,战争经费急剧增长,但荷兰的经济体系却没有不堪重负的迹象。英国也迅速效仿，借助国债、银行等金融工具维持一支9万人常备军；法国的路易十四也在瑞士银行家的信用网络支持下筹措了巨额军费。

第四阶段是民族战争。常备军的战斗力和忠诚度都比较高，但还是解决不了怕死的问题。伴随着战争的深入，民族主义的意识形态越来越深入人心，人们开始相信国家是属于全体人民的，而不仅仅是国王的。"我是在为国家而战，而不是为国王而战。"为国家而战乃至为国捐躯是一种荣誉，死亡也变得不那么可怕。法国作为民族国家的先驱者，就是在与反法联盟的战争中形成的。法国国歌《马赛曲》诞生于大革命时期，用强烈的敌我意识动员法国人民反抗外国侵略。而拿破仑之所以能多次战胜反法联盟，很大程度上要归功于民族主义。拿破仑的对外战争进一步在欧洲传播了民族主义，民族战争成为常备军战争的升级版。

步兵的兴起打破了贵族的军事权力，使得第三等级（农民和城市居民为主）的作用日益突出，平民的政治地位和社会地位也大大提高。当国家加强了对社会的汲取，国家和社会之间就形成新的心理契约："我为什么要为你作战？我为什么要冒着生命危险去保卫这个国家，这个国家跟我有什么关系？"一方面，战争增加了民众的义务和负担；另一方面，作为交换，公民权（citizenship）也伴随着战争而逐渐扩散，越来越多的民众获得了投票权和公民资格。

从这个意义上讲，战争是一个强有力的"多功能引擎"，军事改革不仅强化了官僚制和国家能力的建设，增强了国家的财政汲取能力；也驱动了重商主义和资本主义的发展，在传统的农业之外，国王需要关税、消费税、盐税、协助金等税收来源。贸易是财政的来源，财政是战争的后盾；反过来兼并战争又扩大了贸易的市场边界。无论是征兵还是征税，都需要国家更深入地渗透基层社会，从间接统治迈向直接统治。

连绵不断的战争还带动一系列工业的发展，首先带动了军工装备、冶金业、采煤业和造船业等直接与军事相关的产业，军队对于口粮、衣服、帐篷等物资的需求，也在很大程度上促进了欧洲民用工业的发展。军队对于物流的刚性需求还推动了道路交通等基础设施的建设。

查尔斯·蒂利认为，战争催生了（民族）国家，国家又发动战争。① 地缘政治的竞争格局引发欧洲国家连绵的战争，而筹措战争资源最终导致了现代意义上的国家机器的诞生，君主、政治精英、民众之间的妥协和斗争最终塑造了民族国家的新秩序。

---

① See Charles Tilly, ed., *The Formation of National States in Western Europe*, Princeton University Press, 1975.

二、资本主义是现代国家崛起的必要条件

资本主义对于现代国家发展具有非常重要的推动作用。现代国家被称为利维坦,是一个高消耗的庞然大物。农业生产的剩余是非常有限的,资本主义才能给现代国家足够的财力保证。

一方面战争机器需要从资本主义的发展中源源不断地汲取资源;另一方面资本主义也偏好大的国家、大的市场。封建国家内部高度分割,无法形成统一的大市场。

天主教教义是反资本、反对钱生钱的,钱袋和永生是矛盾的;放高利贷者被称为"偷上帝时间的人",因为利息与时间相关,而时间是属于上帝的。而新教伦理不一样,世俗意义上的成就恰恰可以让你更加确信自己就是上帝的选民。加尔文派承认资本、信贷、银行、金融的必要性。新教为资本主义的发展打开了一扇大门。

大西洋贸易极大地推动了资本主义的发展。所谓大西洋贸易主要是三角贸易,发生在非洲、新大陆和欧洲之间,其中非洲主要出口奴隶,新大陆主要出口蔗糖、棉花、咖啡、烟草等其他农产品,而欧洲则从事加工生产和消费,再把部分成品和资本输送到非洲,完成这个三角循环。这是大西洋贸易与地中海贸易的区别所在,具体而言:地中海贸易的主要商品是香料、丝绸、瓷器等奢侈品,消费人群较小,以手工业为基础;而大西洋贸易不同,棉纺织品、钢铁、蔗糖等商品拥有更加广泛的消费者,巨大的海外市场和可观的利润推动了大机器生产。英国崛起的奥秘也在于此,英国没有简单地把新大陆作为初级农产品的来源地,而是将新大陆作为高级商品的出口目的地,拓宽了英国产品的销路,实现了扩大再生产。在大西洋贸易的刺激下,欧洲的庄园经济土崩瓦解,资本主义经济迅猛发展。无论是战争,还是大西洋贸易,都朝着对君主有利的方向发展。国王的两大竞争对手日趋没落。

三、封建贵族式微

中世纪的欧洲,宫廷是在城堡间搬来搬去的,谁继承王位,谁的城堡就是宫廷;17世纪后期,宫廷才固定于国家的首都。巴黎的凡尔赛宫气势恢宏,其实就是王权的象征,发散式对称式的结构代表着中央集权。太阳王路易十四为什么要修建凡尔赛宫?一方面,凡尔赛宫象征了国王至高无上的权力;另一方面,凡尔赛宫也

有非常现实的功能。外省的贵族进入宫廷,就脱离了自己独立的领地,无法与国王分庭抗礼了。国王将贵族从地方转移到首都,从而更有效地监视竞争者;一旦贵族走入宫廷,统治者通过让贵族保持特权地位的奢华,让其背负沉重的债务,"贵族礼仪"依赖统治者的财政支持;贵族失去自治的力量并越来越依赖国王。

这或许可以解释大革命时期法国人对于贵族的痛恨。因为过去贵族虽然拥有特权,但是跟自己领地上的人民生活在一起。贵族除了享有特权以外,也要行使一些政治义务,对社会进行治理,提供最低限度的公共品,保护民众免受外部骚扰,在民众陷入困境时给予赈济。这些都使得贵族特权相对合理化。但是,当这些贵族都生活在宫廷的时候,他们就脱离了人民,拥有特权却不再对人民尽义务,从而被民众视为社会的寄生虫。国王用官僚取代贵族进行地方治理,而官僚制度是国家得到建制力或渗透力的保障。通过官僚制度,国家得以与社会进行互动,而不受贵族自治权力的影响。

四、基督教的分裂和衰微

在中世纪,受教育的人都使用拉丁语,人们没有效忠国家的观念,首先认为自己是基督徒,其次是某地区的居民,唯独不是一个国家的国民。最初人们认为英语、法语都是粗鄙的语言。当英国人觉得英语是最美的语言,而法国人认为法语很美的时候,民族主义的时代就来临了。宗教改革打破了基督教的一统格局,新教的出现不仅加速了欧洲封建社会的解体,而且推动了教随国定的时代风潮,形成了独立于罗马教廷的民族教会。16世纪,英国的宗教改革结束了英国教会与罗马教廷的隶属关系,形成自成一体的英国国教会(圣公会)。法国在16世纪下半叶因天主教与新教胡格诺教派之争而爆发32年之久的宗教战争。战后法王亨利四世于1598年颁布南特敕令,宣布天主教为国教,同时给予胡格诺派信仰自由。这是欧洲近代以来的第一个宗教宽容法令,对欧洲各国处理政教关系产生重大影响。19世纪中叶意大利统一之后,教皇国的版图浓缩为梵蒂冈小城,这是对现代政教关系的一个绝佳隐喻。

第四节 现代国家兴起的意义

现代国家的兴起改变了世界的政治图景,不仅塑造了新的世界秩序,而且深刻改造了权力结构和社会结构。

第一，在传统社会中属于土地贵族的政治权力，都逐渐集中到国家手中，形成中央与地方之分。封建国家是没有中央和地方之分的，君主与贵族之间不是一种严格意义上的中央与地方关系，他们之间更像一种存在些许不平等的契约关系，国王拥有微弱的优势。随着现代国家兴起，不管是联邦制还是单一制国家，相对于前现代国家，都属于中央集权国家。在现代国家，中央权力与地方精英形成强大的同盟，或至少有能力抵制地方精英的私有化倾向。

第二，国家的政治权力延伸至基层社会。在战争驱动国家形成的过程中，君主逐渐建立了深入基层社会的直接统治，而不再依赖领主的间接统治。现代国家对社会的干预达到了前所未有的高度，普通民众开始从政治的"局外人"变成"局内人"，每个人的生老病死都与政治息息相关。

第三，在现代国家形成的过程中，兴起了个人的政治权利。现代国家加强了对社会的汲取，民众也开始向国家提出诉求，包括选票、公民权，这是现代民主的重要动力之一。战争也增加了民众的风险，如何保障战士的母亲、妻儿，这就推动了福利体制的发展。这实际上是公民权利与义务同步增长的过程。如果说霍布斯、洛克、卢梭等人的社会契约论是一种理论假想，那么公民权的演进则是社会契约论的现实版本。

第四，国家形成之后，借助国家强制力量去进行民族建构，使国家领土内的人口形成了统一的民族认同。民族认同不是与生俱来的。人们爱自己的家人、朋友、邻居，都是基于面对面的联系；民族国家之所以能够成为一个想象共同体，实际上是借助学校教育、媒体传播等媒介，通过政治社会化的过程形成了国家认同。民族-国家成为最大的利益单元、最大的利益尺度。

第五，现代国家的兴起，也在很大程度上改变了人们的政治观念和国家观念。在古希腊时期，人们认为政治至善，国家与善的生活是高度相关的。人是天生的政治动物，必须参与到城邦的公共生活当中，才有可能形成健全的人格，才有可能达成一种善的生活方式。古典的政治观念强调国家大于个人、高于个人。作为个人，你必须在城邦中生活。城邦之外，非神即兽。国家与德性是联系在一起的，国家是善的，是正面的。

而近现代的国家观念则截然不同，社会契约论强调的是个人大于国家，因为国家是出于个人的需要而缔约形成的。之所以要把个人的自然权利让渡给政府，是为了克服自然状态下无法解决的难题。霍布斯说："在没有一个共同权力使大家慑服的时候,人们便处在所谓的战争状态下。这种战争是每一个人对每个人的战争。"①政治权力是一种保卫安全的权力,国家的存在可以满足人的自我保存需求。洛克认为,自然状态"是一种完备无缺的自由状态",人们"在自然法的范围内,按照他们认为合适的办法,决定他们的行动和处理他们的财产和人身,而无需得到任何人的许可或听命于任何人的意志"。② 也就是说,政治权力是为了规定和保护财产而制定法律的权力。在近代思想家那里,国家是一个必要的恶,只是为了避免更大的恶而存在,因为无政府状态是最坏的结果,两害相权取其轻,我们选择国家。

善恶两种国家观背后其实是政治观的差异。古典时代,政治活动高于经济活动,政治使人成其为人,国家是一个最高的共同体;近代以降,经济基础决定上层建筑,政治活动越来越从属于经济活动,国家不过是维护统治阶级利益的工具,从事价值(稀缺物)的权威性分配。

第五节 国家的阶级性与自主性

恩格斯对国家有一个经典的定义:"国家是承认:这个社会陷入了不可解决的自我矛盾,分裂为不可调和的对立面而又无力摆脱这些对立面。而为了使这些对立面,这些经济利益互相冲突的阶级,不致在无谓的斗争中把自己和社会消灭,就需要有一种表面上凌驾于社会之上的力量,这种力量应当缓和冲突,把冲突保持在'秩序'的范围以内;这种从社会中产生但又自居于社会之上并且日益同社会相异化的力量,就是国家。"③简言之,马克思主义认为:国家首先具有阶级性,国家代表统治阶级的利益,但是为了有效地调停阶级矛盾,国家必须是凌驾于社会之上的,在形式上拥有一定的独立性和自主性。

韦伯的国家概念有所不同,他认为国家是唯一合法垄断了强制手段的暴力机器。现代国家提供一种行政秩序和法律秩序,这种秩序的改变必须有法律依据,行政官员有组织性的职位行为也受法律约束。这种秩序体系所形成的权威的有效性,不仅针对该国的成员(公民),其中绝大部分的成员资格由出生地加以界定;也

---

① [英]霍布斯:《利维坦》,黎思复、黎廷弼译,商务印书馆1985年版,第93页。
② [英]洛克:《政府论》(下篇),叶启芳、瞿菊农译,商务印书馆1964年版,第3页。
③ 《马克思恩格斯选集》(第四卷),人民出版社2012年版,第186—187页。

在很大程度上针对其管辖范围内所发生的所有行为。这种强制关系以领土为基础。只有获得国家的允许或指示以后，运用暴力才被认为是合法的。① 迈克尔·曼进一步发展了韦伯的国家概念，他指出，国家是一系列由公共和职业化人员组成的分门别类的政治机关，使中央集权通过政治关系覆盖特定的领土范围，并通过垄断规则的制定来垄断税收和暴力。他认为，国家不仅仅要垄断合法暴力，还要垄断税收和制订规则的权力。②

以斯考切波（Theda Skocpol）、米格代尔（Joel S. Migdal）、埃文斯（Peter B. Evans）、塔罗（Sidney Tarrow）为主要代表的西方回归国家学派兴起于20世纪六七十年代，他们以"国家自主性"为出发点，强调国家对社会的主导作用。国家自主性是指国家在形式上作为公共利益的代表，相对于社会各阶级具有一定的独立性和自主性，而不是纯粹为某一个阶级的特殊利益服务。国家自主性意味着国家不仅仅是各种社会力量斗争的场所，而且是一种能动的力量，它反过来支配、控制或影响社会。斯考切波认为："国家被看作一个控制了一定版图和人口的组织，它形成和追求着不仅仅是简单反映社会团体、阶级或者社会需求和利益的目标。这就是所谓的国家自主性。"国家是"以行政权威为首的并由该行政权威在某种程度上妥善协调的一套行政、治安和军事组织。任何国家都首先和主要从社会索取资源，利用这些资源来创立和维持强制组织和行政组织……这些基本的国家组织在任何地方都至少是潜在地独立于支配阶级的直接控制，它们实际上的自主程度和效力因具体情况而千差万别"。

该学派注意到，国家目标、意志的实现，凭借的不是国家的身份，而是国家的力量，因此他们提出了"国家能力"这一学理性的概念。国家的力量是由国家实际掌握的资源转化而成的，而国家的资源又总是在国家的行动中不断的消耗着，因此，从社会抽取资源的能力也就成为国家最基本的能力。③

在他们看来，国家有其自身独特的"利益"，其不可简化为阶级利益。国家有其自身独特的"能力"，这源于它的组织性特质与压制性能力。国家管理者有能力独立于非国家力量（甚至在面对非国家力量的抵抗下）行使权力的能力，尤其是在多

---

① 参见［德］马克斯·韦伯：《社会学的基本概念》，胡景北译，上海人民出版社2005年版。
② 参见［美］迈克尔·曼：《国家的自主权：起源、机制与结果》，载郭忠华、郭台辉编：《当代国家理论：基础与前沿》，广东人民出版社2017年版。
③ 参见［美］彼得·埃文斯、迪特里希·鲁施迈耶、西达·斯考克波编著：《找回国家》，方力维、莫宜端、黄琪轩等译，生活·读书·新知三联书店2009年版。

元化的社会力量为他们提供广阔的行动空间的情况下；国家通过其自身的专业能力来渗透、控制、监督和规范现代社会。

按西方学者的观点，国家既是一个空间/场域，又是一个行动者；前者符合多元主义的想象，强调国家的回应性，即国家以公共政策或行政行为对利益集团的诉求予以回应；后者契合国家自主性的逻辑，强调国家作为一个独立的利益主体，国家不是被动地回应社会需求，而是基于自身的利益对其进行整合。

国家既有阶级性，又有相对自主性。阶级性是国家的本质，相对自主性是派生性的。国家自主性具有两个维度：一是公共性，即国家代表公共利益，具有兼顾各个阶级、各个利益集团的利益整合功能；二是自利性，即官僚机构有自身相对独立的利益，这种利益既有别于统治阶级的利益，也不同于公共利益和利益集团的特殊利益。国家自主性的高低不仅取决于阶级性质，而且取决于国家能力的强弱；国家能力的强大不仅体现为对大众（被统治阶级）的控制，而且体现在对精英（统治阶级）的有效节制。

第六节 中国：从天下到民族国家

与西欧的国家发展历程不同，中国的国家形成具有鲜明的特色。西欧民族国家的起点是封建国家，而中国早在秦朝就建立了中央集权的官僚制国家。

首先，帝制中国是一个中央集权国家而不是封建国家。早在战国晚期，诸侯国就开始采用法家思想进行自强型改革[①]，建立常备军，以贤能政治和军功制取代贵族制，对内强化中央集权，对外进行军事扩张。秦建政以后，形成了大一统局面，通过郡县制来统治全国。秦以降，历代皆行秦政制。隋唐的科举制进一步抑制了贵族的力量，巩固了君主的权力。

其次，帝制中国是一个"天下"国家而不是一个领土国家。"普天之下，莫非王土；率土之滨，莫非王臣。"中国人认为，中国居天下之中。汉代开始，"天下"被建构为一种"华夷"秩序，"天下就是由文化较高的华夏诸邦和落后的夷蛮所组成"。[②] 理论

---

① 参见［美］许田波：《战争与国家形成：春秋战国与近代早期欧洲之比较》，徐进译，上海人民出版社2009年版。
② 参见邢义田：《天下一家——中国人的天下观》，载刘岱主编：《中国文化新论·根源篇：永恒的巨流》，生活·读书·新知三联书店1991年版。

上的"天下"按照正统王朝思想进行解读,等同于"四海之内";而现实中的"天下"则指王朝政治权力实际上或被认为应该达到的范围,主要是"九州"。天下是华夏与四夷共同的生活空间,华夏是天下的中心,文明的中心,中华之外是夷,但是通过濡染华夏文化,四夷迟早会成为九州天下的一部分。①

儒法国家(Confucian-Legalist State)的概念可以在一定程度上帮助我们理解中国古代的大一统国家与现代国家的区别。赵鼎新提出的"儒法国家",指的是在西汉时期逐渐形成的一种以帝国儒学思想(imperial Confucianism)作为官方统治意识形态和合法性基础,同时运用法家手段对国家进行实质性管理的国家模式。②儒家提供了意识形态、法家提供了治理技术。儒法国家的政治权力与意识形态权力合二为一,军事权力为政治权力所驾驭,经济权力在社会生活中被边缘化。皇帝与官僚之间形成一种共生关系,官僚体系的权力来源于皇帝,皇帝在儒家官员的协助下行使权力。春秋战国时期的战争需要以及由此产生的工具理性文化是造就儒法国家的主要动力;工具理性文化也使社会不断趋于理性化。战争造就了大一统的国家,大一统国家进而驯服战争,实现了社会的相对稳定。

与现代国家相比,儒法国家虽然有一个中央集权的体系,但对基层社会的渗透力是有限的,"皇权不下县",维持一种"集权化的简约治理"③;而且帝制中国的内部存在较大的异质性,羁縻制度、土司制度等间接统治的方式仍然存在。西欧现代国家的形成过程中,军事竞争与商业竞争相互促进,国王为筹措军费需要商人的合作,商人/资产阶级与国家既合作又冲突,推动了民族国家、代议制民主的发展;而在中国历史上,经济权力始终是边缘化的。

当中国的"天下"国家与西方的民族国家遭遇的时候,中国传统的帝制秩序已然处于危机之中,中央集权的体制面临着重大挑战。晚清时期,中国的大一统王朝经历了一个"去中央集权"的反向过程,中央权力和地方精英的同盟在瓦解。一个标志性事件是地方军事化,为了镇压太平天国运动,清王朝不得不授权地方官员组织团练武装、自行筹办军需款项,湘军、淮军、楚军等团练武装兴起。为了维持地方团练的开销,清政府不得不授予地方更大的财权。各地督抚纷纷奏留各省丁漕等

---

① 参见王柯:《中国,从天下到民族国家》,台湾政大出版社 2014 年版。
② 参见赵鼎新:《东周战争与儒法国家的诞生》,夏江旗译,华东师范大学出版社 2006 年版;Dingxin Zhao, *The Confucian-Legalist State: A New Theory of Chinese History*, Oxford University Press, 2015。
③ 黄宗智:《集权的简约治理——中国以准官员和纠纷解决为主的半正式基层行政》,《开放时代》2008 年第 2 期。

款,以供军需;同时,地方官员还设立厘卡向商旅征收费用。由此形成了尾大不掉的政治后遗症,地方督抚拥有了相对独立的权力,朝廷难以控制地方精英的军政权力私有化倾向。武昌起义时,15个省纷纷宣布脱离清政府独立,并开始自主招募军队、征收赋税。这也奠定了中华民国的军阀割据局面。

中国的民族国家历程最终是在中华人民共和国时期完成的。在中国共产党的领导下,中国结束了军阀割据的局面,在民族识别的基础上实现了"中华民族"的建构,并通过重返联合国,实行改革开放,作为一个举足轻重的发展中大国融入国际体系。作为一个负责任的大国,中国在尊重既有民族国家体系秩序的同时,也积极推动构建新型国际关系和人类命运共同体。

不可否认,民族国家的体系具有一些先天性的缺陷,如赵汀阳所言:"个人—团体—国家"的现代政治框架以民族国家为最大的尺度,缺失世界的维度,于是世界就成为一个无主公地,必定形成由国际冲突构成的"公地悲剧"(the tragedy of the common)。世界的公地悲剧不可能通过无政府的私有化或武力征服去解决。因此,他提出要对中国传统的天下观进行创造性转化,即建立所谓"天下体系"。赵汀阳的天下体系首先意味着一种政治方法论,它提供了一个"家—国—天下"的分析框架,这个框架所以具有未来性,就在于它提供了能够容纳全球化问题的世界尺度。天下体系概念意味着一个使世界成为政治主体的世界体系,一个以世界为整体政治单位的共在秩序。从天下去理解世界,就是以整个世界作为思考单位去分析问题,从而超越现代的民族国家思维方式。"天下体系"的基本精神是使歧视最小化、谋求互相伤害最小化、追求共同发展最大化和共同利益最大化,从而建立一种稳定而公正的世界秩序。天下的制度建构要求:(1)以关系理性去重新定义普遍价值;(2)以兼容的普遍价值为基础去建立世界宪法;(3)世界宪法必须包含人义(human obligations)和人权并重的万民法。① 无论"天下体系"的构想是否具有可行性,但确实敏锐地抓住了现代国际体系内在的矛盾与张力。

本 章 小 结

虽然现代国家的诞生伴随着冲突与战争,但不可否认,现代国家是人类政治文

---

① 参见赵汀阳:《天下体系:世界制度哲学导论》,中国人民大学出版社2011年版。

明史上的一座高峰——民主、法治、负责任的官僚制,在现代国家得以发育成熟、系统集成。不幸的是,只有一部分国家实现了迈向民主、法治、问责的现代转型。民族国家构建了现代世界的基本秩序。以民族国家为主体的世界体系就像哈定所说的一块"公地",一群牧民(国家)面对一片公共草场,每个人(国家)都想放牧更多的牛,因为草场是公共资源,而牛吃草是免费的,意味着多放一头牛的收益要大于成本。在个体理性的驱使下草场上的牛会越来越多,过度放牧导致草被消耗殆尽。正如公地悲剧所揭示的,个体的理性最终导致了集体的不理性。民族国家作为最高的利益单元,也可能带来这种集体不理性,从而违背全人类的共同利益。

思考题

1. 与西欧相比,中国的现代国家形成具有什么样的独特性?
2. 为什么说绝对主义君主制是现代国家的先声?

延伸阅读书目

1. [英]安东尼·吉登斯:《民族—国家与暴力》,胡宗泽、赵力涛译,生活·读书·新知三联书店1998年版。
2. [美]弗朗西斯·福山:《政治秩序的起源:从前人类时代到法国大革命》,毛俊杰译,广西师范大学出版社2014年版。
3. [美]孔飞力:《中国现代国家的起源》,陈兼、陈之宏译,生活·读书·新知三联书店2013年版。
4. [美]杜赞奇:《文化、权力与国家:1900—1942年的华北农村》,王福明译,江苏人民出版社2020年版。
5. 和文凯:《通向现代财政国家的路径:英国、日本和中国》,生活·读书·新知三联书店2023年版。

第四章
国家与社会

国家是如何看待社会的？如果把社会比喻成两种状态，一种是原始森林，另一种是绿化带。那么，国家更希望社会呈现出哪一种状态？毫无疑问，国家更喜欢绿化带状态的社会。因为绿化带整齐划一，简单化，易于管理。对于国家来说，原始森林可能意味着难以预测的风险，不可控的因素，也就是不确定性。而国家往往愿意用简单化的方式来对社会进行分类管理。詹姆斯·C.斯科特（James C. Scott）在《国家的视角》一书中解释，为什么国家经常会好心办坏事，为什么国家主导的幸福工程往往失败告终？一是国家在用一种简单化的方式重塑社会，而这种简单化的方式忽略了社会的复杂性；二是极端的现代化意识形态，相信人定胜天，认为科学可以解决一切问题，人类可以征服自然；三是国家的独裁体制、集权体制，国家权力过大，而社会的组织化程度低、相对弱小，无力抵制那些明显不合理的发展计划。[①] 所以，国家和社会要有一种相对对等的、相对平衡的关系，这样才能够促使这个社会更好地发展，能够抵制国家的一些可能不切实际的计划。

第一节 市民社会的缘起与演进

古希腊、古罗马时期，以政治来界定社会身份，具有非常强的一元主义的倾向。柏拉图、亚里士多德将国家视为至高无上的人类联合体，其活动没有任何边界。差别在于柏拉图更极端一点，他倾向于取消其他团体，并由国家消化其功能；而亚里士多德虽认为国家的地位高于其他团体，但是允许其他团体存在。不

---

① 参见[美]詹姆斯·C.斯科特：《国家的视角：那些试图改善人类状况的项目是如何失败的》，王晓毅译，社会科学文献出版社2019年版。

管怎么样,他们都具有一元论的倾向。也就是说,国家至高无上,其他组织处于从属性的地位。

中世纪的主流思想是"双剑论"。双剑论认为政权只是世俗社会的一个组成部分;上帝为不同的目的赐予人类两个权力中心,分别是世俗权威与宗教权威,即教会-国家二元论。理论上"恺撒的当归恺撒,上帝的当归上帝";然而有无数种方式使世俗事务和精神事务结合在一起,因此两个领域的区分只是想象中的。教会征收什一税不就进入了世俗领域吗?国王管理神职人员和教徒的行为时,不就进入精神领域了吗?两者之间不可能截然两分。

双剑论实际上是两头不讨好,教会不满意,国王也不满意。到了中世纪晚期,一元论又重现,重现的形式就是主权理论。在第三章,我们讲过绝对主义君主制的兴起是以牺牲贵族利益和教会利益为代价的,因为要建立绝对君主制,国王必须战胜两个主要竞争对手,就是教会和贵族。在与教会的竞争过程中,民族主义发挥了重要作用。法国的教士在纳税问题上支持法国国王菲利普,反对罗马教皇。这在过去是很难想象的,因为在中世纪,教士首先是上帝的仆人,必须忠于教会;当教士认为自己首先是法国人的时候,这就意味着君主的权力或者说国家的重要性在上升了,教会的权威降低了。

另一个标志性事件是英国国王亨利八世因教皇未批准自己跟凯瑟琳王后离婚,一怒之下宣布脱离天主教会,宣布国王成为英国教会的最高领袖,有权任免教职和决定教义。这场离婚案的背后其实是王权与教权的冲突。这就回到了一元论,国家主权至高无上。国王在本国的疆域之内,至高无上,超越了教会。

与此同时,教会内部的腐败和分裂,也降低了教会的声望,导致教权体制在政治上受到了削弱。政教分离是因为教会的刺已经被拔掉了,国家就可以保持中立。政教分离运动实际上是以国家权力的上升为基础的。教会日趋衰微,不再对国王构成威胁。

近代启蒙运动之后,出现了自然法的理性化和社会契约论。社会契约论的出发点是自然状态,也就是国家出现以前人类社会所处的状态。霍布斯认为自然状态是一切人对一切人的战争,为了自我保存,人们需要订立社会契约,让渡部分自然权利给政府,由政府作为第三方来处理社会内部的冲突。洛克指出:"虽然这是自由的状态,却不是放任的状态……自然状态有一种为人人所应遵守的自然法对它起着支配作用;而理性,也就是自然法,教导着有意遵从理性的全人类:人们既然

第四章　国家与社会

都是平等和独立的,任何人就不得侵害他人的生命、健康、自由或财产。"①

洛克认为,"在自然状态中,人人都拥有执行自然法的权力……公民政府是针对自然状态的种种不方便情况而设置的正当救济"。② 既然国家是人民基于契约而建立的,那么,从逻辑上讲,市民社会(civil society)就先于或外在于国家。社会有自己前政治的生命和统一性,社会有权力去确立或取消政治权力。

洛克的契约论奠定了现代西方关于国家与社会关系的基调。市民社会是相对独立于国家之外的,人们应该寻求国家与社会之间的一种平衡。另一个传统是黑格尔传统,以德国为代表的欧陆风格。黑格尔也认为,市民社会和国家是分离的,市民社会是处于家庭和国家之间的中间地带,是同时与自然社会和政治社会相对立的概念。黑格尔的市民社会主要包括三个体系:一是需要的体系,即市场经济,通过市场交换满足人们的需求;二是多元的体系,即志愿组织,比如行会、社团,即我们通常所理解的市民社会;三是司法体系,我们一般认为司法体系属于国家,但黑格尔认为司法体系旨在解决市场经济、志愿组织当中的冲突纠纷,所以构成了市民社会的一部分。黑格尔认为,国家是代表普遍性的,市民社会代表的是特殊性,普遍性是高于特殊性的。黑格尔虽然承认市民社会的相对独立性,并认为市民社会先于国家而存在;但他认为,尽管国家是市民社会的产物,但代表普遍性的国家高于代表特殊性的市民社会。③

在国家与社会的关系问题上,一直存在一元论和多元论两大传统。多元论关注的是:(1)为什么有必要限制国家的功能;(2)在哪些地方实行限制;(3)在缺乏统一机构的情况下,社会如何与国家共处或整合? 一元论则主张:(1)社会需要整合;(2)国家可以完成这项工作;(3)把这种责任托付给国家所冒的风险可以被预先稳妥防范的,或者利大于弊。

第二节　市民社会的含义和性质

在近代以来的西方政治传统中,国家和社会是彼此独立乃至一定程度上对立

---

① [英]洛克:《政府论(下篇)——论政府的真正起源、范围和目的》,叶启芳、瞿菊农译,商务印书馆2011年版,第4页。
② 同上书,第8页。
③ 参见[德]黑格尔:《法哲学原理》,范扬、张企泰译,商务印书馆1961年版。

的两极。社会契约论提高了社会在政治生活中的重要性。

在历史学意义上，市民社会可以追溯到中世纪晚期。civil 是西方历史进程中所发生的一种独特的现象，在 11 世纪左右，随着地中海贸易的发展，在意大利和法国南部的一些城堡的周围聚集了许多商人和手工业者，这些人占据了城堡的外围，称为外堡（burgus），这些居民被称为（bourgeois），这些人结成的共同体称为 civitatis，也就是 civil 的拉丁文词根。外堡是相对独立于当时的封建国家或领主的。civil 本身就包含了相对的独立于国家的含义，因为那个时代的封建领主和庄园就代表了国家，这就是市民社会的前身。

泰勒关于市民社会的经典定义，代表了西方政治学关于国家与社会关系的主流观点：

> 最低限度的含义，只要存在不受制于国家权力支配的自由社团，市民社会便存在了；较为严格的含义，只有当整个社会能够通过那些不受国家支配的社团来建构自身并协调其行为时，市民社会才存在；最高级的含义，只有这些社团能够相当有效地决定或影响国家政策方向时，才能称之为市民社会。①

如果说选举是解决政府的合法性问题，是个人对政府的授权仪式；那么，市民社会就是要解决政府的有效性问题，个人与国家要进行有效的互动，必须经由市民社会这样一个中间环节。托克维尔敏锐地指出："在民主国家，结社的学问是一门主要学问。其余一切学问的进展，都取决于这门学问的进展。在规制人类社会的一切法则中，有一条法则似乎是最正确和最清晰的。这便是：要是人类打算文明下去或走向文明，那就要使结社的艺术随着身份平等的扩大而正比例地发展和完善。"②社会能够整合广大民众的利益诉求。国家经由市民社会这样一种中间结构，可以更好地回应民众的诉求。因为民众的利益是高度分散的，通过结社和组织化，才有可能整合为公共利益。

市民社会具有如下三个要素。

一是由一套经济的、宗教的、知识的、政治的自主性机构组成的，有别于家庭、家族、地域或国家的一部分社会。不管是洛克还是黑格尔，都强调市民社会的相对

---

① See Charles Taylor, "Invoking Civil Society", in Charles Taylor, *Philosophical Arguments*, Harvard University Press, 1995.
② ［法］托克维尔：《论美国的民主》，董果良译，商务印书馆 2017 年版，第 673 页。

独立性,马克思则进一步强调,国家是由市民社会的核心性质——阶级性——决定的。① 作为物质生产关系总和的市民社会决定国家,而不是国家来决定市民社会。马克思把黑格尔哲学又颠倒了。黑格尔认为,国家要高于市民社会;而马克思认为,社会决定国家,而不是国家决定社会。②

二是这一部分社会在它自身与国家之间存在一系列特定关系以及一套独特的机构或制度,得以保障国家与市民社会的分离并维持两者之间的有效联系。不能仅仅看到国家与社会彼此独立的一面,还必须高度关注两者有效联系、互动的一面。国家与社会是一体两面的关系,谁也无法脱离对方而存在。

三是一整套广泛传播的文明的抑或市民的风范。托克维尔在《论美国的民主》中再三强调民情的重要性,新英格兰地区的市镇自治与美国中西部地区相比,就颇具"托克维尔主义"的色彩。

第三节　国家与社会关系的理论范式

西方政治学界对国家与社会的关系的主流解释框架主要如下。

一是以英美国家为代表的多元主义。多元主义认为利益集团是市民社会与国家进行互动的主要载体。权力分散在多个自主的利益集团或个人的集合体中;各个利益集团都有自己的权力中心并且只关心某一方面的政策;公民通过参与利益集团影响政治;地方官员也有自己的独立地位;官员要向选民负责,所以选民也有权力,他们以投票来控制政治家;权力通过竞争得到平衡。

二是以德国等欧洲大陆国家为代表的法团主义。"法团主义,作为一个利益代表系统,是一个特指的观念,模式或制度安排类型,它的作用是将公民社会中的组织化利益联合到国家的决策结构中去","这个利益代表系统由一些组织化的功能单位构成,它们被组合进一个有明确责任(义务)的、数量限定的、非竞争性的、有层级秩序的,功能分化的结构安排之中。这些功能单位得到国家的认可(如果不是由国家建立的话),它们被授予本领域内的绝对代表地位,作为交换,它们的需求表

---

① 参见《马克思恩格斯选集》(第三卷),人民出版社2002年版。
② 同上。

达、领袖选择、组织支持等方面的行动受到国家的一定控制"。①

多元主义政治过程的重心是利益集团和代议机关的关系（主要是利益诉求）；法团主义则是功能团体——行业组织化的利益代表与国家的关系（包括利益聚合、被委托推行政策的责任）。前者强调自发形式、多数量参与、大范围和竞争；后者强调控制、数量限制、分层处理、共容互赖。前者相信多元竞争有助于体制的平衡；后者认为有序互动才能防止失衡，达到理性调节。

按照西方的观点，国家与社会之间存在一种角力关系或竞争关系，市民社会能够有效地决定或影响国家，这才是一种理想的状态。"不是东风压到西风，就是西风压到东风。"然而，当代中国的国家与社会关系超越了国家中心主义与社会中心主义的二元叙事。国家与社会不一定是此消彼长的关系，国家与社会也可以是一种和谐的共生关系。②

市民社会的西方中心主义色彩一直为人们所诟病，国内外学术界也根据中国经验对之作了一定程度的修正，譬如海外中国学先后提出"不成熟的公民社会"（nascent civil society）、"半公民社会"（semi-civil society）以及"国家引导的公民社会"（state-led civil society）几种概念③，但基本上仍未超出市民社会的框架，也即默认了市民社会的普适性，中国社会只不过是其中的一种特定形式或类型，加一个"不成熟""半""国家引导"的前缀即可。这种观点实际上是把西方的市民社会当作模板或参照系，如果其他国家与之存在差异，则被认为是"不成熟"或"不健全"的。康晓光的"分类控制"代表了一种本土化努力，但他忽视了至关重要的一点：分类基础上的治理是一切现代政体的共性。④ 孙立平则强调从过程—事件分析的视角出发，把国家与社会关系视为一个互动过程，从中看到"潜在的因素是如何被激活的，衰败的东西是如何得到强化的，散乱的东西是如何重组的，更重要的是，从这个过程中看到国家与社会的关系是如何被再生产出来的"。⑤

---

① 张静：《法团主义》，中国社会科学出版社1998年版，第23页。
② 宋道雷：《共生型国家社会关系：社会治理中的政社互动视角研究》，《马克思主义与现实》2018年第3期。
③ See White, G., et al., eds., *In Search of Civil Society: Market Reform and Social Change in Contemporary China*, Clarendon Press, 1996; He, B. "The Making of a Nascent Civil Society in China", in D. Schak and W. Hudson, eds., *Civil Society in Asia*, Ashgate, 2003; B. Michael Frolic, "State-Led Civil Society", in Timothy Brook and B. Michael Frolic, Armonk, eds., *Civil Society in China*, M. E. Sharp, 1997.
④ 康晓光、韩恒：《分类控制：当前中国大陆国家与社会关系研究》，《社会学研究》2005年第6期。
⑤ 参见孙立平：《"过程—事件分析"与当代中国国家—农民关系的实践形态》，载《清华社会学评论》，鹭江出版社2000年版。

印度学者帕萨·查特杰(Partha Chatterjee)的"政治社会"(political society)概念在一定程度上构成了对西方市民社会理论的挑战。在他看来,民主制,并非由人民组成的和为了人民而组成的政府。相反,它应该被看作被治理者的政治(the politics of the governed)。在大部分世界的现代政治的核心存在一个冲突:公民民族主义(civic nationalism)的普遍主义与文化认同(cultural identity)的特殊要求之间的冲突。市民社会理论假定了一个同质的社会(想象的共同体),而实际上社会是异质的,并不是任何一个群体都可以按照自由结社的原则组织起来,成为市民社会的组成部分,底层群体往往是作为被治理的人口群体而不是共同体而存在的,他们是市民社会的化外之民。

查特杰认为,"市民社会"概念指的是所谓遵纪守法的好市民所构成的一个社会,他们遵守法律并且纳税,他们都是良好公民,他们在业余时间享受文化、良好的生活和教育,组织文化、政治社团,并且对政府具有一定影响力。这是一种现代政治的社会空间,但这只是一个理想状态,实际上是不可能的。如果真有这么好的社会,每个人都能享有平等权利,受到公正对待,那么这个世界只能是个美好的乌托邦想象。实际上在任何一个社会中,我们都可以发现这样一批人,他们其实不遵纪守法,他们也不是坏人,但如果他们完全遵守法律,他们甚至没办法生存下去。比如说,在亚洲的大部分国家当中,你都可以看到很多人,他们会在别人的或者政府的土地上,不经过允许修建自己的房子,开设自己的商店,在大街上摆摊卖东西,他们从来不纳税,乘公车也不付钱,等等,这些都是经常发生的事。这些人在很多国家当中都占有非常大的比重。政府必须为这些人做些特殊的安排,如果完全按照法律将这些人投进监狱,显然是不可能的。怎么处理这些人还是个比较头疼的问题,和这些人进行协商谈判显然是个最好的处理办法。政府的工作人员或者警察会对这些人说,你们不可以住在这里,但是可以住在那边;你可以在这条小街上摆摊,但是不可以在那条大街上摆摊;甚至政府有时会提供必要的水电等设施,但前提是这些人必须服从政府的特殊管理和安排。因为政府如果对他们不加以必要的救助和法外施恩的话,这些人可能会受到疾病的困扰乃至死亡,或者导致偷窃等犯罪行为的频繁发生。这些都表明,这种社会空间显然不是一个理想的市民社会形态,它其实就是我所说的政治社会。对于印度政府来说,它同时兼有管理这两种社会的职能。①

---

① 参见[印度]帕萨·查特杰:《被治理者的政治:思索大部分世界的大众政治》,田立年译,广西师范大学出版社2007年版。

印度的城市非法摊贩总是有组织性的,和中国的情况不太一样,这些非法商贩和政府之间的关系并不是对立关系。对于政府和警察来说,印度城市中的非法商贩是不可能彻底禁绝的,而且数量巨大,政府和警察希望看到的是规范化的、井井有条的、治安良好的城市,他们想对城市商贩进行规范化的处理,所以非常希望这些商贩组织起来并选出自己的领袖,这样政府和警察只要跟其中的每个头目进行协商,达成协议即可——管理的成本降低了。只要没有特殊的事件发生,这个协议就会被双方所遵守,这样就比和一个个松散的摊贩谈判方便得多。

查特杰的理论非常富有启发性:以共同体为基础,基于人民的普遍权利所形成的是公民社会;以人口群体为基础,基于治理行为所形成的是政治社会。但这一理论仍然存在一些令人困惑之处。

首先,政治社会是市民社会的对立物抑或替代品?如果政治社会是底层特有的,那么它仅仅是一个对立物,并没有否定市民社会。只是说在市民社会之外,还存在一个政治社会。如果上层精英也是按照政治社会的方式运作,那么它就是市民社会的替代品。

其次,他可能把市民社会乌托邦化了。市民社会中的各个利益集团或社会组织,难道就没有工具性地利用选举吗?市民社会的组成人员都是体面的"好公民"吗?这样的市民社会从来就是一个乌托邦构想,抑或说,查特杰对市民社会的界定过于苛刻?

西方的国家与社会理论预设了国家与社会的二元对立,其不足在于以下两点。

第一,忽视了国家内部与社会内部的多样性,事实上国家和社会都不是铁板一块。[1] 国家不是一个单一意志的整体,中央与地方之间、条块之间、部门之间、地方之间存在不同的利益取向;社会也是如此,宗族、村落、宗教、民族、社会团体构成了多元的行动者。以中国的环保运动为例,环保类社会组织无疑属于市民社会的一部分,但中国的环保运动之所以发展得比较好,很大程度上得益于环保部门的支持。毫无疑问,环保部门是国家的一部分,为什么要选择与环保运动结盟呢?虽然环保总局是正部级的单位,但不是国务院的组成部门,与发改委、工信部、商务部等部委比,是一个相对弱势的部门。环保总局就有动力与外部的环保组织共同推动环保事业的发展。其结果是,中国的环保运动得到了较快的发展,环保总局在政治

---

[1] 参见邓正来:《国家与社会:中国市民社会研究》(增修版),中国法制出版社2018年版。

系统中的地位大幅度提升,机构也升格为环保部(现生态环境部)。

第二,忽视了国家与社会之间的相互渗透与合作。迈克尔·曼区分了专制权力(despotic power)与基础权力(infrastructural power)。国家的专制权力,指的是国家精英可以在不必与市民社会各集团进行例行化、制度化讨价还价的前提下自行行动的范围(range),即强加于社会的权力(power over society)。国家的基础权力,指的是国家事实上渗透市民社会,在其领土范围内有效贯彻其政治决策的能力,即通过社会获得的权力(power through society)。① 这一区分具有非常重要的理论意义,但这一视角在解释中国的国家与社会关系时仍然存在诸多局限性:无法解释中国国家与社会之间的良性互动何以可能。

历史学家黄宗智指出,中国的"国家"和"社会"无疑是紧密缠结、互动、相互塑造的既"二元"又"合一"的体系。"国家"政权——从皇帝和中央的六部到省、县等层级的官僚体系,无疑是个实体,而"社会"——包括村庄和城镇社区,无疑也是个实体。我们不能因为两者互动合一而拒绝将这样的实体概括为"国家"和"社会",但同时要明确,在中国的思维中,"国家"和"社会"从来就不是一个像现代西方主流理论所设定那样的二元对立、非此即彼体。在西方,譬如古典和新古典自由主义经济学,它要求的是国家"干预"最小化,让市场经济的"看不见的手"自然运作,毫无疑问的是将国家和社会-经济二元对立起来。②

第四节　当代中国的国家与社会关系

在一些西方学者看来,中国政治似乎只有"一"而没有"多"。这显然是一种误读或曲解。改革开放四十年带来的一个最重要的社会变迁就是社会多元化,包括社会组织的发展、价值与利益的多元化。

改革开放以来,我国的社会组织获得了长足的发展。中国社会科学院研究生院与社会科学文献出版社发布《社会组织蓝皮书:中国社会组织报告(2018)》,指出近年来我国社会组织数量呈现快速增长态势。截至2017年年底,全国共有社会组织80.3万个,比上年增长14.3%,增速创十年来最高。与2016年度的70.2万个

---

① [美]迈克尔·曼:《社会权力的来源》,刘北成、李少军译,上海人民出版社2007年版。
② 参见黄宗智:《国家与社会的二元合一:中国历史回顾与前瞻》,广西师范大学出版社2022年版。

相比，数量增长了 10.1 万个，增长数量同样创十年来最多。① 主要有以下几个类别：一是在民政部门登记注册的社会团体（包括基金会）；二是在民政部门登记注册的民办非企业单位；三是民间的草根组织，有的在工商部门登记注册，有的作为二级社团存在，有的没有登记注册；四是在单位内部活动，不需要登记注册的社会组织；五是广大农村的农民专业协会、农村合作社组织。

这一多元化的过程与全球化和分权改革密切相关。进入全球化时代后，中国的各类社会组织如雨后春笋般发展起来；分权化改革使得政府不再大包大揽，全能政府向有限政府、有效政府转变。社会问题的复杂性、社会需求的多样性也需要社会的自我组织与自我管理，社会治理与社会创新被提上议事日程。

西方学术界的国家与社会关系范式在用来分析中国经验的时候可能出现"理论失灵"，原因在于这一范式将社会建构为一种"自发秩序"，国家与社会关系范式背后实际上是哈耶克哲学。哈耶克（Hayek）将社会秩序分为生成的与建构的，他借用希腊语 cosmos 指代内生的自发秩序（endogenous order），这种秩序是自我协调、自我组织的系统，独立于人类的意图而存在；他借用希腊语 taxis 指代一种外生的组织秩序（exogenous order），这种秩序是人对各种因素特意进行安排，服务于特定的目标。根据这一理路，国家与社会首先是相互独立的，然后才是彼此互动的。

依据"自发秩序"的思路进行社会建设的实践，很容易陷入国家退出与国家介入的二元循环之中。国家退出，为社会提供自主成长的空间；然而，国家退出并一定就能带来社会的成长，反而有可能出现某种失序，譬如 21 世纪初国家力量逐渐退出一些地区农村公共物品的供给，试图以市场化和民间组织来解决这一问题，结果却导致农村水利等公共设施老化失修。于是，又出现一种反其道而行之的"钟摆效应"，既然社会无力解决某些公共问题，那么就必须由国家介入，通过行政命令和政治动员的方式来解决问题。但这样一来，国家的治理成本直线上升，社会的自组织能力和自治能力更趋弱化；当治理成本上升到一定程度，又会回归到国家退出的老路上，那时的社会更加无力接棒。

不同于西方学术界通常所认为的那样，中国的国家通常对社会进行"强干预"，即不顾社会的意愿将自身的意志强加于社会；国家也可能采取助推（nudge）这样一种"弱干预"的方式，使社会意志与国家意志汇聚在一起，这一过程既是"自发"的，

---

① 《全国共有社会组织 80.3 万个，上海位居第一》，《人民日报》，2018 年 5 月 16 日。

又是"诱发"的。所谓助推,就是不用强制手段,不用硬性规定,却能保证个体同时收获"最大利益"和"自由选择权"。这股轻轻推动个体做出最优选择的力量,就是"助推"。

在"强干预"模式下,国家与社会是一种垂直关系,国家凌驾于社会之上,通过"看得见的手"来指导社会,社会服从或抗拒国家提供的"脚本";而在"弱干预"模式下,国家与社会是一种平行但不对立的伙伴关系,国家通过创造特定的情境或提供某种激励来影响社会主体的行为,国家的角色更接近于田野实验(field experiment)的操作者,国家并不向社会暴露自己的目标和意图,国家提供了一个特定场景的舞台,但却没有任何明确的"脚本",社会主体可以依据自身的利益和偏好进行"即兴发挥",但实际上这种"即兴表演"在无形之中受到了舞台布景的影响。①

不同于西方国家的国家与社会模式,当代中国的社会不是从国家的体外生长出来的一个"对立物",而是从"政社一体化"国家当中分化出来的,在中国的政治传统中,国家与社会之间没有那么强的张力。社会和市场在一定程度上是被国家培育发展起来的。正如陈明明指出的,在1978年以前,主导中国社会政治生活的是集权的逻辑,集权的逻辑植根于革命与赶超型现代化的传统,此后,在集权逻辑之外,又出现了分权的逻辑,分权的逻辑来自改革开放后由计划体制向市场经济转型的需要。这两种逻辑的交互作用制约着中国社会发展的方向和速率,影响着中国政治结构的组合和变局。②

要理解中国的社会,需要把握四个问题:一是中国社会从哪里来——单位制与社区制;二是社会的本质是什么——人民性;三是国家之魂——中国共产党;四是国家与社会如何互动——群众路线。

1. 把社会找回来——从单位制到社区制

建国以来到改革开放之前,中国的社会在一定程度上是"蛰伏"的,邹谠所说的"全能国家"、孙立平所说的"总体性社会",就是描述社会对于国家的依附状态。孙立平认为,总体性社会是建立在再分配或计划经济基础上的,是总体性权力与再分配经济的结合。改革开放以后,国家通过行政放权和培育社会组织,让社会获得了快速的成长。

---

① 熊易寒:《国家助推与社会成长:现代熟人社区建构的案例研究》,《中国行政管理》2020年第5期。
② 陈明明:《双重逻辑交互作用中的党治与法治》,《学术月刊》2019年第1期。

单位制曾经将中国的社会"格式化"了。王沪宁、刘建军、李汉林、路风等学者认为,城市中居于再分配体制中心的行政单位、事业单位和国有企业属于典型的"单位"。从政治学视角来看,主要从中国社会主义基本政治制度出发,强调"单位"是社会主义政治体制的基本单元,承担着整个社会的资源分配与调控、对社会成员进行政治控制的基本功能;从社会学视角来看,主要强调"单位"是社会主义再分配体制下的一种制度化组织,作为一种组织制度,承担着多元化的功能,包括社会控制、权力分配、资源和地位分配以及单位成员的合法性等。①

李路路等学者认为,单位体制具有四个典型特征:(1)单位职员完全依赖于单位组织;(2)单位组织是政府控制整个社会的组织手段;(3)单位组织是单位职员进入政治生活的主要领域;(4)单位中的党组织和行政机构不仅是生产过程中的管理机构,同时也在政治上和法律上代表着党和政府。这些特征决定了单位具有功能合一性、非契约性、资源的不可流动性等内在性质。②

随着市场化改革的深入,特别是国有企业改革的推进,干部职工的铁饭碗被打破,国有企业可能破产也可能改制,单位制在一定程度上松动了;在1998年住房制度改革之后,学界逐步意识到社区的崛起,有学者认为单位制将会向社区制转变。从资源分配的角度来看,虽然市场化的作用越来越大了,但单位制依然顽强地发挥着作用。然而,不容否认的是,中国的社会确实在不断地成长——社区自治、社会组织的发展是最有力的证据。一个值得注意的现象是,社会成长的同时,国家并没有被削弱。这也说明,国家与社会的关系并非一个零和博弈。

总体而言,国家-社会二分法在中国不具有很强的适用性。

社区通常被认为是社会的核心组成部分,居委会作为社区的居民自治组织,理所当然属于社会;然而居委会在实际的运作中,也承担了国家的一部分职能,"上面千根线,下面一根针"——居委会这根"针"与国家存在着千丝万缕的联系,并在很大程度上执行着国家意志。从人员组成来看,居委会主任和委员都不是国家的正式工作人员,居委会作为居民选举产生的社区自治组织,体现的是社会的意志,代表的是居民的利益;然而,从功能上看,居委会是基层政府的"脚",是国家权力在社

---

① 参见王沪宁:《社会资源总量与社会调控:中国意义》,《复旦学报》1990年第4期;刘建军:《单位中国——社会调控体系中的个人、组织与国家》,天津人民出版社2000年版;路风:《单位:一种特殊的社会组织形式》,《中国社会科学》1989年第1期;李汉林:《中国单位现象与城市社区的整合机制》,《社会学研究》1993年第5期。
② 李路路、苗大雷、王修晓:《市场转型与"单位"变迁:再论"单位"研究》,《社会》2009年第4期。

区的延伸,是国家的触手。

中国的国有企业是国家的一部分,还是社会的一部分? 国有企业是市场的主体,因而属于广义上的社会;国有企业不仅追求商业利益,也要保障国计民生,维护国家安全。更重要的是,国有企业本质上也是属于全体人民的,具有鲜明的人民性。部分西方学者将中国的国有企业视为"国家资本主义"的微观基础,认为国有企业只代表国家利益,这无疑忽视了国有企业的社会属性和人民性。

人民团体更是介于国家与社会之间。工会、共青团、妇联、科协、侨联、台联、青联、工商联等人民团体既不能被视为国家机构,也不能被视为社会组织。人民团体被定位为党和国家与人民群众之间的双向的桥梁与纽带。一方面,人民团体协助执行党和国家的各项政策、命令,并向人民群众传达;另一方面,人民团体了解和收集人民群众的意见、观点和利益,并带回到党和国家的政策制订过程当中。人民团体的眼睛需要同时向上看和向下看,不同时期会有不同的侧重。过去 20 多年的改革中,人民团体的政治角色实际上有所弱化,而功能性角色则在加强。

2. "以人民为中心"的国家哲学

国家与社会关系不仅是一种社会事实,也体现了国家的治理哲学。

詹姆斯·C.斯科特的《国家的视角:那些试图改善人类状况的项目是如何失败的》一书呈现的是典型的西方式国家与社会关系,国家凌驾于社会之上,如同规划师习惯于从空中俯瞰城市,国家也习惯于居高临下地俯瞰社会。

当代中国的国家治理哲学迥异于西方国家,用一句话来概括就是"以人民为中心"。"以人民为中心"的国家哲学既有中国古代"民本主义"的政治基因,也是中国共产党一以贯之的政治定位。

中国共产党既是工人阶级的政党,也是人民的政党。阶级性与人民性是中国共产党的根本属性。中国共产党来自人民、植根人民,一切为了人民。

与凌驾于社会和人民之上的"国家的视角"相比,中国共产党不是从空中鸟瞰社会,而是始终与人民保持频繁密切的互动,始终以人民作为自己执政的基础,始终以人民的长远利益和根本利益作为执政的终极目标。

马克思主义认为:国家是由市民社会中的核心性质——阶级性决定的,作为物质生产关系总和的市民社会决定国家,而不是国家来决定市民社会。在社会主义现代化建设时期,这种阶级性就集中体现为人民性。

3. 国家之魂——中国共产党的领导

当代中国的国家与西方国家相比，有什么特殊性？最大的特殊性就在于中国的执政党不是外在于国家的，中国共产党构成了国家的内核和灵魂，两者不是一种机械的互动关系，而是一种有机的互动关系。

中国共产党不是一般意义上的执政党，同时也是中国社会的领导党，是社会主义事业的领导核心。中国共产党是一个使命型政党，与一般的选举型政党相比，中国共产党有更强的政治定力，很少有短期行为。

西方学者把社会主义国家的党国体制称为政党-国家（party-state）。萨托利认为，政党-国家背后是一种整体论（把政党理解为整体）的政党观，不同于部分论（把政党理解为部分）的政党多元主义体制。在他看来，后者才是政党与国家关系的正途，前者实际上是现代国家的变异形态。在政党-国家体制下，缺乏竞争性的多党，党内的派系分化和党外新政党的建立都是被严格禁止的，除党之外的社会政治组织缺乏自主性。在这个体系中，政党与国家融为一体，国家的公共管理是党务的副产品或具体化。多元体系中的政党是表达的工具，而一元体系中的政党是选拔统治精英的工具。[1] 不难发现，依据萨托利的理论，政党-国家是一种较为负面的体制。

萨托利只看到了一元与多元的差别，却没有看到更为本质的差异，中国共产党为代表的社会主义政党是使命型政党。萨托利的理论过度重视选举，只关注选举带来的合法性与授权，却忽略了比选举更为根本的治理，选举不是政治的目的，选举是为了实现有效的、优良的治理。

中国共产党具有执政党和世界观式政党的双重属性，作为执政党必须充分尊重民意、反映民意；作为世界观式的政党，中国共产党不是被动地反映民意，而是有意识地塑造人们的价值观，关注民心与人民的精神信仰。新中国成立以来，中国共产党始终引领中国社会的发展，带领中国人民探索社会主义道路。在政党、国家与社会的关系中，政党处于核心地位和引领地位；通过党管干部的体制，对精英进行吸纳与管理；通过群众路线和政治参与的渠道，使政党更好地代表人民的意志；通过人民代表大会制度，将人民的意志和政党的意志转变为国家的意志。

中国共产党在组织层面上实际上有三个层次：

---

[1] 参见[意] G. 萨托利：《政党与政党体制》，王明进译，商务印书馆 2006 年版。

一是政党在社会中(party-in-society)。中国共产党深深嵌入在中国社会之中,"支部建在连上""支部建在小区",还有"两新组织"党建和针对都市白领阶层的楼宇党建。

二是政党在国家中(party-in-state),中国共产党不是外在于国家,而是内置于国家政权体系之中,通过党委、党组、党工委实现对国家的有效领导。中国共产党建立新中国之后,重新建立了中央集权的国家,但这个中央集权体制又不同于传统帝制或西方意义上的中央集权,最大的差异就是中共党组织嵌入并领导了政权体系;上级党委领导下级党委,上级政府领导下级政府,同级党委领导同级政府。在这样的体制下,中共不仅是执政党,还是领导党,其组织不是外在于国家、市场和社会的"外部力量",而是渗透在国家、市场与社会之中的。

三是政党在国家与社会之间(party between state and society)。中国的执政党介于国家与社会之间,是国家与社会互动的一个重要桥梁——利益整合、社会动员、引领国家。一方面,政党会通过自己发达的基层组织广泛搜集社情民意,为党和国家的决策提供参考;政党还会对社会进行广泛的动员,完成国家的各种任务和目标。另一方面,政党也会对国家机器进行领导和引导,使国家具有更强的人民性,真正做到"权为民所用、情为民所系、利为民所谋"。

4. 群众路线与统一战线——国家与社会的良性互动

国家与社会如何才能实现良性互动?如何界定良性互动?

群众路线是中国共产党的根本工作路线,以毛泽东为主要代表的中国共产党人在长期斗争中形成了"一切为了群众,一切依靠群众"和"从群众中来,到群众中去"的群众路线。群众路线是毛泽东思想三个活的灵魂之一,是中共的生命线和根本工作路线。坚持党的群众路线,是中共在长期革命和建设中制胜的法宝。

中国共产党领导下的国家有效统合社会的另一利器是统一战线。统一战线工作是党的特殊的群众工作,做好统战工作有利于深入贯彻党的群众路线、推进全面从严治党新的伟大工程。说统战工作是特殊的群众工作有两方面含义:一方面统战工作对象特定,与一般群众有依靠力量和团结力量之分;另一方面我们主要是做这些特定的群体的代表人士的工作,通过代表人士来做其所联系的群众的工作。

如果要对群众路线和统一战线做一个区分,可以说,群众路线更多地面向普通民众,统一战线更多地面向社会各界精英。

在西方的公民社会与利益集团理论视野下,竞争是政治的常态和主流。多元主义和多头政体理论都将利益集团的充分竞争作为一种良性的政治秩序,这实际上是将市场竞争的原则移植到政治领域。

美国学者曼斯布瑞奇(Mansbridge)指出,在基层的民主实践中,通常程序民主理论所谓的选举、一人一票、两党竞争对于民主并没有那么重要,相反,决定民主实践成功与否的不是竞选的程序问题,而是参与者之间的基于相互理解的商讨以及互帮互助的友爱(friendship)程度。她区分了两种民主,一种是对抗型民主(adversary democracy),一种是统合型民主(unitary democracy)。前者基于冲突性的利益(conflicting interests),是基于权利平等基础上的公民之间的民主;后者基于共同利益(common interests),是基于相互尊重的朋友之间的民主。曼斯布瑞奇还认为,美国的高层政治更接近于对抗性民主,而基层的乡镇自治更接近于统合型民主。[1] 美国的民主政治总体上倾向于对抗型民主或"竞争的政治",中国的民主则更接近于统合型民主或"友爱的政治"。

西方政治的基本逻辑是施密特的政治哲学——"政治的首要问题是划分敌友",这是一种"竞争的政治"——非友即敌,非此即彼。在中国社会,"友爱的政治"优先于"竞争的政治"。

友爱政治的一个典型表现是"两会"——人民代表大会和政治协商会议。中国的"两会"中看不到政客之间的角力、扯皮,看到的是代表委员的精诚团结,中央地方的上下一心。人民代表大会制度的本质是团结政治,代表中国共产党领导下的人民代表大会对社会利益的充分吸纳与整合;政协制度的本质是多元政治,代表不同界别的利益诉求与声音,"和而不同"。

第五节 国家与社会共生

伴随着改革开放,中国社会经历了从扁平社会到精细分层社会的转变。

所谓扁平社会,主要指从 1949 年至 1994 年的中国社会,社会分层比较粗疏,阶层差别不明显,主要特征有如下三点。(1)收入差距小,家庭财产少(1981 年和 1993 年收入基尼系数分别为 0.288 和 0.359)。(2)居住空间和消费行为的阶层差

---

[1] See Jane Mansbridge, *Beyond Adversary Democracy*, The University of Chicago Press, 1980.

异小;以单位社区为主,不同阶层在空间上是混合居住的;消费形式较为单一,中低消费为主,恩格尔系数高。(3)阶层之间的流动相对容易和频繁。

所谓精细分层社会,主要指1994年以后,特别是1998年之后的中国社会,其标志也有三点。(1)收入和财产差距扩大。2009年收入基尼系数0.49;2010年财产基尼系数0.739,财产性收入的重要性逐步超越工资性收入,中产阶层迅速崛起。(2)阶层的居住隔离和消费区隔形成。住房制度改革之后,不同的阶层有不同的居住空间,消费成为人以群分的重要界线,住房阶层(housing class)逐步形成。(3)阶层的分化变得更加精致,跨阶层的流动变得更为困难。

中产阶层的形成与扩大是中国经济发展的一个重要成就,也构成了中国经济持续增长、扩大内需的一个动力源。然而,中产阶层的成长也给我们的公共管理带来了新挑战,最大的挑战是:第一,中国传统历史上官员的素质相对于治理对象往往有明显的优势,但是,随着中产阶层的扩大,这个优势被削弱甚至发生了局部逆转,相当一部分被管理对象的经济收入、文化程度乃至国际视野超越了普通公务员;第二,中产阶层对公共服务水平、政府行为制度化的要求较高,传统的粗放式的公共管理模式变得不合时宜;第三,中产阶层的利益和价值观分化程度较大,既有利益诉求,也有价值诉求;第四,社会分化越来越鲜明,"一刀切"的管理方式不再适用,需要用精细化的方式来回应社会需求。

不论是政治哲学,还是社会科学的研究,都越来越清楚地表明:在词与物之间隔着一条不可逾越的鸿沟,所有的概念都是对现象/事实的简化与建构。或许正因为概念本身的这一先天特质,自国家与社会的研究范式被引入中国的那一天起,人们就没有停止过对这一框架的质疑与反思。有学者认为,应该用市民社会概念来研究中国团体;另一些学者通过调查研究认为,中国几乎所有团体的生活在本质上是国家法团主义。在西方学者看来,市民社会和法团主义都关注国家和社会之间的社团和其他机构。但不同的是:市民社会站在社会的角度,发展自治社团,维护"公共领域"的能力,以界定和制约国家权力;法团主义则相反,从国家的角度,为实现政府自己的目的,与选定的社团发展一种特殊的关系。尼斯贝特认为,国家是一个与另类权力中心相对的官僚政治整体。国家扩张必然导致志愿组织的功能下降,并因此使它们逐渐衰弱,同时也削弱了志愿组织得以维持的小区精神。然而,对于市民社会与国家之间这种彼此对立的零和关系,在实证层面还缺乏数据支撑。

对市民社会研究的批评,归结为一点,就是邓正来所言:"国家并不是一个同质性的实体,社会也非简单相对于国家的一个同质性实体,因此,无论是'国家'抑或'社会',都是需要在具体分析场景中加以具体辨析的问题。"①不论是国家-社会的二分法,还是国家、市场与社会的三分法,都必须遵循这一基本规律。

关于当代中国的大量实证研究都验证了上述命题。

张佩国在对国家法与民间法互动的研究中指出:"国家与社会"范式的严重缺陷"就在于将国家、社会的同质性作为不证自明的理论前提,在研究过程中不可避免地用理论的逻辑遮蔽了非同质性的国家、社会在经验层面上的多重互渗问题"。② 在苏力、孙立平、郭于华、强世功、赵晓力等人的经验研究中,国家与社会的这种"多重互渗"得到了充分展现,权力的非正式运作、地方性知识的存在,使国家与社会的边界变得模糊不清。

石发勇对都市维权运动的个案研究则表明:条块分割构成国家内部异质性的一个重要面向——如在某地,作为"条"的市绿化委支持和鼓励居民的"护绿"行动,而这一行动的矛头直接指向作为"块"的区政府和街道政府。③

不可否认,这一系列针对国家、市场与社会的"解构性"叙事是有重大理论意义的,但是,在解构之后,我们是不是还需要做点什么?仅仅阐明国家、市场与社会的复杂性是否足够?国家、市场与社会的复杂性,是否意味着它们不再适合作为独立的分析单位?如果可以,其理论上的合法性何在?

要准确把握和深刻理解当代中国的国家、市场与社会,或许需要经历一个"建构—解构—再建构"的三部曲。我们目前已经完成了前两个步骤,当下的关键在于:如何在完成对国家、市场与社会的解构之后,避免陷入对这些概念的虚无主义理解?如何使国家、市场与社会不至于成为一个空洞的符号(目前很多的概念都面临这一困境,譬如在很多著述中,"社会转型期"就是一个缺乏内容与特质的空洞时间)?我们如何调和国家、市场与社会的复杂性、同一性和相互渗透之间的关系?要做到这些,就必须有一个重新建构的过程,从而超越异质性的后现代话语,获得一种更加整全的理解和认识。

我们有必要从实体和逻辑两个层面区分国家、市场与社会。国家、市场、社会

---

① 邓正来:《国家与社会:中国市民社会研究》,北京大学出版社 2008 年版,第 163—170 页。
② 参见张佩国:《国家法、民间法与村规民约的多元互动——山东部县的房产和宅基地纠纷》,载《乡村中国评论》第 1 辑,广西师范大学出版社 2006 年版。
③ 石发勇:《关系网络与当代中国基层运动——以一个街区环保运动个案为例》,《学海》2005 年第 3 期。

不仅仅是三种组织形态,也分别代表了三种行动逻辑和规则。

首先,国家、市场与社会间关系的复杂性主要体现在实体层面。

(1) 作为行动者的国家实际上是多重的,表现在:中央与地方、上下级政府的分工;"条块"(部门与政府)的分工;政府内部的分工。

(2) 市场内部的异质性表现在:地区差距导致的市场分化(沿海发达地区与内地欠发达地区市场化程度的差异);一些地方的地方保护主义导致的市场分割;垄断或计划主导的市场与自由市场。

(3) 社会表现在:阶级/阶层的分化;由信仰、民族、宗族、职业、地域等因素带来的群体分化。

其次,国家、市场与社会的同一性主要体现在行动逻辑上的一致性,也就是说,在国家、市场与社会这三个领域中,各有一个相对自主的逻辑或规则发挥支配作用;国家、市场与社会内部虽然存在种种异质性,但这个逻辑在内部是通行的。

(1) 国家的/政治的逻辑:基于权力的支配。

(2) 市场的逻辑:以货币为中介的利益最大化。

(3) 社会的逻辑:维系共同体的整合,并使其免于国家和市场的过度干预。前者体现为能动的社会,后者表现为自我保护的社会。

再次,国家、市场与社会的相互渗透主要体现在行动逻辑上的相互渗透,具体又表现如下。

(1) 国家逻辑的外溢:国家的/政治的逻辑渗入市场,如国有企业的某些非理性经济行为、"红帽子"企业、国有企业的行政级别、地方保护主义;国家的/政治的逻辑渗入社会,如官办民间组织、民间组织挂靠官方机构。

(2) 市场逻辑的外溢:市场的逻辑渗入国家,如地方统合主义、企业家政府、政府寻租行为;市场的逻辑渗入社会,如社会企业、社会关系的工具化。

(3) 社会逻辑的外溢:社会的逻辑渗入国家,如国家的阶级性、收入再分配、政府购买服务;社会的逻辑渗入市场,如慈善事业、基于身份差异的劳动力价格、经济活动嵌入社会关系网络(关系合同)、企业社会责任、单位办社会。

需要说明的是,逻辑的相互渗透可以产生良性的后果,也可能产生恶性的后果。譬如:市场逻辑渗入国家,可能会形成注重内部效率、降低社会成本的企业家政府,也可能会形成过度卷入经营活动以至于"地方政府即厂商"的地方统合主义;社会逻辑渗入市场,可能促使企业更加注重社会责任,但可能使企业背负"单位办社会"的沉重负担。

最后，国家、市场与社会的互动可以发生在实体与实体之间、逻辑与逻辑之间、实体与逻辑之间，也可能以逻辑为中介。实体与实体的互动最为常见，譬如地方政府与社会组织的互动。实体与逻辑的互动，国家的/政治的逻辑渗入市场，例如"红帽子"企业[①]、国有企业的行政级别；又如市场的逻辑渗入国家，出现地方法团主义、政府寻租行为等；社会的逻辑渗入市场，譬如慈善事业、基于身份差异的劳动力价格、经济活动嵌入社会关系网络等。逻辑之间的互动还是要借助第三种逻辑来实现联结，譬如政府购买民间组织的服务，就发生在国家与社会这两个实体之间，同时以市场逻辑（市场机制）为中介。

本 章 小 结

国家与社会关系是理解政治制度与权力运行的一个重要视角。虽然市民社会的概念具有一定的西方中心主义色彩，但这并不必然意味着国家与社会关系分析范式的失效。国家与社会关系是一个具有灵活性、可调适的分析框架，研究者可以将国家与社会关系纳入特定的历史-社会-文化情境之中。国家与社会关系可以拓展为政党-国家-社会关系，也可以变形为国家-市场-社会关系；研究者也要尽可能避免把国家或社会视为内部铁板一块、彼此截然对立的实体，并关注到国家与社会之间的交融、重叠以及复杂互动。理论永远不可能像现实那样复杂，但正是简洁赋予了理论"片面而深刻"的解释力。国家与社会关系范式也是如此。

思考题

1. 国家应该干预社会吗？国家与社会的界限应当如何划分？
2. 国家与社会的二分法有什么理论上的局限性？

---

① 所谓"红帽子企业"是指由私人资本投资设立，而又以公有制企业（包括国有和集体企业）的名义进行注册登记的企业，或者挂靠在公有制企业之下的企业，即名为公有制企业实为私有制企业。

📚 延伸阅读书目

1. [美]乔尔·S.米格代尔:《强社会与弱国家:第三世界的国家社会关系及国家能力》,张长东、朱海雷、隋春波等译,江苏人民出版社 2022 年版。

2. [美]乔尔·S.米格代尔:《社会中的国家:国家与社会如何相互改变与相互构成》,李杨、郭一聪译,江苏人民出版社 2013 年版。

3. [美]詹姆斯·C.斯科特:《国家的视角:那些试图改善人类状况的项目是如何失败的》,王晓毅译,社会科学文献出版社 2019 年版。

4. 黄宗智:《国家与社会的二元合一:中国历史回顾与前瞻》,广西师范大学出版社 2022 年版。

第五章
政　体

　　政体是一个国家的根本政治制度，也是一国政治的头等大事。亚里士多德在《政治学》中指出："优良的政治安排是一切优良生活的前提。"从古到今，政体是政治思想永恒的话题，从孔子"吾从周"到柳宗元著《封建论》再到黄宗羲、顾炎武和王夫之，从柏拉图、亚里士多德、波利比乌斯(Polybius)到洛克、孟德斯鸠，再到约翰·密尔，都把政体制度安排当作政治的中心。在政治科学兴起的今天，政体研究一度遇冷，可这并不意味着政体不重要了，恰恰是因为政治科学在政体研究上缺乏根本性的价值突破。

第一节　政体的分类

　　给政体下一个定义并不困难，但是关于政体的定义，政治学者的分歧非常大，各有各的说法，莫衷一是，因而政体也可以说是最复杂的政治学定义。学者们讨论政体，有的时候是在讨论国体，有的时候是在讨论政府形式(form of government)，有的时候是在讨论立法权和行政权的关系，造成了很多的混淆，比如，亚里士多德讲的"民主政体"，与政府形式意义上的"民主政体"，貌似指向同一种政体，但却出于两种截然不同的政体定义和划分标准，因为前者关心的是"谁统治"，后者关心的是"如何统治"。有些国外著名政治学者喜欢以政府形式来定义政体，却每每将政体理论追溯至亚里士多德，对理论一致性之不讲究竟至此地步，实在令人不解。在此，有必要对这些定义进行梳理、澄清和整合。对于政体的定义虽然众说纷纭，总体而言主要存在三种视角，分别是国体视角、政府形式视角和立法权与行政权关系视角，显然这三个视角都来自对政体的不同定义。无论是哪一种视角或者定义，都是从政治安排的角度去理解和认识国家政体,只不过各有其侧重点,也各有其解释力的优劣,有的视角有比较悠久的理论渊源,有的则比较重视经验研究。

一、国体视角

政治思想家最早认识政体,往往都是持国体的视角。所谓国体,通俗地说,主要关心"谁统治"的问题,也即国家的属性,推及当下,就是国家的阶级属性,是资产阶级的国家,还是无产阶级的国家。根据以"国体"来定义政体这一做法,我们就可以追溯至亚里士多德的政体分类上。可以说,国体视角的政体定义,历史最为悠久、理论渊源最为丰富,迄今仍具有重大政治意义。

亚里士多德其实不是最早的政体学者。据亚里士多德自己说,最早的政体学者有两位,分别是嘉尔基顿的法勒亚和米利都的希朴达摩。其中,欧吕丰特立独行的儿子希朴达摩是最早的、在没有任何从政经验情况下从事政体类型研究的人。①

希朴达摩之后,最重要的政体学者有两位:希罗多德和梭伦。在《历史》第三卷,希罗多德引入了一场关于政体的辩论。欧塔涅斯坚持个人独裁是任性,应实行民主政治;美迦比佐斯认为民众是盲目的,应实行寡头制;最后大流士指出民主与寡头都容易导致分裂,应实行君主制。② 可谓各抒己见,谁也没有说服谁,因为这是一个论证循环,好政体和坏政体的区别其实根本不在于"谁统治",而在于统治者本身是不是腐化的。梭伦是一名立法者,他根据"谁统治"的原则,将政体划分为寡头制、平民制和混合制——由生活在平原的人来统治,就是寡头制;由山地居民来统治,就是平民制;由生活在海岸边的人来统治,就是混合制。

亚里士多德之前最重要的政体思想,来自他的老师柏拉图。柏拉图在《国家篇》中,将政体划分为贵族政体、军人政体、寡头政体、民主政体和僭主政体。③ 贵族政体由贤人来统治,军人政体由爱荣誉者统治,寡头政体由富人统治,民主政体指自由民的统治,僭主政体的统治者是非正义的人。柏拉图将这些政体依次归于黄金时代、白银时代、青铜时代、英雄时代和黑铁时代,其中,在青铜时代和黑铁时代中间插入了一个"非金属"的"英雄时代",迄今仍然是一个谜团。在柏拉图的"金

---

① [古希腊]亚里士多德:《政治学》,吴寿彭译,商务印书馆1965年版,1267b20-35,第73—74页。
② [古希腊]希罗多德:《历史》(第三卷),王以铸译,商务印书馆1959年版,第80—83页。
③ [古希腊]柏拉图:《理想国》,郭斌和等译,商务印书馆1986年版,544C。

属时代"划分中,可以看出,政体是逐渐衰败的。

同样是根据"谁统治"的标准,亚里士多德把政体划分为君主制、贵族制和民主制(也可以译为平民制)。① 君主制是一人统治,贵族制是少数人统治,民主制是多数人统治。除此之外,亚里士多德又建立了一个标准,即以"统治目的"为标准。如果统治者的统治是为了公共利益,就叫作正常政体;如果统治者的统治是为了私人利益,那就是正常政体的变态,即变态政体。君主制的变态是僭主制,贵族制的变态是寡头制,民主制的变态是暴民制。由于亚里士多德引入了这个标准,可以认为他的政体分类标准又略微带点"如何统治"的政府形式色彩。不过,如果像今天民主制下选民都是为了自己的利益去投票,在亚里士多德看来就不是民主政体,而是民主政体的变态——暴民政体。

虽然亚里士多德的政体思想深受柏拉图影响,但他坚持政体是循环的,而不是趋于衰败万劫不复的。君主制变坏就成为僭主制,贵族制会力挽狂澜,但是有朝一日贵族制也会变坏,堕落为寡头制,这个时候就要民主制来拯救。民主制终有一天也会变坏,化为暴民制,只有靠君主制来救它,然后进入下一个循环。亚里士多德对政体的认识总体上没有柏拉图那么悲观。

与其这样反复循环,为什么不索性设计一种混合政体,将君主制、贵族制和民主制融为一体呢?这就是古罗马思想家波利比乌斯思考的问题。波利比乌斯认为,政体的发展是自然规律支配下的循环过程,既然每一种政体都会腐化,最好的办法就是建立一种混合政体,兼具君主制、贵族制和民主制的特点。罗马共和国被认为就是这样一种混合政体,执政官是君主制,元老院是贵族制,平民大会是民主制。今天的美国常常自诩为"新罗马",自认为它也是混合政体。

到这里为止,政体的定义都来自对"谁统治"这个问题的关心,亚里士多德的政体划分标准也成为一个被反复咀嚼的经典,其中,贵族制和民主制都可以称为共和制。当运用君主制与共和制这个标准去划分政体的时候,事实上就是国体意义上的政体分类。这个分类沿用到今天,当我们运用国体标准去研究政体,关注的是国家的阶级属性,去区分一个国家是资产阶级统治的国家,还是无产阶级统治的国家。如果一个国家是资产阶级统治的工具,服从于资产阶级的特殊利益,那它就是资产阶级国家;如果一个国家建立的是无产阶级专政,那么它就可以称为无产阶级

---

① [古希腊]亚里士多德:《政治学》,吴寿彭译,商务印书馆1965年版,1279a20。

国家。

国体在国家转型的大历史进程中,是最要紧的问题。革命的根本,就是国体的转型。政治现代化就是君主制向共和制的转变。西欧大部分早期现代化国家都没有完成国体的转型,保留了传统的君主制,只不过演变为一种所谓"虚君共和制",在国体上它们还是一种君主制,也就是君主制的资产阶级国家。这样从国体视角来看,其无疑是一种相当复杂的政体。

对于近代转型的中国来说,君主抑或共和,兹事体大。梁启超的雄文《异哉所谓国体问题者》,讨论的就是国体转型的问题。梁启超先生与美国政治学会第一任主席古德诺争辩,第一次明确了国体与政府形式各自的内容,国体,就是君主制与共和制这类划分,政府形式就是指专制或立宪。梁启超建了一个分析矩阵,划分了四种政体类型,分别是君主专制、君主立宪、共和专制与共和立宪。[①] 他一反当初支持君主立宪的立场,主张共和立宪,坚决反对袁世凯复辟君主制。以今天的眼光来看,无论是学理还是知识贡献,当年梁启超都胜过古德诺一筹。

二、政府形式视角

最近几十年,在政体研究中产生比较大争议的,是对政府形式这个概念的运用。很多喜欢赶时髦的政治学者把政府形式当作政体本身来对待。政府形式从字面上来说,主要是指政府的性质,也就是对政府的形式(form)的界定。界定的标准,就是国家与社会关系。简单来说,就是用国家权力控制社会的程度和方式来衡量。一些西方学者认为,如果国家不能直接干预社会,与社会各自保持法理上的自主性,就是自由民主国家;如果国家控制市场,只给予民众一部分社会政治权利,就是威权主义国家;如果国家完全控制社会,就是极权主义国家。这样,从政府形式的视角来定义政体,大致可以划分出三种政体:自由民主政体、威权主义政体和极权主义政体。

按照政府形式划分国家政体,相比按照统治人数的多寡来划分政体,标志着政体研究问题意识的根本变化。政治现代化之后,传统的君主制和贵族制都失去了原来的统治意义,一些政治学者试图用政府形式来替代原来的"谁统治"问题。然

[①] 参见梁启超:《异哉所谓国体问题者》,载侯宜杰选注:《梁启超文选》,百花文艺出版社2006年版。

而，一方面，政府形式并不能真正取消"谁统治"的诘问，因为政府形式本身依然蕴含着对"谁统治"问题的关切；另一方面，用政府形式来划分政体，其实是以国家与社会关系来回避国家的阶级属性，理论上存在严重缺陷。下文分别阐述之。

1. 自由民主政体

关于自由民主政府形式，有两种不同的定义，一种是理想的定义，一种是现实的定义。理想的定义来自林肯的葛底斯堡演讲，也就是所谓的"民有、民治和民享"。在现实政治生活中，没有哪一个西方自由民主国家真正能够做到全部的"民有、民治和民享"，因此它代表的只是对理想民主的一种向往。政治学者需要一个可操作的、经验上可以观察的定义，这个定义来自经济学家熊彼特。按照熊彼特，民主就是"那种为作出政治决定而实行的制度安排，在这种安排中，某些人为争取人民选票取得作决定的权力"。[①] 换言之，民主就是民众定期通过竞争性选举选择国家执政者的政治体制。这样一来，按熊彼特的观点，只要存在竞争性选举的国家，都可以称为自由民主政体。

在这个基础上，美国民主理论家罗伯特·达尔提出了"理想民主"和"现实民主"。[②] "理想民主"的标准是：有效的参与、平等的投票、公众享有充分的知情、公众完全控制议程、所有成年人都具备公民资格。"现实民主"的标准是：官员由选举产生、公众有表达意见的自由、公众可以接触多种信息来源、社团自治、存在包容广泛的公民身份。达尔建立的是一个比较标准，就是用理想和理想比，用现实和现实比，而不能拿理想来跟现实比。

罗伯特·达尔自己就喜欢用"多头民主"来描述美国的民主体制，因为他要回应熊彼特，后者认为平等的社会主义比不平等的资本主义更能够实现民主。达尔就要回答，在美国这样不平等的社会中，民主是如何可能的。"多头民主"不等于"多元民主"，后者是指社会多元的利益都可以通过一定的法律制度程序，在政治上得到表达。"多头民主"某种意义上是"多元民主"的负面表现，也就是说，这些多元利益的表达并不是均衡的，只有那些在社会经济中占支配地位的商业利益集团，才有能力控制政治议程、实现自己的政治利益。换言之，所谓民主，实质上不过是几大经济寡头之间的利益均衡。多头民主就是"多元主义"与"精英主义"的结合体，多元主义是它的表象，精英主义才是它的内容。

[①] [美]约瑟夫·熊彼特：《资本主义、社会主义与民主》，吴良健译，商务印书馆1999年版，第395—396页。
[②] [美]罗伯特·达尔：《论民主》，李风华译，中国人民大学出版社2012年版，第33、70页。

一般来说,标准的西式自由民主政体应具备以下 13 个基本特征:(1)完整的国家政权建设;(2)民族认同;(3)成熟的市场经济;(4)发达的市民社会;(5)给予公民权利保护;(6)成文宪法;(7)法治;(8)实质而非形式上的选举;(9)分权的政府;(10)独立的司法体系;(11)责任政府;(12)中央与地方分权;(13)文官对军队的控制。这也是通常所说的自由民主体制建立的次序。一方面,民主建设要按这个次序来依次进行,进展才能比较顺利,如果次序颠倒可能带来的就不是民主,而是民主的反面。如果竞争性选举建立在市场经济成熟之前,那么选举带来的可能就是经济和政治危机。蔡美儿(也译蔡爱眉)指出,移植民主的后果就是将市场体制和民主体制一起移植进新兴国家,那些经济上处于弱势的多数族群,就利用民主制度,从政治、法律上压制在市场体制上居于支配地位的少数族群,将这些国家原本就存在的族群矛盾进一步挑拨起来:"在非西方世界中,市场和民主的全球扩展是集体仇恨和种族暴乱的一个首要的、使之恶化的原因。"[①]另一方面,对于成熟的自由民主政体而言,这些基本特征是缺一不可的。如果前面 12 个特征都已经具备,但是文官并不能掌控军队,这样的自由民主政体也是非常脆弱的,很容易崩溃。

显然,用自由民主的政府形式来划分政体,存在很多不严谨的地方。民主的表现方式是非常多样的,几乎所有步入政治现代化的国家,都以民主为标榜。这就使自由民主作为一种政府形式,失去了用来认识国家权力性质的理论意义。

2. 威权主义政体

相比自由民主的含糊,威权主义的概念有过之而无不及。通常所指的威权主义,包括以下 5 个基本特征:(1)缺乏一套占统治地位的系统意识形态,有效性成为政府获取支持的唯一来源;(2)大多数政权存在着一套有名无实的宪法或选举制度;(3)统治群体通过一个霸权性政党或个人关系操纵选举而上台执政;(4)政权被某个强人或小集团有限垄断;(5)大众参与受到当局压制。

威权主义这个概念之所以被采用,是因为相对于过去的专制主义或者独裁政体,威权主义拥有了一整套与自由民主政体无异的国家体系,包括宪法、官僚体制和选举,也给予国民一定的公民权利和福利,西方学者需要将这些国家政体从自由民主政体中区分出来。甄别威权主义和自由民主政体的办法有很多,比如,如果反对党长期以来无法跟执政党平等竞争,处于二等党的地位,就会被归入威权主义行

---

① 蔡爱眉:《起火的世界》,刘怀昭译,中国大百科全书出版社 2005 年版,第 11 页。

列;威权主义的政府要获得民众对其政权的支持,单一地仰赖于经济的持续增长,这也使得威权主义国家的政府比自由民主国家的政府,有更大的意欲对市场进行干预。

在一些西方学者眼中,只要是非西方国家的政体,都很容易被冠以威权主义的帽子。威权主义这个概念的意识形态色彩越来越重,成为西方学者用来贬低、抹黑非西方国家政体的一种话语工具。在这种情况下,威权主义已经失去了分析价值,无法用威权主义去区分目前非常多样化的非西方国家政体。

于是,有些学者为了加强威权主义在分析上的作用,就喜欢给威权主义加修饰语,比如什么新威权主义、选举威权主义、竞争性威权主义、半民主威权主义、绩效型威权主义、协商型威权主义、官僚威权主义、市场社会主导的威权主义、自我调适性威权主义、用户友好型威权主义,等等,可谓层出不穷,但并不能改变威权主义概念的贫乏。试想一下,当人们不断地给威权主义加前缀的时候,其实对政府形式分析的重点已经偏移了,因为更具有区分意义的是那个前缀,而不是它这个词本身。

3. 极权主义政体

德国政治哲学家汉娜·阿伦特创造"极权主义"这个概念,用来描述她曾经身处的纳粹德国。根据阿伦特及后来者的理论,极权主义应具备以下基本特征:(1)极权"元首"处于最隐秘中心的"洋葱头"式政治结构。极权主义的权力结构不是科层式的,相反它极力打破官僚制按部就班的制度约束,在这种层层封闭的结构中,最重要的是让处于"洋葱头"每一层的政治人物,都产生一种幻觉,以为自己生活在真实的世界里,因为他总能在洋葱头的里面一层发现比自己更疯狂的人。这样一来,洋葱头世界里的人都尽可能保持了对意识形态的狂迷。(2)存在一套全面渗透、作为最高统治依据的意识形态。在极权主义政体,是意识形态而不是宪法作为最高统治依据,为统治者提供统治的正当性,罪与非罪的标准取决于意识形态的政治正确,而不是法律规定。(3)存在一个由单个领袖统帅的群众性政党,排斥其他政党和社团的合法存在。(4)由忠于元首个人的秘密警察对社会和军政机构实施全面监控。(5)政府全面控制群众信息和新闻媒体。(6)政府控制和指挥整个经济系统。①

---

① 陈周旺:《理解政治现象:汉娜·阿伦特政治思想述评》,《政治学研究》2000年第2期。

从汉娜·阿伦特等人的极权主义概念中,不难理解其中大部分内容都来自对纳粹德国政权的直接体验。随着纳粹德国的消亡,极权主义概念的适用范围,便成为一个极具争议的问题。阿伦特自己认为名副其实的极权主义只有纳粹德国,连意大利墨索里尼的法西斯主义都谈不上是极权主义。有学者认为,随着纳粹政权的消亡和后来西班牙弗朗哥政府的倾覆,极权主义政体几乎可以被扔进历史的垃圾堆了。尽管作为政体的极权主义不复存在,但是在一些人看来,作为一种特质的极权主义还挥之不去。比如,马尔库塞(Marcuse)就认为现代社会的技术统治就是极权主义。

尽管如此,不少学者还是喜欢把极权主义这个在政体研究上已经过时的概念捡起来用。因为极权主义是一个很好用的意识形态标签,当人们不喜欢某个国家体制的时候,就可以用极权主义去批评他。冷战时期,西方学者和政客,把跟他们对立阵营的国家称为极权主义国家,同样地,那些不喜欢西方国家体制的学者,像马尔库塞这样的,也把西方体制称为极权主义,因为在西方工业体制中,充斥着各种技术监控、媒体对人的洗脑和控制,还有各种各样标榜的政治正确,非常符合极权主义的特征。对极权主义概念贴标签式的运用,实际上已经是一种滥用。滥用的结果,就是使极权主义越来越不像是一个理论概念,而像是一个文学修辞,是很多文艺青年在表达自己情绪的时候,喜欢使用的词儿。

总而言之,用政府形式来划分国家政体的做法,貌似时髦,实际上分析意义欠佳,而且越来越带有意识形态色彩,成为一种政治标签。因此,在政治科学大行其道之际,坚持用传统的制度主义方法研究政体的政治学者,还是企望回到政体的经典定义上,即以立法权与行政权的关系,来对待政体。

三、立法权与行政权的关系视角

政体的经典定义,就是指国家的组织形式。国家政权由一定的实体所组成,这些实体分化组合的原则、方式和相互关系,就构成了一国的政体。在这个经典定义里,区分不同政体的标准,就是立法权与行政权的关系。

从立法权与行政权关系来区分国家政体,是政治学的一个重大发展。它意味着我们对国家政体的理解,已经从古典的、对"谁统治"的关心,转变为对"如何统治"的关心,这是一个从 who 到 how 的转变。资产阶级革命之后,立宪共和体制的合法性基本确定下来了。尽管西欧大部分国家都保留了传统的君主制,但它们形成了"虚君共和制"的畸形组合。在这样一个阶段，再去简单地讨论"谁统治"，已经不能满足政治学解释政治体制具体运作的需要。对国家政体的研究，就转到了"如何统治"上。相应地，政体划分的标准就发生了变化。统治者人数的多寡作为政体划分标准，已经失去了分析意义。人们更关心在国家层面，立法、行政、司法三权的划分和它们之间的相互关系，以此去理解他们之间分化组合的方式。

因此，现代学者更多是从执政者的产生、统治方式与任职期限来认识国家政体。比如政治学学科的创建者柏吉士就概括了以下四种区分国家政体的标准：第一是按国家主权机关与政府机关有无区别，划分为直接民主制与间接民主制；第二是按国家元首的产生方式，区分为世袭制与选任制；第三是按立法机关与行政机关的权力关系，区分为内阁制与总统制；第四是按国家权力的集散程度，区分为集权制与分权制。① 这样的研究区分，表明了现代的政治学者希望通过对政体的研究，去了解一个国家最根本的政治制度安排和权力运作方式。

当然也有政治学者希望在理论上更进一步，特别是从"次级制度"而不是"顶层制度"来研究国家政体。立法、行政、司法三权关系都是"顶层制度"，这个制度在二战之后基本上没有什么大的变化，研究不出新意。政治学学者更关心从选举制度、政党制度、监察制度、中央银行制度、中央与地方关系制度这些次级制度，来理解国家权力的运作，划分政体类型。比较有代表性的是美国政治学者阿伦·李帕特（Arend Lijphart，也译为阿伦·利普哈特），他从选举制度的角度，将国家政体划分为多数民主制和共识民主制。② 基于多数决条件下形成的多数主导政党执政模式就是多数民主制；基于比例代表制的多党共识合作模式就是共识民主制。李帕特的意思实际是，立法权和行政权之间的关系，很多时候是由选举所产生出来的议会政党力量对比所决定的，所以要理解立法权与行政权关系，就要落实到次级制度上去。另外，如果中央银行是相对独立的权力机关，那么哪怕行政权力受到议会广泛的制约，也不能断言行政权力就一定是弱的。

通过立法权与行政权关系来划分政体，通常会把政体划分为议会制、委员会制、总统制、二元君主制（其中还包括法国的半总统制）。对这样一种政体划分方法，要注意以下三点。

---

① 转引自孙关宏等主编：《政治学概论》，复旦大学出版社 2004 年版，第 138 页。
② ［美］阿伦·利普哈特：《民主的模式：36 个国家的政府形式和政府绩效》，陈崎译，北京大学出版社 2006 年版，第 22—23 页。

第一,关于不同政体的命名问题。这些命名都是以实际权力中心来命名的。实际权力中心在议会,就是议会制;实际权力中心在总统就叫作总统制。在议会制中,如果出现主导性政党,既控制内阁又控制议会,意味着内阁成员在议会中将占有主导权,实际权力在内阁,那么又可以称为内阁制。当然,以上也不是一概而论的。

第二,之前学者研究政体,倾向于采取静态的制度比较方法,孤立地认识立法权与行政权的关系,忽略政党体系、选举制度、央地关系等次级政治结构。实际上更应将这些因素结合起来加以分析,这样才能超出原来纯粹法理学的解释,更多注重政治过程解释。

第三,一个国家选择某种政体,完全是基于这个国家的国情和政治条件,因此政体的设计也好,理解一个国家的政体也好,都是不可以脱离国情的,这样才能确保政体设计对其国民最大程度的包容性。凭空炮制或者照搬过来的政体,将不可避免地具有脆弱性。一个政体运作走向成熟,一定有其深厚的历史社会条件的支持。

第二节 议会制与委员会制

议会制是以议会为国家权力中心的政体,议会制主要有以下制度特征。(1)议会是最高国家权力机关,内阁作为最高行政机关,由议会产生,对议会负责。(2)议会制设"虚位元首",在保留君主制的国家,由君主担任国家元首;在共和制国家,由总统担任国家元首。(3)议会制通常是举行一次大选,选完之后通常由获得选票过半数的政党或者政党联盟组阁。(4)议会有倒阁权,如果内阁提案在议会得不到通过,内阁应辞职,或提请国家元首解散议会重新大选。议会制是最重要的政体之一。英国和法国之外的西欧国家大多为议会制。日本、以色列、新加坡、印度等也都是议会制国家。瑞士的委员会制也可以理解为议会制的一种变体,只不过它的内阁采取了行政权力分享的委员会模式。

一、议会制

在议会制下,有一个最高国家权力机关,那就是立法机关——议会。英国政体是议会制的原型,所以英国又叫作"议会之母"。在英国有一个说法:议会除了不能让男人变成女人、让女人变成男人之外,什么都可以做。也就是说,议会是万能的,权力是至高无上的。以民意代表机关即议会为最高国家权力机关,体现的是"人民主权"思想。

议会制通常又被称为"议行合一",最高行政机关内阁由议会产生,对议会负责。这是一条法理原则,也是一个制度规定。按照这条规定,所有的内阁成员首先必须是当选的议会议员。从法理上,这是为了体现议会是国家权力的中心,由议会来控制内阁。但是从政府过程来看,内阁由议会产生,恰恰是让内阁来控制议会。

如果大选产生出了过半数的主导性政党,由这个政党执政。该政党将按照"内阁由议会产生"的制度规定来组阁,也就是必须从本党当选议员中来挑选内阁成员。那么,什么样的本党议员会被选中进入内阁呢?当然是执政党的高层精英、骨干分子。这些在内阁担任要职的议员,同样也是议会党团中控制了执政党的人。在这种情况下就等于内阁控制议会,内阁才是真正的权力中心。

出现这种情况的前提是大选中产生了过半数的主导性政党。如果大选之后没有一个政党过半数,这些政党还要靠联合其他政党来组阁,那么就意味着内阁的权力结构,不过是议会权力结构的反映。在这种情况下,内阁的运作,都要取决于议会中政党力量之间的平衡、谈判和妥协,议会才是名副其实的权力中心。

那么,什么情况下会出现主导性政党呢?在很多学者看来,取决于选举制度。这里有一个"迪韦尔热定律"(Duverger's Law),是法国学者迪韦尔热提出来的。他认为,在实行多数决选举制度的条件下,容易形成两党制,而两党竞争容易产生主导性政党,因为总有一个政党过半数;在实行比例代表制的条件下,按比例分配选票,能够争取议席的政党就比较多,比较不那么容易产生出主导性政党,从而形成多党制。

在过去很长的时间里,英国都是两党制,就是内阁控制议会的模式,史称责任内阁制。英国的政体模式是"多数决+议会制",比较容易产生主导性政党同时控制议会和内阁的局面,又叫作"西敏寺政体"。① 现在英国虽然还是以多数决为主,唯北爱尔兰实行比例代表制,但是因为社会条件的变化,也逐渐向多党制过渡,不再是那么典型的"西敏寺政体"。欧洲大陆国家很多是多党制,大选之后很难有哪

---

① [美]阿伦·利普哈特:《民主的模式:36个国家的政府形式和政府绩效》,陈崎译,北京大学出版社2006年版,第7页。

个政党在议会里说了算,所以议会一直都是权力中心,内阁权力从属于议会党派斗争的结果。

如果是因为内阁由议会产生,才导致内阁控制议会,那为什么不能索性规定,内阁成员不能同时是议会议员呢?这样的制度安排并不是没有。卢森堡、荷兰和挪威等国家就规定,内阁阁员不能同时是议会议员。但是这样做,马上就会带来两个严重问题。第一,内阁很有可能失去议会的支持,所谓的胜选就失去了意义,本党控制的议会,不一定会支持本党的内阁,府院之争无休无止。第二,竞选会出大问题。如果内阁成员不能是议会议员,参选议员的一定都不是本党实力最强的党员,最强的党员都留着要进内阁。但是这批参加大选的本党候选人,他们到底能不能当选,又最终决定了那些坐享其成者,究竟能不能如愿以偿。如果这些候选人太弱,那么那些实力派也进不了内阁。所以,到底派谁去选,就成了大问题。基于这两个原因,内阁成员不能同时是议会议员的制度设计,并不太受欢迎。

议会制中不可避免的一种情况,就是大选之后没有一个政党在议会中过半数,这样就会出现两种结果。第一种结果就是多党联合执政;第二种结果,如果体制上"无授权要求",也就是说,只要新内阁无需议会正式投票来选举或批准即可就职,议会第一大党哪怕没过半数也会强行组阁,形成"少数派内阁"。二战之后,大部分多党国家都没有出现主导性政党,其中接近四分之一的内阁是少数派内阁。这个少数派内阁,铁定是不稳定的。二战期间,丘吉尔的内阁就是少数派内阁;1979年英国卡拉汉工党政府也是少数派内阁,这个内阁一个法案都没有通过,最后坚持了很久终于辞职了,这对工党是很致命的打击;一直到1997年布莱尔当选首相才翻身,时间已经过去了快二十年。

二、议会的倒阁权

在议会制中,内阁的权力是很大的。一个合理的政体设计,就要有办法制约内阁的权力。所以,倒阁权就成了议会制的关键制度设计。倒阁权是指,如果内阁提案得不到通过,内阁必须辞职,或提请国家元首解散议会重新大选。

内阁是从议会产生的,除了少数派内阁,内阁通常都得到议会多数的支持,那么什么情况下才会发生倒阁呢?通常有两种情况。第一种情况是执政联盟分裂,使执政党在议会中沦为少数;第二种情况是议会过半数的执政党内讧。那么,什么情况下执政党内讧呢？这也有人研究过，发现如果执政力量仅过半数，支持就强硬，如果优势明显，就容易内讧。比如，英国撒切尔夫人内阁时的保守党，因为工党一蹶不振，保守党优势太明显了。撒切尔夫人连任之后，保守党内部就出现内讧，以彭定康为首的"倒撒派"不遗余力反对撒切尔，最终导致后者辞职。

意大利经常发生倒阁，因为意大利的政治权力结构中，长期以来没有一个政党可以过半数。自1946年意大利共和国建立以来，先后出现了68届政府，45任总理，一届内阁的寿命平均只有13个月，其中贝卢斯科尼担任过3任总理，加起来成为意大利执政时间最长的总理。跟意大利相比，两党制的英国的情况好不到哪里去。二战之后英国没有一个首相的任期可以被4整除，这说明没有一个英国首相可以完整地做完任期。然而，英国的首相虽然都是提前下台，但是真正被倒阁的只有一次，那就是前文所提到的，1979年的卡拉汉工党的少数派内阁。

可见，倒阁也是有门槛的，不是随便否决了内阁的提案就能让它辞职。这个门槛叫作"不信任投票"。不信任投票就是指，当内阁提案在议会得不到通过，就可以进入不信任投票的程序，议会必须通过对内阁的不信任案，才能倒阁。这等于给倒阁权设置了一个缓冲，避免倒阁权的滥用。联邦德国1949年宪法更规定"不信任投票必须是建设性的"，即提出一名新总理人选。这个门槛就很高了。前文提到撒切尔的内阁，尽管屡屡遭受党友逼宫，但每次都能在不信任投票中涉险过关，最终还是以撒切尔主动辞职了结政争。

倒阁权是议会制约内阁的制度手段，但它的意义绝不仅仅是制约，更重要的是用来解决"政治僵局"。现代国家政体的共同特征是权力分化，分化为立法权、行政权、司法权等，权力分化就会产生出斗争和制衡，导致政治僵局。议会和内阁之间因为政策分歧出现政治僵局，是司空见惯的。有的政治僵局可以通过台下的讨价还价来解决，解决不了就要诉诸制度。倒阁就是解决政治僵局的办法，因为它有两败俱伤的特征，反过来也约束政客们不要轻易动用倒阁权。内阁提案在议会未获通过，内阁辞职，解散议会重新大选，等于让选民重新做一次选择。选民投票就是对这个争议政策的表决。支持政策的就投票给支持政策的候选人，反对政策的就投票给反对政策的候选人。新的议会内阁产生了，政治僵局也就解决了。

然而，倒阁权并不是解决政治僵局的唯一制度。同样引人注目的制度还有全民公决（referendum），又被称为公民投票。全民公决是指由全体选民针对某一项议题进行投票表决，按少数服从多数原则做出决定。全民公决是代议制国家的一种直接民主制，往往针对社会争议性较大、容易导致立法与行政僵局的决策。全民公决与倒阁权比较，有以下特征：

第一，从性质上，倒阁是民主，全民公决是民粹。如果保留原来的议会和内阁，进行了全民公决，不管议会和内阁对政策持何种态度，他们都将不得不接受全民公决的结果。这就出现了两套代表体系，一套是支持全民公决结果，另外一套是不支持全民公决结果的。在这种情况下，就很难断定谁更具有合法性。比如，英国全民公决要脱欧，但是原来的那个议会和内阁权力结构还有很大的势力不愿意脱欧，而脱欧的具体工作又要靠他们来实施，这将导致进一步的政治僵局，最后还是要靠解散议会重新大选来解决。

第二，从议题上，学者大多对全民公决持怀疑态度，认为这不是一个好制度，看上去好像把权力交给了人民，其实不然。凡是全民公决的议题，一定是造成社会分裂的议题。要知道，通常是社会上民意百分之五十对百分之五十的议题，才会交给全民公决。如果不是这样的话，社会上出现一边倒的意见，在议会和内阁里也不会出现政治僵局。这样的议题交给全民公决，只会加剧社会的分裂。一个议题最终无论通过与否，得到过半数支持，同时也面临接近半数的反对。

第三，从过程上，全民公决议程一定是由议会中的少数派来发起的。少数派因为无法在议会中获得过半数支持，倾向于绕开议会来推动自己喜欢的政策。他们的唯一办法就是制造舆论，把自己包装为多数。全民公决的实质，就是大选中没有获胜、在议会中处于劣势的政党，通过这个办法来瓦解上次大选的结果，不承认败选，挑起这种斗争，这是典型的以民粹来反对民主。

第四，从制度上，只要搞全民公决就一定是多数决，因为要么是"是"，要么是"否"，两者选一，这是非常典型的多数决。然而，不少议会制国家实行的是比例代表制，它们之所以接受比例代表制，就是觉得比例代表制才能真正表达民意。但是只要一出现政治僵局，就用全民公决的多数决来反对比例代表制的结果。这等于凡是存在重大争议的决策，都只能通过多数决来解决，这跟这些国家采纳比例代表制的初衷是格格不入的。

以上就是为什么很多国家宁可大费周章倒阁，也不喜欢搞全民公决的原因。倒阁权虽然容易造成政局不稳，但还是值得的，因为这是维护政体和建制的一种做法，通过倒阁，最后还是把决定权交给了议会和内阁。全民公决则是充满了不确定性和风险的做法,它是对议会和内阁权力的一种否定,是对原有政治建制的一种破坏,意味着这些政治建制解决不了问题。

三、委员会制

瑞士的委员会制,是议会制的一个变种。瑞士的最高国家行政机关为委员会,委员会由议会选举产生,向议会负责。与议会制唯一的不同是,瑞士由一个7人组成的委员会而不是由内阁总理或首相来领导行政权力,一切政务均由委员会集体讨论决定。瑞士的国家元首,由委员会的7名委员轮流担任。因此,李帕特将瑞士的委员会制概括为"行政权分享的制度"。

瑞士采取委员会制,跟瑞士多民族国家的建国历程不无关系。瑞士建国之前,经历了长达一百年的族群冲突和战争,是整个欧洲最为动荡不安的地区。这些冲突的种族最后经过协商,建立了现在的瑞士共和国。① 为了保证每个族群都能够在国家体制中有所代表,从联邦制、选举制度和政体安排,都以权力分享为基本原则。

因此,瑞士政治长期以来形成了一个"神奇公式",也就是当选的委员会里,始终是2∶2∶2∶1的模式,也就是说,有4位是讲德语的,分别来自不同的德语区,有2位是讲法语的,有1位是讲意大利语的。② 这个委员会的比例与瑞士的人口结构比例惊人接近,实际上是族群投票结果的反映。

瑞士的委员会制也隐藏着危机。在这种典型的多党体制中,倘若有某一个政党在特定条件下,拥有了过半数的支持,就可以轻而易举地打破神奇公式,并且利用本党的执政优势,使瑞士永久走向一党制。因此,瑞士的委员会制是需要选民和政治从业者共同小心维护的。

第三节 总统制与二元君主制

与议会制相比,总统制比较复杂,因为世界上存在的总统制不止一种,有美国

---

① [美]查尔斯·蒂利:《欧洲的抗争与民主》,陈周旺、李辉、熊易寒译,格致出版社2008年版,第169页。
② [美]阿伦·利普哈特:《民主的模式:36个国家的政府形式和政府绩效》,陈崎译,北京大学出版社2006年版,第24页。

三权鼎立的总统制,也有法国的总统凌驾于三权之上的总统制。在西方发达国家中,实行总统制的国家并不多见,只有美国和法国。后来又增加了韩国、转型之后的原苏东国家等。大部分实行总统制的,都是二战后随民族解放运动而成立的新兴国家,这些国家的总统制,与美国和法国的总统制又存在天壤之别。

除了议会制和总统制之外,世界上还有一些国家保留了传统的君主制,由于其糅杂了一些现代制度因素,因而又被称为"二元君主制"。

一、美国总统制

美国总统制具有以下基本特征:(1)议会、总统和最高法院分别掌握国家立法权、行政权和司法权;(2)总统集国家元首与行政首脑于一身,内阁成员由总统任免,对总统负责;(3)总统独任,内阁不连带,也不完全由总统任命,形成白宫与国务院两套行政系统,也就是说,内阁可以辞职,但不影响总统继续任职;(4)有两次大选,分别是总统选举和议会选举,总统和议会的权力都源于选民,互不归属。

关于美国总统制,最著名的说法就是"三权分立"或者"三权鼎立"。三权分立是指,美国不存在一个最高国家权力,像英国的议会那样是国家权力中心,美国的立法、行政、司法三权是平行的,议会、总统和最高法院分别掌握国家的立法权、行政权和司法权。

三权分立又叫作三权制衡(check and balance),立法权、行政权和司法权相互制衡,比如议会可以否决总统提名的部长人选;总统可以否决、搁置参众两院通过的决议;联邦最高法院拥有违宪审查权,等等。三权分立的理论基础是"以权力制约权力"的学说,该学说来自《联邦党人文集》,美国的建国者们认为不受制约的权力必然会被滥用,或者导致腐败。[①] 事实上,"以权力制约权力"的学说还有一个更重要的理论基础,那就是有限政府的学说,该学说来自约翰·洛克,认为政府管得越少越好,应该尽量把权力留给市民社会。以权力制约权力的客观效果,就是政府什么都做不了,可谓正中资产阶级市民社会下怀。

从制度设计上,三权分立的说法,其实是一种误导。因为,三权分立的前提是立法、行政和司法三权的交错设置。总统有立法否决权、提案权,也就是立法权;最

---

① [美]汉密尔顿、杰伊、麦迪逊等:《联邦党人文集》,程逢如等译,商务印书馆1995年版,第252页。

高法院有司法解释权、违宪审查权，也就是立法权和行政权；议会有任命权、财政预算案等法案审批权，也就是行政权。与其说是三权分立，不如说是三权的交叉模糊，而这也是美国的三权分立不容易复制的原因之一，因为三权的权责分工非常复杂和模糊，同时必须辅以大量的法律条文来规约，因此美国的政客都十分仰赖自己的律师团队。在大多数国家中，立法、行政、司法三权都有明确的分工，做到分权根本不难，而美国的三权分立的困难，就在于三权交错设置，其结果就是：权力边界模糊，权责不清，互相扯皮，当然也可以用来互相甩锅。比如总统对外签署了某个经贸协议，事后又反悔，可以动员参众两院否决协议。这是与美国这样三权模糊的国家进行外交谈判所应该特别留意的"陷阱"。

三权分立是美国政治制度的命根子，所以美国的政治人物都要小心翼翼去维护它。2000年美国大选，民主党候选人戈尔在总得票高于小布什50万票的情况下输掉总统选举，通过联邦最高法院打官司，想拿下总统宝座，最后还是没有成功。一个很重要的原因就是，如果联邦最高法院支持了戈尔，就意味着联邦最高法院可以决定美国总统的归属，那它就成为最高国家权力机关，美国三权分立体制就不复存在了，谁也不敢贸然去挑战这个制度，戈尔只能饮恨。

在三权分立的总统制下，因为三权是平行的，特别是总统和议会是选民分别选出来的，在权源上互不归属，所以美国没有倒阁权，只有弹劾权。弹劾权只有在美国总统存在违法犯罪事实的情况下才会发生。美国历史上被弹劾的总统只有克林顿和特朗普，不过都没有成功。尼克松在"水门事件"中差点儿被弹劾，之所以说"差点儿"，是因为尼克松被弹劾之前就辞职了，所以弹劾也就没有发生。

美国也不是没有想过搞倒阁权。至少卡特总统曾经想这么干过，但是没有成功。当时，正中下怀的参众两院都毫无悬念地通过了法案，但是在州一级，议会表决过半数的州没有通过四分之三的门槛，该宪法修正案被否决。这也让美国政治学者认清了一个事实：倒阁权必须有一个文化条件，那就是，选民在重新大选时愿意改变他上一次大选的选项。据观察美国并不存在这种文化，一旦重新大选，美国选民会顽固地把上一次属意的名单，重复勾选一次。

二、法国的半总统制

法国的总统制与美国有很大差异。法兰西第五共和国的总统制，被称为"家长制的三权分立",总统凌驾于立法、行政、司法三权之上,内阁成员由总统任命,对总统负责。总统既是国家元首,又拥有实权,对全民负责,而不对议会负责,是真正的大家长,而且从戴高乐开始,法国总统的任期长达7年,一直到希拉克才改为5年。

法国的总统制,一直被冠以"半总统制"的说法。这个说法很容易让人产生误解,觉得法国总统的权力好像只有美国总统的一半。但是事实上,法国总统的权力比美国总统大多了。事实上,半总统制并不是说法国的总统权力小,而是对总统制与议会制两者关系的描述,指法国政体是在总统制和议会制之间摇摆、徘徊。法国"家长制的三权分立"的基础是总统和议会多数党同属一个政党,总统权力在议会获得多数支持,这样总统宝座才能坐得稳如泰山,否则的话,议会多数党支持的总理,其权力就会超过总统的,总统容易被架空,这种情况下,议会制就会凌驾于总统制之上。其实最符合字面上半总统制意义的国家是芬兰,因为芬兰总统与议会之间的权力是势均力敌的,但是芬兰经常被划到议会制国家,而不是什么半总统制国家。

法国之所以被称为半总统制,是因为法国的大选制度,完全可能导致第二种情况,也就是法国著名的"左右共治"。左右共治是指左翼政党与右翼政党共同执政。如果总统是一个政党,而议会多数党是另一个政党,这种情况下总统和议会以及议会产生的总理内阁,一定存在比较尖锐的矛盾。如果得到议会支持的总理抢总统的风头,法国就会由总统制转变为议会制,"半总统制"就可以理解了。

法国为什么会出现"左右共治"呢?是因为法国总统的任期是7年,国民议会的任期是5年,他们的任期是不一致的,大选也就不同步。国民议会换届的时候,总统还在任职;总统换届的时候,国民议会还没到期换届。

这就涉及选民的心态。世界上主要有两种选民。一种选民是喜欢政府多做事,他们就希望议会和总统是一个政党,要么都左,要么都右。如果现届议会是左翼政党或者政党联盟主导,大选时他们就投左翼的总统候选人,反过来也一样。还有另外一种选民,喜欢政府越不管越好,最好什么都做不了,他们希望议会和总统掐架,互相牵制,自己看热闹。同样面对左翼政党控制的议会,他们就在大选中投给右翼的总统候选人,反过来也一样。法国的选民大体上更接近第二种情况,喜欢总统和国民议会由不同政党来把持。近年来,美国的选民也有这种趋势,使美国在三权分立体制下,造成政治僵局风险大增。欧洲其他国家的选民可能也是这样,但是因为他们采取议会制,在议行合一格局下,可以尽量避免这个麻烦,然而越来越多的少数政党执政,也严重影响欧洲政治的稳定。

左翼社会党密特朗当总统的时候,法国选民在议会选举中就投给右翼,总理就成了希拉克。密特朗总统后期,权力都旁落于希拉克。希拉克当选总统之后,也遇到了同样的事情,选民选了左翼议会,若斯潘使希拉克黯然失色。但是轮到总统换届,选民还是选了希拉克。希拉克在2000年推动了宪法修改,从2002年起将总统任期改为5年。从戴高乐改制算起,这一年正好是第35年,国民议会和总统的任期将在2002年第一次重合。由希拉克来做这个事情最合适不过。他是法兰西共和国两次"左右共治"的亲历者,深得"左右共治"的好处,也深受其害。这样,从2002年起,总统和国民议会就在同一年换届,法国结束了"左右共治"的时代。

但是,法国选民也拿出了他们的态度。"左右共治"结束之后,法国长达20年都没有总统可以成功连任,直到马克龙才打破这一宿命。法国大选安排在同一年,不过还是有先后之分,先选总统,再选议会,间隔两个月,因为法国经常要进行两轮决选,要为总统选举留足时间。当然这里存在一个制度问题。总统当选后就提名总理人选,以推高本党议会选举的人气,这是一种趁热打铁的助选,但是万一他所在政党在国民议会选举中失利,总理就白提名了。同样的情况,也会发生在韩国这样的总统制国家。

世界上大部分共和制国家,除了美国之外,都有总统,也有总理。在议会制下,总理是行政首长,总统是虚位元首;在总统制下,总统是国家元首也是行政首长,但是由总理领导内阁,承担政治责任,总统经常通过撤换内阁来转移矛盾。不过,要真正区分总统制和议会制,有时候并不是简单的事情,像法国这样的半总统制,还可以在总统制和议会制之间随时腾挪转换。比如南非和博茨瓦纳,这两个国家是相邻的,各方面条件都很相近。它们常常会被认为是总统制,因为它们的行政首长都是总统。实际上南非是议会制,总统其实是议会多数支持的总理;博茨瓦纳说自己是议会制,但其总理同时是国家元首,所以把自己叫作总统。

判断总统制还是议会制,还有一个办法,就是举行大选的次数。议会制只有一次大选;总统制有两次大选,一次选总统,一次选议会。1996年,修改宪法的以色列是一个例外,这个新宪法规定,一旦发生倒阁,解散议会重新大选,总理就由选民直接投票产生,那这就变成两次大选了,总理就不再是总理,其实是总统了。后来以色列无法坚持这个做法,又恢复了原来的选举办法。

三、二元君主制

除了议会制和总统制,世界上还存在不少国家,它们保留了传统的君主制,并未向现代政治体制转型,只是在政府结构上,借鉴了一些现代政府的制度形式。这种国家政体,被称为二元君主制。二元君主制的特点是:(1)君主是国家政权的中心,不受其他权力机构制约;(2)君主是世袭的,没有任期限制;(3)在君主制之外建立了一套现代政治体制,君主权力在一定程度上受到宪法的限制。

二元君主制一般出现在现代化起步较晚、君主制传统较强的国家,是君主主动现代化的结果。在中东,沙特阿拉伯、科威特、阿拉伯联合酋长国、约旦等都是二元君主制国家;在南亚,转型之前的泰国、尼泊尔和不丹等也是二元君主制国家;在南太平洋,汤加是唯一的二元君主制国家,近年来也逐渐转型。

泰国是一个历史悠久的君主制国家,泰王在政治上具有举足轻重的地位,泰国也是近代以来为数不多没有被西方殖民过的国家之一。19世纪末泰王主动发起改革,引入了现代政治制度。1940年前后,经过一系列政治斗争,泰国的君主立宪制终于稳定下来,但是与通常的君主立宪国家不同,泰国的军队仍然听命于国王,使泰国政体依然具有二元君主制的某些特征。

尼泊尔是东南亚另一个拥有漫长君主统治历史的国家。20世纪90年代以来,在比兰德拉国王治下,形成了典型的二元君主制。君权和宪制体平行运作。但是2001年发生皇室惨案,比兰德拉皇室成员全部遇难,比兰德拉的弟弟贾南德拉继承王位,不久即遭遇大规模反对,最终在2008年逊位,尼泊尔举行了民主选举,成立了尼泊尔共和国,结束了尼泊尔二元君主制的历史。

议会制和总统制两种政体经常会被拿来比较。总的来说,早期的现代化国家,采取议会制的比较多,因为这些国家大多保留了它们原来的君主制;二战后的新兴国家,究竟是采取议会制还是总统制,则取决于其建国的历史条件,其中有相当多的国家采取了总统制。近年来,菲律宾、阿根廷等国家,都曾经考虑从总统制向议会制过渡,而伊拉克、尼泊尔等国家,在国家重建进程中都倾向于采取议会制,这表明议会制相比总统制在转型国家中更加受欢迎。

政治学者指出了议会制相比总统制的优势,主要有以下几方面:第一,议会制下,行政和立法之间的权限比较清晰,反而有利于各方力量合作;第二,在议会制下,内阁自由裁量权更大,因为不需要与立法机关谈判,甚至凌驾于议会之上;第三,总统制容易造成立法和行政之间的僵局,立法机关和总统没有合作动机①;第四,在议会制下有倒阁权,内阁的任期并不是固定的,但是在总统制下,总统的任期固定,即使遇到政治危机也是内阁辞职,总统通常都可以完成任期。

中国的国家政体是人民代表大会制度,这也是中国的根本政治制度。人民代表大会制度不同于一般意义上的议会制政体,在人民代表大会制下,执政党最高领导并不担任行政首长,而是担任国家主席。国家主席由执政党的最高领导人担任,他既不等同于议会制下的虚位元首,也不等同于总统制下兼任行政首长的总统。这恰恰是人民代表大会制度作为国家根本政治制度最重要的优势。

人民代表大会制度可在执政党与国家机构之间建立政治上的有机平衡和合理的权力分工。第一,确保立法权的权力中心地位。执政党的最高领导不担任行政首长,是为了避免行政机构的权力凌驾于立法机构之上,导致权力行政化。由同时兼任总书记的国家主席来任免国务院总理,确保人民代表大会无论宪制地位还是政治过程中都保持权力中心地位,真正落实人民民主。第二,确保党的权力与国家权力的有机统一。执政党的最高领导人不担任行政首长,可以处于一个相对超然的地位,来处理执政党与行政权的关系;但是总书记不是在国家体制之外来影响行政权,他通过担任国家主席进入国家体制之内,以同时担任国家主席和总书记的双任职,实现党对国家的领导。第三,确保立法权与行政权的高度协调。执政党最高领导人的超然地位,可以避免一些西方国家中常出现的政治僵局。作为国家主席的党的总书记,可以通过执政党内部机制来实现立法权与行政权的协调。正是因为人民代表大会制度这样的设计,保证了党政系统的相互配合、有机统一。

总而言之,政体是一个国家最根本、最重要的政治制度设计。要了解一个国家的政治,首先就要认识这个国家的政体。政体是一个万花筒,不同国家有不同的政体,从根本上取决于一个国家特定的历史、社会、文化特质。

---

① [美]斯蒂芬·海哥德、罗伯特·考夫曼:《民主化转型的政治经济分析》,张大军译,社会科学文献出版社2008年版,第388—391页。

本 章 小 结

政体是一个国家的根本政治制度,也是一国政治的头等大事。关于政体的定义,政治学者的分歧非常大。我们区分出认识政体的三种视角,分别是国体视角、政府形式视角、立法权与行政权关系视角。每一种视角都有其侧重点和分类依据,也难免有其不足。最常用的政体类型划分,是从立法权与行政权关系,将政体划分为二元君主制、议会制、总统制和委员会制,其中又以议会制和总统制最为常见。议会制的特征是以立法机关作为国家权力最高机关,以英国为代表。总统制的特征是立法机关、以总统为首的行政机关与司法机关处于平行的权力地位,以美国为代表。总而言之,不同国家有不同的政体,一个国家采取什么样的政体,从根本上取决于其特定的历史、社会、文化特点。

思考题

1. 政体的定义是什么？国体、政体与政府形式的联系与区别是什么？
2. 议会制的基本特征是什么？如何理解议会的倒阁权？
3. 总统制的基本特征是什么？如何理解三权分立的体制？
4. 法国的政体为什么被称为半总统制？

延伸阅读书目

1. 曹沛霖、徐宗士:《比较政府体制》,复旦大学出版社1993年版。
2. [美]阿伦·利普哈特:《民主的模式:36个国家的政府形式和政府绩效》,陈崎译,北京大学出版社2006年版。

3. [美]加里布埃尔·阿尔蒙德、拉塞尔·J.多尔顿、小 G.宾厄姆·鲍威尔等:《当代比较政治学:世界视野》(第八版),杨红伟、方卿、吴新叶等译,上海人民出版社 2010 年版。

第六章
政　　府

在现实的政治实践中,政府无疑是最重要的,也是我们日常接触最多的政治行为体。如果说国家是一个比较抽象的概念,那么政府就是实实在在摆在我们眼前的政治组织,几乎我们每个人每天都要与政府打交道。作为政治学的重点研究对象,到底什么是政府呢?不同国家的政府又有什么样的区别?政府这个政治行为的主体应该具备哪些职责和功能?这些都要通过现代政府的基本原理来回答。

第一节　政府的定义

只要存在政治统治,政府就是不可或缺的,因为政府就是执行政治统治的机构。古今中外的政府都经历了一个漫长的历史演变进程,到了现代,政府的机构和职能都越来越完备和复杂,对政府的研究显得更为必要。

一、政府的概念

英文"政府"一词 government 的动词形式 govern 源于拉丁文 gubinere,原指驾驭、掌舵,后引申为指导、管理和统治之意,其名词形式则指进行管理和统治的实体组织形式,也就是我们今天所指的政府。近代之前欧洲并没有形成统一集中的政府权力,在宫廷软弱、王权分散的状况下,臣民依赖封建的领主—附庸关系寻求自保。绝对主义国家时期形成相对稳定的官僚治理机构之后,西欧才有对政府的确切描述。法国学者让·布丹(Jean Bodin)区分了政府与国家,英国学者洛克在《政府论》一书中把政府界定为受人民委托行使公共权力的"裁判者"。随着自由资本主义社会的发展,政府体制取代政府价值成为政府理论的核心,以约翰·密尔为代表,认为政府机构和体制的设计对于政府至关重要,但仍停留于对政府的静态理解。在当代政府体制已经基本成熟定型的条件下,美国政治学者则从政府过程而不是从政府体制的角度来界定政府,阿瑟·本特利在《政府过程》一书中,认为"政府由表现在政府中的群体和利益集团的活动构成"。① 这样,对政府的理解也就从静态走向了动态。

中国古代典籍中的"政府"乃指宰相办公的场所。《资治通鉴》载"李林甫领吏部尚书,日在政府"②,《宋史·欧阳修传》中有"其在政府,与韩琦同心辅政"③一说。后"政府"一词外延扩大,乃统指行政官僚办公的场所和机构,中国政治学学者邓初民就将"政府"界定为"执行政治任务、运用国家权力的一种机构"。④

对于政府,在政治学上有广义和狭义两种理解。广义的政府泛指各类国家权力机构,即立法、行政和司法机构的总称。从这一意义理解,凡具有公共性的部门都可以称为政府,政府所对应的范畴是公民,政府权力来源于公民的同意或委托,对公民负责,并接受公民的监督。狭义的政府仅仅是指国家机构中执掌行政权力、履行行政职能的行政机构。对政府的狭义理解,是近代资本主义社会对国家权力进行限制和职能分工的产物,即把国家权力划分为立法、行政和司法三权,而把政府归结于行政权力。从这一意义理解,政府只是公共权力的一个组成部分,政府所对应的范畴除了公民,还包括立法和司法机构,要受到后者的制约或监督。从国家权力运作的历史经验和现实实践来看,仅仅囿于行政机构来界定政府存在一定的困难。在传统社会,国家权力往往是不作严格划分的,而在现代社会中三权的划分也"有名无实",纯粹行政意义上的政府并不存在,各国的行政机构都或多或少承担一定的立法和司法功能,或者与立法、司法机构形成权力相互渗透的关系。因此,纯粹从行政权力的角度来理解政府,不易形成对政府的全面认识。基于此,本教材所采取的是对政府的广义理解,即把政府界定为立法、行政和司法等国家机构的总称。

---

① Arthur Bentley, *Process of Government: A Study of Social Presssures*, Chicago University Press, 1908, p. 270.
② 〔北宋〕司马光编撰:《资治通鉴·四》,卷第二百一十五,唐纪三十一,邬国义校点,上海古籍出版社2017年版,第2411—2424页。
③ 张中山:《读欧随笔》,陕西师范大学出版社2017年版,第337页。
④ 邓初民:《新政治学大纲》,商务印书馆2017年版,第109页。

二、政府与国家

在界定政府这一概念的时候,我们需要区分的是日常生活中会经常替换使用的另外一个概念,那就是国家。我们经常会说有困难找政府,我们有时候也说有困难可以找国家。造成这种混淆的原因在于,近代以来国家的功能已经越来越依赖于政府的权力运作和职能履行,政府作为国家的具体化身,或者说是具体掌握和实施国家权力的机构,在很多方面已经实现了对国家的功能替代。在现实政治生活中,人们往往只见政府不见国家,但是在理论上,对两个概念做一些澄清就很有必要了。一般来说,我们认为政府和国家两者之间的区别联系包括以下四个方面。

第一,政府是一个国家的必要组成部分,国家的概念比较大,它可以涵盖政府,但是它又不仅仅包括政府,它还包括国家的主权、人民,甚至包括地理范围。

第二,国家是一个主权的概念,政府是一个政权的概念,所以这两者表达的意思是不一样的。

第三,公民可以合法地挑战政府,但是他不能够合法挑战国家。比如,如果政府侵犯了公民的权利,那么公民可以起诉政府,向政府申诉,得到公正的对待,等等。甚至在欧美很多国家,公民如果对政府特别的不信任,议会甚至可以解散这个政府。但是国家就不同了,公民是不能够合法地挑战国家的,不能够背叛国家的,如果他这样做就一定是不合法的。

第四,政府的正常更替不会带来国家的崩溃,比如在美国,它的政府每隔几年就会选举一次,政府的最高领导人总统都更换了,但这个国家还在,政府经常会换届,但国家是不能更替的,国家更替意味着这个国家的灭亡。

综上,政府和国家的涵盖范围和内容所指是不一样的,从理论上应明确加以区分。

三、政府的构成

政府权力包括立法权、行政权和司法权三个部分。在现代政府中,基于职能分工或权力制衡的要求,三权之间一般都会形成相对独立的结构体系,包含不同的权力内容。

1. 立法权

立法权是国家最高权力,统治阶级的意志通过立法权的运用,上升为国家意志,对整个社会具有普遍的约束力和强制力。立法权的范围有广义和狭义两种理解。从狭义上说,立法权仅指制定和修改宪法,制定和修改刑事、民事和其他基本法律等政府权力;广义的立法权除了指制定和修改法律之外,还指由此延伸出去的对国家重大问题的决定权,包括选举国家元首,决定行政机构首脑,审查和批准国家预算和决算,决定战争与和平问题,罢免国家元首和行政首脑,监督财政,批准条约,批准对官吏的任命,监督政府的活动,等等。可见,广义的立法权并不纯粹,在很多方面涉及了行政活动的内容。

一般而言,立法权由立法机构行使,其权力运作的基本方式是集体讨论和投票表决。立法权的特点是显著的。第一,立法权有一定的滞后性,虽然有些国家在立法机构中设置了常年制议会,但以立法的方式对社会环境的变化加以应对难免相对迟缓。第二,立法权具有审慎的特征。由于立法活动对国家具有重大的影响,不能草率为之,而要在充分讨论的基础上以民主投票的方式来决定。一项立法往往要经十分繁琐复杂的程序才能获得通过,如立法活动中的"三读"程序,目的都是为了维护立法的严肃性和权威性。因此立法权的行使往往重民主而轻效率。第三,立法权的基本原则是少数服从多数。在一人一票的条件下,立法权重投票的数量而非投票本身的质量。一般的法律草案都要在所有投票人中过半数甚至过三分之二投赞成票的情况下才能获得通过,成为正式的法律规范。少数要服从多数的决定,但其意见可以保留。第四,立法权的效力具有持久性和稳定性。一项立法一旦作出,便对社会具有相当持久的效力,不能轻易更动,法无常法就会导致社会动荡。立法权的稳定乃是社会稳定的重要标志。是故立法权虽然相对滞后,但立法之内容则必须具有前瞻性,着眼于长远之计,方能确保自身效力之持久性。

2. 行政权

行政权是对国家意志的执行权,并且特指国家行政机构对社会事务的管理权力。行政权一般包括根据宪法和法律制定行政法规和采取行政措施,发布行政命令,向立法机构提出议案,统一领导行政部门工作,编制和制定国民经济和社会发展计划,领导和管理经济、社会、教育、科学、文化、卫生和体育等工作,管理对外事务,同外国缔结条约和协定,维护国家安全,以及关于行政机构内部编制和人员的管理,等等。

行政权一般是由行政机构行使,以自上而下的命令指挥方式加以贯彻实施,但是涉及重大问题的决定仍然可能受到来自立法机构和司法机构的掣肘。行政权的特征表现在以下四个方面。第一,行政权具有集权特征。与立法权坚持少数服从多数的民主原则不同,行政权强调权力履行的等级制特征,行政命令自上而下进行贯彻,下级必须服从上级,对上级负责。第二,行政权以效率作为首要目标。行政权所追求的是以最小的成本获取最大的收益,在公平与效率进行平衡时,行政权很多时候需要牺牲公平来提升效率。因此,许多国家希望保持行政人员在党派倾向上的中立性,也就是马克思·韦伯所说的官僚机构的非人格化特征。第三,行政权具有经常性。行政权涉及的都是社会日常性的、具体的管理项目,因而行政权的履行也必须具有经常性,迅速及时地对社会变化作出有效的反应,乃是行政权的内在要求。第四,行政权是一种积极的权力。这里所指的是,就行政权与社会的关系而言,它是一种主动的权力,即行政权对社会的管理是相对积极的,并且存在主动扩张职能的可能。由于行政权的上述特征,它的权力作用往往成为政府与社会关系的直接体现,因而社会力量对行政权也就更为敏感,以规限和监督权力的方式来保证行政权的合理性和有效性。

3. 司法权

司法权是最古老的一种政府权力。早期人类社会并不存在专门的立法机构和立法活动,一直到近代人们还把议会视为司法机构而非立法机构。至于行政权乃是国家形成之后才确立的,在此之前只存在一般意义的管理活动而已。相反,早期人类社会的公共权力都体现为司法活动,即借助公共的强制力维持社会秩序,进行利益仲裁。政治共同体可以在无法律的条件下,由传统和习惯法来维持,却不能没有司法权力而存在。在此意义上,司法活动实质上是最为本源的政治活动。正因为司法权这种本源特征,它乃是立法权和行政权的渊源所在,相对于立法权与行政权而言,传统上司法权具有独立性,这种独立性是历史地形成的,并非人为设计的结果。立法机构和行政机构在现代政治生活中的地位上升,司法机构的地位则在下降,其原因是深刻的:正是由于司法权超然独立的地位使之与日常政治生活相疏远,但也因此而使司法权保持了对立法权和行政权的监督和制约,政府权力具有内在的自我批判性。立法权的基本原则是少数服从多数,但是对少数的合法权益的保护只有通过司法权来实现,如少数在法律通过之后向法院申请裁决。司法权对行政权的制约则通过控诉制度来实现。公民针对行政权的不当行使,可以依照法律程序向有关法院提出法律救济要求，以维护自身的合法权益。这样，司法权成为保障公民合法权益不受其他社会成员和政府侵犯、维持社会平等和正义的重要力量。

一般而言，司法权的内容包括根据法律接受诉讼，审理案件，开展司法调查，其目的在于保障公民的合法权益，以及惩罚犯罪。在一些国家和地区，司法权还包括对宪法和法律的解释权，这样司法权也就具有立法的性质。司法权由各级法院履行，有的国家和地区在法院系统之外另设检察院行使法律监督等司法权力。

司法权与其他政府权力相比，具有明显的特征。第一，司法权具有基层性。与行政权一样，司法权也是经常性的权力，同时司法权还具有基层性质，即在司法权的运用中，政府是直接面对公民的。实质上，政府的基层权力一般都带有司法性质，如行政权在基层运作时所出现的自由裁量就具有司法性质。第二，司法权的基本原则是"自然公正"，指的是法官在审理案件时不得有所偏袒，必须给予控辩双方充分的申诉权利。"自然公正"原则的维护，需要以一系列机制为条件。其中最为重要的有二：一是司法程序的正当性，即审判必须严格遵循有关的法律程序；二是法律面前人人平等，不能存在任何歧视，尤其是必须强调"无罪推定"的原则，即被告未经法院判决的情况下应当被认为是无罪的。如果在司法中作"有罪推定"，或不依正当的司法程序进行审判，都会妨碍司法公正。第三，司法权是一种消极权力。"不告不理"乃是司法活动的通则，即，未经正式起诉，法院不得擅自审理案件。司法权的消极性还表现在它是就事论事的，司法裁决的对象是具体的案件，而非具有普遍约束力的一般性决定。从这一意义上，与行政权的自我扩张倾向不同，司法权总是节制的。① 司法权的这种节制性，是避免政府权力走向独断的重要保障。

综上所述，立法权、行政权与司法权各有其功能和特征，由特定的政府机构来履行，这种差异性决定了政府权力的基本结构。但是，前已述及，立法、行政与司法三权并不是纯粹的，而是相互渗透的，都不同程度地融汇了各自权力的内容和性质。这种权力的相互渗透也体现在各政府机构之间的权力交叉设置上，如一些行政机构拥有立法否决权、行政立法权以及部分司法权，一些国家和地区的最高法院也通过法律解释权来作实质性的立法工作。政府权力在政府各机构之间的相互渗透，将对政府权力结构的变动构成影响。当前在许多发达国家，由于立法权重民主

---

① 胡伟：《司法政治》，香港三联书店1994年版，第75页。

而轻效率,已经越来越无法适应瞬息万变、错综复杂的社会环境,而出现了行政权相对强化、立法权相对弱化的趋势。部分立法权正逐渐向行政机构转移,其原因有二。一方面是为了适应社会管理的专业化要求,立法者对于专业化的具体管理事项缺乏必要的知识,因此涉及专业管理方面的立法只有依赖于掌握专业知识的管理人员来制定,这部分立法权便转移到了职业官僚手中。另一方面是为了提高立法的效率,由于立法权的非经常性和审慎的特征,已经越来越不适应当前社会管理的要求,由行政机构立法是为了提高政府对社会变化的即时反应能力,保证政府权力的有效运作。这种变动对于政府权力结构具有根本性的意义。首先,由行政机构行使立法权必然会导致立法权性质的变化。其次,随着立法权向行政机构的转移,行政权日益凌驾于其他政府权力之上,而基于行政权本身的集权特点,政府结构也逐渐走向集权,而呈现"行政集权民主制"的结构特征。①

第二节　政府职能

在了解了政府的基本构成之后,接下来的问题是,我们有了政府,政府应该做什么,可以做什么? 有些人说,政府是"必要的恶",意思是政府虽然容易滥用权力,但政府对于社会正常运作还是必要的。换言之,即使是那些非常反感政府权力的人,也承认政府权力的必要性,这种必要性总是关乎政府的职能。所以我们首先要了解一下所谓的政府的职能是什么。政府职能,就是指政府作为社会中最大的公共组织,它在维持社会稳定、保护社会公平、促进社会发展等各个方面所应该担负的职责和它能够发挥的功能。这里还涉及两个概念,一个是职责,一个是功能。政府职责就是指政府这种特殊组织所应该肩负的责任。功能是指政府将其所肩负的社会寄托的责任付诸行动时对社会产生的作用,所以政府的职能就是政府应该肩负哪些职责,承担哪些功能。

一、政府职能的双重性

政府职能围绕国家的目标而形成,一般而言,涵盖了以下主要方面:(1)维持

---

① 曹沛霖、徐宗士主编:《比较政府体制》,复旦大学出版社1993年版,第10页。

统治秩序和社会秩序;(2)调整社会关系和实行社会监督;(3)对社会经济生活进行控制或施加影响;(4)管理公共服务事业,发展社会福利;(5)发展与他国的政治、经济和文化关系;(6)维护国家主权,保卫国家领土完整,防止外来威胁、干涉和侵犯。

从中不难看出,政府职能具有两重性,即从政府职能的属性角度划分为政治统治职能和社会管理职能。政治统治职能主要表现为运用军队、警察和法庭等暴力手段镇压被统治阶级的反抗或制裁破坏统治阶级利益的敌对分子。社会管理职能的直接目标是维护社会稳定和推动社会发展,政府对社会管理职能的履行具有公共性质,并不仅仅针对统治阶级的特殊利益,而是出于社会整体利益的需要,因此,社会管理职能又称为政府的公共职能。社会管理职能可以划分为对外和对内职能两个部分,对外职能是指保卫国家安全和发展对外关系;对内职能主要是指维持国内社会秩序、发展社会经济和公共服务事业、提高国民福利等。

政府政治统治职能与社会管理职能的关系,主要取决于如下两个因素。

一是社会系统的一体化和有机化程度。在社会结构松散,制度不完善的条件下,社会力量之间的利益平衡无法实现,社会处于高度异质的状态,政府政治统治职能就会占优势,而社会管理职能也被纳入政治统治的框架之中。这主要体现在革命后社会的政治形态中。革命阶级通过革命夺取政权后,必须面对重建社会的任务,由于各方面的制度还不成熟,社会整合程度差,依靠政府政治统治职能实现社会稳定和集中分配资源就显得尤为重要,从而导致政府政治统治职能的强化,使一切政府行为都具有阶级统治的形式。当社会走出革命后状态,社会整体结构趋于完善,也形成了相对成熟的社会制度,社会整合程度较高,社会阶级之间的对抗将趋于缓和,而更注重从社会整体发展中寻求利益的均衡。在这种条件下,政府的政治统治职能将逐渐向社会管理职能转化,对社会公共事务的管理将成为政府职能的核心。

二是国家相对自主性的程度。国家相对自主性程度越低,国家受社会力量制约的可能性就越大。社会阶级的特殊利益与政府的关系紧密,深刻地影响了政府政策的目标和执行。在这种情况下,政府职能的运用往往会服务于社会阶级的特殊利益。政府对社会的管理越是偏离公共目标而带有了为特殊阶级(剥削阶级)服务的阶级性,就越容易丧失其合法性,政府就越要通过强化政治统治职能来寻求保护,从而使政府对社会的管理或多或少都带有了政治统治色彩。相反,在国家相对自主性程度高的情况下,政府更多地从社会整体利益出发,自主地制定和推行公共政策,从整体社会的发展和稳定中获取合法性支持,这就在很大程度上淡化了政府职能中的政治统治职能。

二、公共物品

在讨论政府职能的时候,我们需要回答一个理论上的问题:为什么这些职责和功能必须由政府来承担。为什么有些事情必须由政府来做,能不能够没有政府?像无政府主义说的,没有政府,不需要政府来做,或者说,如果某些事情我们不用政府来做,我们换成私营机构来做,它会不会更好,私营机构能不能够承担政府目前承担的很多职责和功能。这就涉及一个非常重要的概念,叫作公共物品,英文是public goods。可以说,政府组织与私人组织的最大区别,就在于政府职能是提供所谓的公共物品。

什么叫作公共物品?顾名思义,它和私人物品是完全相反的。公共物品是一种可以供全体社会成员所共同享用的物品。[①] 严格意义上的公共物品,有两个非常重要的特征:一个叫作非竞争性,一个叫作非排他性。所谓的非竞争性,指的是某个人对于公共物品的消费不会影响到公共物品对于其他消费者或者其他人的供应。用学术语言来说,就是在给定的生产水平之下,如果为另外一个消费者提供这一公共物品,它所带来的边际成本是零。举个例子,比如说一个国家提供了法律,一个人对于法律的公共物品的消费不影响整个国家其他所有人对于法律的消费。法律一旦提供,就可以提供给所有人,所有人在享用法律的时候,他们之间并没有竞争性的关系。非排他性就是指,某人在消费一种公共物品时,不能排除其他人消费这一物品,不论他是否为这物品支付了价格费用,或者说他要排除其他人消费的成本是非常高的。在一个国家里,法律、制度、国防安全这些非常基本的公共物品,它在供给和使用的时候,在消费的时候,都具备非竞争性和非排他性,这些东西都是非常典型的公共物品。当然也有一些物理形态的公共物品,比如说公路路灯、公共基础设施就是有形的。这些有形的公共物品可能在使用上不能够完全消除竞争性和排他性,因此也被称为准公共品。比如公立医院、学校和交通设施等等,在使用的过程中会存在费用和门槛,也就是存在一定排他性的,但对于私人物品而言,

---

[①] [美]埃莉诺·奥斯特罗姆:《公共事物的治理之道》,余逊达、陈旭东译,上海三联书店2000年版,第52页。

准公共物"公共性"还是受到政府保障的。

提供公共物品在很大程度上体现了一个政府的责任性,实际上在20世纪之前,大部分的"公共物品"都是由社会自发提供的,随着政治的发展,许多国家的政府开始承担更多的新责任,包括养老、医疗、教育、住房等等。一般来说,我们认为政府在提供公共物品的时候,它的动机是大于私人组织的。因为由私人组织来提供公共物品,很容易产生"搭便车"的现象。① 比如,一个公园里的路灯坏掉了,通常是由政府这样的公共部门来修理,为什么呢?因为公园的路灯是一个公共物品,它的消费是非排他性的。我花钱修好的路灯,所有人都可以享用,显然我付出的这个成本是不划算的。所以大家都想"搭便车",没有任何人有动机去修这个路灯。修路灯这个事就成为政府的职责。

当然在很多具体的事情上,关于哪些公共物品该由政府提供,哪些公共物品私营机构它也能够参与提供,这个问题相对而言就比较复杂了,因为还涉及效率的问题。比如,在美国,有很多性质上属于公共物品的东西本应由政府提供,却是由私人机构提供的,包括医疗、卫生、教育,这都是很具公共性的东西,往往是由私人机构来提供。至于新闻媒体,在美国也都是私营为主。更有甚者,像我们平常所知道的监狱,很多也是私营的。虽然这些都是公共物品,但是公共物品由私营机构提供,还是由公共部门提供,谁更有效率,对之存在一定的争议,常常要视具体情况而定。

三、政府职能的范围和强度

政府提供的公共物品,根据其作用来划分,有两个基本类型,一个是应对市场失灵,另一个是增进社会公平。也就是说,在市场和私营机构通过市场的机制不能够有效地调节和提供产品,或者完全由市场来提供会导致损失公共社会公平的时候,政府需要来干预。我们分别用应对市场失灵和增进社会公平这两个方面的职能,把政府职能的范围和强度,划分为最小职能、中等职能和积极职能三个层次。

在最小职能层次,为了应对市场失灵,政府就要提供一些最基本的纯粹的公共物品,包括国防法律秩序、对于产权的保护、宏观调控、公共卫生。比如,疫情来了

---

① [美]曼瑟·奥尔森:《集体行动的逻辑》,陈郁、郭宇峰、李崇新译,上海三联书店2014年版,第18页。

之后,国家提供公共卫生的防疫工作。在增进社会公平方面,最小的职能,体现为保护穷人和弱势群体、济贫计划、抗震救灾,等等。

中等职能在应对市场失灵方面显得相对复杂一些。首先,政府要应对经济的外部性。什么叫外部性呢?外部性就是指企业的经营活动、经济活动会给社会带来成本。例如:在机场运营的过程中,它会给机场周围的居民带来高强度的噪声影响,这个就是机场运营过程中产生的外部性;造纸企业或者是化工企业,在企业生产经营的过程中,会给周围地区带来环境污染,环境污染也是一个非常典型的外部性问题。在中等职能层次,应对市场失灵,意味着政府要应对经济的外部性,采取措施缓解企业生产经营给社会造成的负面影响。其次,政府还要反对垄断,提供一些办法来克服信息不对称。什么叫信息不对称呢?就是市场上竞争的时候,信息的作用是非常重要的,但是参与市场竞争,经常无法获得完全的信息,比如说农民在选择今年是种番茄还是种土豆的时候,需要一条非常重要的信息,那就是整个市场上番茄和土豆供给的情况。但是作为一个农民来说,他去收集这个信息基本上不太可能,又或是收集信息的成本非常高,在这种情况下,政府可以通过自己的渠道和方式来帮助他们收集信息,然后用这些信息来尽量降低信息不对称的程度。另外,政府提供公共教育、公共设施管理、环境保护、金融监管、消费者保护等,都是应对市场失灵方面的一些积极职能。

至于在增进社会公平方面,中等职能就包括提供社会保险、对养老金进行重新分配、发放家庭补助和失业保险,等等。这就有点像福利国家提供的社会保障,它们不是简单的应急救助或者帮扶,程度上要比救灾赈灾更高,在增加社会公平方面的作用也更持续更显著,因此称作中等职能。

最后,政府还可以提供更多的应对市场失灵的积极职能。在上述情况下,政府基本上还是在幕后提供一些基本的公共物品。实际上,很多国家的政府在应对市场失灵上可以扮演更为积极的角色。政府可以亲自参与市场竞争,积极主动建设市场、发展市场,扶持经济体,或者协调私人部门和私人领域之间的活动。在增进社会公平上最积极的职能,就是我们通常所说的再分配体制。比如,我国在改革开放之前,实行过一段时期的计划经济体制,计划经济体制下的政府实施的积极职能是非常广泛的,它可以把全社会的资源首先集中到政府,然后再进行再分配,把这些资源重新分配到社会的各个领域。

第三节　政府与市场

关于本节标题这个问题,学术界的争议是非常大的,因为这涉及了我们通常所说的一个话题,就是我们应该拥有一个大政府还是一个小政府?所谓的大政府、小政府不是指政府的机构和人员的多少,主要指的是政府的职责和职能的大小和范围。进一步的问题就是,在应对市场失灵和增进社会公平上,政府应该发挥最小职能、中等职能,还是积极职能呢?这就形成了两个特别重要的理论争论。第一个就是政府应不应该干预市场?这就是自由主义和凯恩斯主义的差别。第二个就是在增进社会公平上,政府应该做到什么程度,政府是否应该为社会提供非常高强度的社会保障?这个就形成了欧洲左翼和右翼之间的差别,也就是后来在政治学中比较流行的关于福利国家的讨论,应该建立一个程度较高的福利国家,还是说仅仅提供一些社会政策即可?

一、守夜人国家

让我们首先来看一下政府和市场的关系。政府是否应该干预市场?反对政府干预市场的观点,一般都会追溯到亚当·斯密。他在《国富论》里面提出了一个理论或者现象,叫作"看不见的手"。① 所谓"看不见的手",就是说市场可以自我调节,达到一个比较理想的结果。那么,市场通过什么来进行自我调节呢?亚当·斯密有一句名言:我们不能指望肉商、酿酒师或者面包师恩赐给我们晚餐,我们只能指望他们出于私利的考虑而给予我们晚餐。在西方的政治思想和经济思想中,是亚当·斯密第一次赋予私利(self-interest)如此高的重要性。私利可以干吗呢?一般认为,追求私利是不道德的,从伦理角度看是不值得称许的一种做法。然而,通过亚当·斯密这样一个解释,人们又发现追求私利可以形成"看不见的手",形成市场的自我调节,而且市场的自我调节貌似比国家干预下的调节效果更好。所以在斯密看来,国家只需要扮演一个守夜人的角色即可。守夜人国家只提供我们前面

---

① [英]亚当·斯密:《国富论》(下卷),郭大力、王亚南译,商务印书馆1974年版,第27页。

所说的政府职能中的最小值，就是法律、国防安全这些最基本的职能，而不需要去干预市场，它越干预市场，市场效率就会越低，这就是我们所说的反对政府干预市场的理论。

二、发展型国家

随着政治和经济的不断发展，古典自由主义这种政府不应该对市场做任何干预的守夜人国家理论逐渐遭遇挑战。其中一个挑战来自卡尔·波兰尼（Karl Polanyi），他在名著《大转型》（又译《巨变》）中讲了一个理论：市场实际上是嵌入在社会里面的。[①] 也就是说，我们所说的这个市场，实际上是社会的一个组成部分，社会是更大的。从人类历史上来说，实行市场经济的时间也是非常短暂的，人类大部分时间的经济活动是另外两种，一种是礼物经济，一种是再分配经济，晚近才形成了市场经济。不管是礼物经济还是再分配经济，经济活动都是社会活动的一个组成部分。市场作为一个经济活动的场所，它也应该是社会活动的组成部分，嵌入在社会里面。但是，资本主义产生之后，对于市场自我调节的强调使市场逐渐脱离到社会之外，也就是通常所说的"脱嵌"过程。在卡尔·波兰尼看来，市场的自我调节实际上是一个神话，它是没有办法自我调节的。让市场脱离社会去自我调节的结果就是不断地侵害社会的公平性，导致社会的贫富差距越来越大，积压很多社会问题且不能够得到解决。

另外一个挑战来自东亚模式。从经济发展的实践来看，在"亚洲四小龙"诞生之后，尤其是东亚的日本、新加坡，包括我们今天中国30多年的持续高速经济增长，都证明了一个理论，这就是跟自由主义的经济发展理论针锋相对的发展型国家理论。发展型国家理论认为，国家可以在经济发展过程中提供非常重要的帮助，而且国家在干预经济的过程中可以非常有效，不是所有的国家干预都是无效的。甚至在国家干预的过程中，可以让经济发展得比那些纯粹自由放任的体制更好、更快。在《通产省与日本奇迹》这本发展型国家理论代表作中，作者查默斯·约翰逊（Chalmers Ashby Johnson）指出，日本的通产省对于日本的产业政策有非常高强度的干预，但是它们并没有阻碍日本的经济发展，反而有利于日本的经济增长和社

[①] ［英］卡尔·波兰尼：《巨变：当代政治与经济的起源》，黄树民译，社会科学文献出版社2017年版，第96—97页。

会繁荣。① 新加坡、韩国都存在类似的情况。

三、市场失灵

第三个支持政府干预市场的理论,就是市场失灵理论。市场不是万能的,因为市场交易不是没有成本的。这就是著名的交易成本理论。② 按照交易成本理论,亚当·斯密"看不见的手"只是一种假设,而不是事实。如果"看不见的手"是事实,那么世界上也就不会存在企业,因为没有人愿意跟其他人合作搞一个企业,他自己去参与市场就可以实现利益的最大化。但是如果每个人都这样,交易成本就会无限大,市场也就不可能赚到什么钱。企业的产生,目的就是要降低交易成本。因此,市场不是万能的,它要借助某些组织、制度来降低自己的交易成本,除了企业,还有政府、法律等等,都可以用来降低交易成本。当然,按照交易成本理论,政府干预市场也有一个标准,那就是看能不能降低交易成本。如果能降低交易成本,干预就是好的;如果政府干预反而增加了交易成本,那这个干预就可能是坏的。

除了交易成本,市场还会形成一些自然垄断,产生一些外部性。在这个理论里有一个非常重要的概念,叫作公地悲剧。③ 公地悲剧针对的,就是亚当·斯密所讲的私利。追求私利可能会形成"看不见的手",但是在公共领域里,它还会形成一只"看不见的脚"。意思就是,如果纯粹依靠私利来调节的话,它可能会导致一些负面的结果。比如,有一大片公共的草场,每一个牧民都可以自由地放羊吃草;在这种情况下,没有任何产权的干预,没有任何的公共领域调节,羊吃草不用付费,每一个牧民都出于理性选择,要在这个草场上放牧更多的羊,它放的羊越多,得到收益越大;这就导致所有的牧民都拼命地往草场上增加自己的羊的数量,导致最后这个草场不堪重负。过度的放牧使得整个草场被破坏掉,公共资源完全被破坏,所有人都有损失,没有地方再去放羊了。所以,纯粹的私利是不足以完全自我调节的。

外部性除了会导致"公地悲剧",还会破坏公平。比如,有人在公共场所抽烟,

---

① [美]查默斯·约翰逊:《通产省与日本奇迹:产业政策的成长(1925—1975)》,金毅、许鸿艳、唐吉洪译,吉林出版社集团 2010 年版,第 16 页。
② [美]罗纳德·科斯等:《财产权利与制度变迁:产权学派与新制度学派译文集》,刘守英等译,格致出版社 2014 年版,第 15—16 页。
③ [美]埃莉诺·奥斯特罗姆:《公共事物的治理之道》,余逊达、陈旭东译,上海三联书店 2000 年版,第 10—13 页。

他其实是在消费空气这种公共资源。但是他对空气的使用产生了外部性,导致别人无法呼吸到清新的空气。如果每个人都强调自己的私利,那么允许抽烟就会伤害不抽烟的人的利益,禁止抽烟就会伤害要抽烟的人的利益。如果交给市场去调节,那么双方就一定会产生争执,结果一定是谁更凶狠霸道,谁就能占上风。这不是社会治理乐意看到的结果。设想一下,如果政府有一个法令,禁止在公共场所吸烟,那么这样的争执就不会发生,就更能保证一个相对公平的结果。

四、新公共管理运动

即使政府干预市场是合理的,那还存在一个问题,政府所从事的公共管理活动应该用什么方式来承担?关于这个问题,在20世纪末掀起了一个新的运动,被称作新公共管理运动。新公共管理运动虽然强调政府和市场一定的分立,但是倾向于把商业管理的理论与政府的公共管理理论做一个融合。比如,在政府的角色定位上,新公共管理运动倾向于把决策制定和决策执行相分离。为了实现两者的分离,新公共管理主张通过民营化的方式,把公共服务的生产和提供交由市场和社会力量来承担,政府主要集中在掌舵的职能上面,比如说由它来拟定政策、建立适当的激励机制、监督合同的执行等,引导市场和社会力量为公共利益的目标来服务。至于一些具体的执行,政府就不必亲力亲为,尽可以把很多的事务外包给市场力量和社会力量做。这样既减轻了政府的负担,也提高了公共服务提供的效率。[①]

新公共管理认为,政府要从事专业化的管理活动,应把管理本身作为一种专业,而不是去具体执行很多专业化的事情。专业的事情由专业的人来做,技术性的事情由技术的人来做,政府不需要不断地发展自己不同的职能,只要做专业化的管理就好了,把管理做得越来越专业就行了。怎么做好管理呢?比如,政府可以提供一些像私营部门的绩效的管理,绩效管理指在设定的公共服务绩效目标基础上,对公共部门提供公共服务的全过程进行跟踪监测,并且做出系统绩效评估的一种做法,它主要包括服务的质量、顾客的满意度、服务的效率、服务的成本和收益等等,把这些问题作为公共管理的重要问题。

另外,新公共管理运动还倾向于把竞争性的东西引入政府。政府提供的公共

---

① [美]戴维·奥斯本、特德·盖布勒:《改革政府:企业家精神如何改革着公共部门》,周敦仁等译,上海译文出版社2006年版,第231—233页。

物品是非竞争性、非排他性的,但它提供这些公共物品的方式,可以是竞争性的,有一些事情可以由公共部门和私人部门一起来做,而且在公共部门和私人部门之间展开一定的竞争,看谁的效率更高,质量更好,就交给谁来做。这样可以确保公共物品的提供效率更高。甚至公共部门之间也可以形成一些优胜劣汰的机制,让这些公共部门在提供服务的时候做得更好。新公共管理运动希望政府在提供公共服务的时候要有商业管理中以顾客为中心的理念,不能够以自己管理的方便为主要的出发点,而是以顾客的方便、以服务对象的方便为主要出发点。这是新公共管理运动对于政府提供公共服务、公共物品的一些新的提法。

五、政府的"巨人症"

政府干预市场也会造成一定的后果,那就是它的职能范围会越来越大、事务越来越细。相应地,政府机构和人员不断膨胀,政府规模越来越大,当然财政负担也越来越沉重。很多国家每隔几年对政府机构和人员编制就要收紧,精简机构,给政府减负。但是,政府机构膨胀不一定是这些客观原因造成的,可能还存在某种制度惯性。关于政府的机构膨胀,有一个非常著名的原理,叫作帕金森定律。一般来说,我们都认为,一个政府的规模扩张了,公职人员增加了,肯定是因为工作量的增加。但是帕金森通过大量的统计数据得知,职工人数和工作量其实没有太多的关系。即便工作量没有增长,公职人员的人数还是会不断的扩张,所以帕金森就把这种现象称作"帕金森定律",原因是什么呢?帕金森作了统计,英国海军在 1914 年到 1928 年,服役的主要的军舰从 60 艘下降到了 20 艘,英国海军的军官人数从 146 000 人下降到了 10 万人,但是与此同时,英国海军的军官数量却从 2 000 人上升到了 3 569 人,就是说,它的管理的范围下降了,但是官员的数量却增加了,为什么呢?帕金森提出了两个解释。第一,他认为公职人员的增多,主要是由于公职人员倾向于增加下属,机构因此不断膨胀。第二,公职人员彼此之间会制造出工作。有些工作就是协调性的工作。比如,只有一个人来做就不存在协调,但是增加了另外一个人,除了多出来的人的工作之外,还多出新增人员之间的协调工作。为了解决这个协调问题,又需要增加一个人,所以机构和规模就不断地膨胀。这就是帕金森定律对于政府机构膨胀的解释。

第四节　政府间的横向关系

政府既然如此重要,那么世界上不同的国家会有不同的政府体制和政府结构,对之应如何来描绘和形容呢?政府机构之间存在两种关系,一种是立法、行政、司法这三种权力之间的横向关系;另一种是中央和地方的纵向关系,这两种关系共同构成了政府体制。首先我们来认识一下政府间的横向关系,根据不同国家的立法机构、行政机构、司法机构三者之间的关系,一般可以划分出三种类型的政府体制。

一、分权制衡型

第一种类型政府体制,我们称之为分权制衡型。顾名思义,分权制衡首先要分权,也就是说它的立法权、行政权、司法权是分开的。但是分权制衡型体制最重要的还不是说三个权力是分开的,因为在大多数发达资本主义国家中,这三个权力都是分设的。更重要的是,这三个权力之间是一个相互制衡的结构,这个结构最典型的代表就是美国。

美国的总统是最高行政长官,掌握行政权;议会掌握着立法权,美国的议会是两院制,包括他的参议院和众议院。司法权由美国的最高法院来掌握。最高法院一般来说就是9位大法官。分权是指美国联邦政府的三个权力,立法权、行政权、司法权分属于三个不同的机构。那么,制衡又表现在什么地方呢?制衡意味着总统的行政权在一定程度上可以制约议会的立法权,议会又可以制约总统的行政权,最高法院的司法权也可以制约总统和议会的权力。这样三者之间就形成了一种分权制衡的结构。具体来说,总统在美国作为最高行政长官,它可以任命联邦大法官,议会提出的议案要通过总统的签署才可以通过和生效。总统在签署议会议案的时候是有一定的否决权的,可以否决议会的议案,这就形成了总统对于立法权的一个制约作用,也就是行政权对立法权的制衡。如果总统否决了议会的议案,议会还是有机会通过的,但要求比较高:议会要有2/3的多数才能最终通过这个议案。不过即便如此,总统还是可以对议会通过的提案进行搁置不予签署。所以,总统虽然不能够完全否定议会的提案,但是总统对于议会的权力有相当大的制约作用,只要总统在议会中获得三分之一以上议员支持，他就可以轻易动用否决权，成为一个强总统。

那么，最高法院怎么制约总统和议会呢？如果总统和议会是一个相互否决的关系和结构，那是因为大多数时候总统代表的政党和议会尤其是参众两院的多数党不能完全重合。不过，在一定的情况下，美国的总统所属政党和议会的多数党正好重合。有些历史时期会是这样子，在这种情况下，总统和议会相互制约的程度就会减弱，总统大多数的议案在议会都能顺利得到通过。那么议会对于总统的制约作用就下降了。这个时候有什么样的权力能够制约总统和议会呢？这个时候，联邦最高法院能起到这个作用。

最高法院在美国最初诞生的时候，它的权力是非常小的，相比总统和议会来说是最弱的一个机构，因为当时人们不知道司法权如何来制约立法权和行政权，不知道该怎么做，直到出现了"马伯里诉麦迪逊案"之后，最高法院得到了一个特别的权力，叫作审查议会法案是否违宪的权力，我们一般也称为违宪审查权。总统和议会通常不会违反一般的法律，但是他们签署的很多法令，或者形成的一些议案有可能会违反美国的宪法。这个时候就可以通过最高法院来审查已经通过的这些议案是否违反了宪法。如果违反了宪法，最高法院做出违宪裁决，它可以用这个违宪审查的权力让这个议案无效，失去法律效力。

其中最著名的案例就是富兰克林·罗斯福的"新政"。在美国大萧条时期，为了振兴美国的经济、拯救大萧条，联邦层面通过了很多经济方面的议案，包括"工业复兴法""农业调整法"这些非常著名的法案。但实际上，美国的联邦层面的机构是没有权力去调整、干预美国地方也就是州以下的经济活动的。联邦的权力权限主要是调整州与州之间的关系，某些事项超越州权限之上，涉及州之间的关系的时候，联邦权力会发挥作用，或者是代表整个美国来发挥它的作用。但是州内部的经济活动，在奉行自由主义尤其是联邦制的美国，联邦机构是不能够干预的。所以，罗斯福总统的议案就被起诉到了最高法院。最高法院最后就裁定他违反宪法，罗斯福总统的很多法案都被裁定为违宪。罗斯福对于最高法院非常的不满，然后他就要求更换最高法院的大法官。但是联邦大法官是终身任职的，未到退休年龄或者离世，是不能随意更换的。情急之下，罗斯福总统要求年龄太大的法官带头退休，同时希望在9个人之上再加入6个人，将最高法院大法官的人数增加到15个人，将自己的人安排进去，希望通过这样的方式来降低最高法院的制约权。这个例子充分说明,在美国分权制衡型政府体制里,立法、行政和司法三种权力之间是一个相互制约的结构,而制约的关键就是他们可以相互否决对方的议案,所以这种政府体制有时候也被称作是一种否决性体制。

二、议会集权型

第二种类型政府体制跟美国的分权制衡政府体制完全不同,属于议会集权型。议会集权型政府体制主要以英国为代表。英国的议会也分为上院和下院,上院为贵族院,下院为平民院。上议院、下议院跟美国类似,也是两院制,但两院和美国的两院差别很大,它的上院拥有相当于最高法院的最高司法权。下院的多数党领袖会出任英国的首相,英国首相再组织内阁,所以行政权出自下议院。美国的结构是议会掌握立法权,总统掌握行政权,最高法院掌握司法权;但是在英国完全不同,它的最高法院司法权在上院,然后立法权和行政权在下院。上院其实是没有太多立法权的,因为英国议会的下议院通过法案的时候有一个"三读"的程序,第一读就是在下议院,下议院通过之后再到上议院二读,但上议院通常不会否定下议院呈上来的议案,只能修改,不能否定。它对于下议院是没有太强的制约作用的,主要的立法权都在下议院。上议院通过之后再回到下议院进行三读。不过,上议院有一种权力,它可以拖延时间,但是这样做并不能够完全否定下议院的决策,所以主要的立法和行政权力还是在下议院。换言之,下议院囊括了行政权和立法权,上议院囊括了司法权。所以英国采用的是一种议会集权制,它的议会实际上集中代表了三种权力,三种权力被整合到了同一个机构里面。议会才是英国政府的权力中心。

英国政体叫议会制,在英国选举里面是没有所谓总统选举的,只有一个议会选举。议会选举出来的多数党最高领袖就会出任首相,同时议会也可以对首相提不信任案,可以把首相给裁撤掉,除非后者向英王提请解散议会重新大选,议会更换新首相的行动,并不一定需要通过全民选举的方式。英国的上议院就是它的最高上诉法院,掌握着司法权,这就体现了立法权和司法权二者的合一。另外,上议院的议长作为大法官又会参加到下议院的内阁里面,这是立法权,司法权和行政权相互融合的体现。

下议院是拥有全部的立法权和监督权的。下议院的多数党领袖执掌最高的行政权。内阁是要对议会负责,受议会监督的。这体现出立法权和行政权的融合。

英国模式被称作议会集权型政府体制,顾名思义就是立法、行政和司法三权都集中到了议会。

三、元首集权型

第三种类型,我们把它称作元首集权型政府体制,以法国为代表,尤其是在历史上的法国,还不是今天的法国,因为今天的法国与过去还略微有些差别。法国的政体跟英国和美国都完全不一样,我们一般称法国的政体为半总统制。虽然叫作semi-presidential(半总统制),可是法国总统的权力要比总统制下的总统要大得多,为什么呢?因为,立法、行政、司法这三大权力在一定程度上都集中到了总统的手里,总统就像三权之上的一个大家长,所以法国政府体制又被称作是"家长式的三权分立制"。法国总统作为国家的元首,他(她)的权力可以凌驾于其他各种政府机构之上,一定程度上成为立法、行政和司法这三大权力的仲裁者和保证人。

首先在行政上,总统是不受议会控制的,为什么呢?因为总统是由全民直接选举产生的,不像议会制或内阁制,要先进行议会选举,然后由议会的多数党出任行政首长。在总统下还有一位总理,总理是由议会的多数党出任的。但是总统不是,总统是由单独的大选产生的,所以他(她)拥有不受议会控制的权力。另外,总统还有对于内阁行政人员广泛的任命权,统领一切的内政外交大权,所以行政权集中到总统这里。

其次在立法上,总统也有一定的立法权力,他(她)可以拥有法律的审批权,议会通过的法律也要送交总统来签署颁布。和美国总统制不一样,法国的议会依赖于总统,但是总统对于议会来说不承担太多的责任;而且,总统如果不满意议会的立法,或者他(她)想要通过的立法没有得到太多的支持,总统还有一个权力,叫提交全民公投,这是法国的直接民主制,是法国政治思想家卢梭民主思想传统的反映。不仅是某些议案,总统还会将法律草案提交全民公投来通过。戴高乐就特别喜欢提交全民公投。不过,非常吊诡的是,最后他也是因为一个议案提交全民公投没有通过,而不得不辞职。

最后在司法上,总统还拥有司法权。他(她)作为司法独立的保证人,担任最高司法会议的主席。总统还有权以任何理由解散国民议会,不需要任何的副署。在半总统制下,总统的权力真是非常大,几乎三种权力都会集中到总统身上,而且总统通常不会受到弹劾,也不承担政治责任,政治责任是由总理和内阁来承担的。总理和内阁辞职是家常便饭,总统却岿然不动。当然,不同国家在实际操作过程中是有所差别的,像俄罗斯、韩国都是典型的半总统制。但是法国经过若干年的政治发展,现在已经处于一个大概介于半总统制和(英国的)内阁制之间摇摆的制度,也就是说,法国议会的权力还是比较大的,在一定程度上还是能够制约总统的,法国总统和总理之间还是有一个相互制约和配合的关系。

第五节 政府间的纵向关系

政府机构之间除了存在一种横向的组织关系,还存在纵向的组织关系,就是中央和地方的关系。中央和地方的关系往往会跟国家结构形式混淆,但两者虽然有联系,重点却不一样。国家结构形式反映的是统一主权国家的构成方式,具体体现为国家的整体与其各个组成部分之间关系的形式。当今世界各个国家的结构形式主要分为单一制和联邦制两种。中央和地方的关系主要是指中央政府和地方政府的权力关系,主要分为中央集权和地方分权两种。国家结构形式是中央和地方关系的基础,因此要了解政府间的纵向关系,要先从国家结构形式开始。

一、国家结构形式

国家结构形式划分为单一制和联邦制。单一制是指由若干行政区域或自治区域构成的单一主权国家的结构形式。单一制国家结构形式具有以下基本特征:(1)国民具有单一的国籍身份;(2)只有单一的现行宪法和统一的法律体系;(3)具有统一的最高国家权力机关,立法、行政和司法体系高度统一,最高国家权力归中央政权机关掌握,地方政权机关接受中央政权机关的统一领导;(4)国家主权高度统一,由中央权力机关代表国家主权充任国际法主体,统一行使外交权,各行政单位或自治单位不具有独立的外交权,即使个别地区享有一定的自治权,但这种自治权被限制在统一的国家主权范围之内。

联邦制是指由若干以行政区划为基础形成的相对独立的政治实体(共和国、州、邦)结合而成的国家结构形式。联邦制国家结构形式具有以下基本特征:(1)国民享有联邦和各成员单位的双重身份;(2)具有统一的宪法和基本法律,但在联邦宪法和基本法律的范围内,各联邦成员单位有自己的宪法和法律;(3)联邦设有最高立法、行政和司法机关,各成员单位还拥有自己独立的立法、行政和司法机关,两者并不存在隶属关系,其权限划分是由联邦宪法所规定的,联邦成员政府在各自的辖域内独立行使权力,联邦政府则负责联邦整体的政务;(4)国家主权由联邦政府与联邦成员政府分享,联邦政府对外代表国家主权,但各联邦成员政府也有一定的外交独立性,在联邦宪法允许的范围内,可以与其他外交主体签订某些协定,有些联邦制国家的成员政府还可以以独立身份加入某些国际组织;(5)加盟单位有权涉入修宪议程,比如美国宪法规定,修宪除了国会以三分之二多数通过,还需过半数的州议会以超过四分之三多数同意,方可通过。

二、法理原则

政府权力的纵向结构是指中央政府与地方政府的纵向权力划分。现代政府都必须对社会进行分级管理,从而形成中央政府与地方政府的权力划分。中央政府是指在全国范围内总揽国家政务的政府机关,在政府体系中居于核心和最高的地位。地方政府是按行政区划所建立的政府,只负责本行政区域内的公共事务管理。中央政府与地方政府的权力关系是历史地形成的,决定了政府总体的社会调控和资源配置方式。

政府权力纵向划分的法理原则主要有两种类型。

第一种类型是保留权力的分权原则。这一原则认为,地方政府的权力是固有的,中央政府的权力是地方政府自下而上让予的,据此,在对中央政府与地方政府进行权力划分的时候,中央政府的权力采取列举的办法,即在宪法或法律中对其所应具有的权力加以明确规定,地方政府的权力则采取保留的方式,即除少数列举的条款外,没有列举的权力都由地方政府保留。这样,中央政府与地方政府的权力范围都得到明确的界定,双方只能在此范围内行使各自的职能。按照这一分权原则界定中央政府与地方政府权力的典型国家是美国,美国宪法第十条修正案明确规定:"本宪法所未授予合众国或未禁止各州行使之权力,皆由各州或人民保留之。"[1]

---

[1] 《美国宪法及其修正案》,朱曾汶译,商务印书馆2014年版,第16页。

第二种类型是授予权力的集权原则。这一原则认为,中央政府权力是固有的,地方政府权力是由中央政府自上而下授予的,因此,地方政府的权力归属中央政府所有,中央政府具有最终决定权。按照这一原则,宪法和法律并不对中央政府与地方政府的权力进行明确的规定,所有权力都归中央政府保留。尽管在法律上对中央政府与地方政府的职权范围加以规定,但是由于所有权力归属中央政府,中央政府可以随时对授予地方政府的权力进行调整,中央政府与地方政府的权力关系是模糊的。

三、中央集权结构

这种权力结构的基本特征是国家的统治权集中于中央政府,强调中央政府的集权和权威,中央政府在整个社会调控中具有核心地位。地方政府权力由中央政府授予,两者之间是上下级关系,地方政府受中央政府领导和控制,必须严格服从中央政府的权威,故不存在严格意义上的权力划分,而只有对职能范围的界定。中央政府可以根据需要,收回或扩大授予地方政府的权力,以求在维护中央政府权威和发挥地方政府积极性之间取得平衡。一般认为,中央集权结构有利于维护中央政府权威和社会稳定,以对社会资源进行统一的配置和利用。对于一个超大规模的社会而言,这一点尤为重要。由于社会规模大,必然会出现地区发展的不平衡,借助中央集权,可以从大局出发对社会资源进行相对集中的配置利用。中央集权结构的不足在于容易压抑地方政府的自主性和积极性。

四、地方分权结构

地方分权结构的核心是地方自治。在联邦制政府中,中央政府权力是由地方政府让予的,由此而产生的中央政府职能也被视为一种对地方政府职能的辅助。比如美国,联邦政府行使在宪法中"列举的权力",换言之如果宪法中没有列举给联邦政府的权力,那么首先保留在地方政府手中。中央政府与地方政府权限由宪法明确规定,军事、外交等事关全国大局的政务,由中央政府统一执掌。地方政府拥有较大的自治权,中央政府一般不能直接干预地方政府权力,而是采取立法监督、行政监督、财政监督等方式进行间接的指导和调控。地方分权结构保证了地方政府权力的自主性,既提高了地方政府发展地方事业的积极性,又使地方政府在根据本地方的实际情况推行有利于其社会发展的政策上,具有更为充足的自主权力。但是在地方分权结构下,地方政府的离心倾向较重,中央政府缺乏整合权威,对于统一市场的形成和社会稳定,都会构成潜在的威胁。

五、实践中的混合结构

国家结构形式虽然构成了央地关系的基础,但它们不是对应的。单一制不一定是中央集权,联邦制也不一定就是地方分权,在实践中其实都是一种混合结构,根据国家结构形式和法理原则,可以划分为单一制-中央集权模式、单一制-地方分权模式、联邦制-中央集权模式和联邦制-地方分权模式这样四种。密特朗改革之前的法国是单一制-中央集权模式的典型,而俄罗斯、澳大利亚则是联邦制-中央集权模式的典型。英国是单一制-地方分权模式的典型,美国是联邦制-地方分权模式的典型。

比如美国是一个典型的联邦制国家,存在所谓"三不管"政府现象,联邦政府是不管州政府的,州政府也不管地方政府。因此,在联邦制中,实际上我们不能把联邦政府称作严格意义上的"中央"政府,联邦实际上不代表中央,而是代表"整体",在联邦制下,联邦政府与州政府之间的关系更多地是一种整体和部分的关系。因此,美国的地方政府、州政府和联邦政府是平行的,由各级的议会以及技术官僚两部分共同组成。技术官僚以招聘的方式来相应管理某一个方面的工作。美国很多地方一级的议会议员包括家庭妇女、小业主,由这些比较有空闲的人来出任,参与地方议会的活动。所以美国是三级相互平行的,不是自上而下的中央政府控制地方政府的结构。但是即便如此,经济社会的发展,客观上使联邦的权力越来越集中,在尼克松政府和里根政府时期,美国进行了两次"还权于州",前者是还财权,后者是还事权。

印度也是联邦制国家,但是印度政府权力的实际运作过程和制度设计又有非常强的单一制特色。一般来说联邦制是自下而上的,但我们会把印度的联邦制称作自上而下的联邦制而不是自下而上的联邦制。印度的联邦制的基本原则包括四个方面:第一,宪法明文规定,印度就是一个联邦制国家,所以很明确,印度的国家结构形式就是联邦制;第二,宪法直接授予各邦议会66项立法权,就是联邦之下各

第六章 政府

个邦地方的议会有66项立法权;第三,宪法规定了47项联邦和各邦共享的立法权,有47项联邦有的,各个邦也可以共享的立法权,所以地方有很强的立法权限;第四,宪法规定,各个邦都有自己独立设立警察的权力,这是印度联邦制的主要特征。

那么,为什么说印度的联邦制有很强的单一制色彩呢?与美国相比,印度的联邦制有以下几个特征。第一,重大的立法权都属于联邦,而不是属于地方,地方除了列举出来的和共享的立法权之外,没有重大立法权,它是属于联邦的。第二,各邦的立法不得同联邦相抵触,否则是无效的,这一点实际上和单一制非常类似。单一制下地方政府的行政法规这些地方立法,是不能够和中央政府的行政法规有抵触的,否则也是无效的。第三,全国的警察均由联邦内政部统一培训。内政部对各邦的警察都享有管理权。他们可以设立警察,但是联邦对这些警察享有一定的管理权。第四,各邦的邦长是由总理任命的,对总理负责,而不是对地方议会负责。第五,重要的税收都集中于联邦,联邦的转移支付是各邦的重要财政来源。这一点是非常致命的,因为地方如果失去了重要的财政来源和财权的话,它的独立性其实是无从谈起的。第六,联邦议会可以立法来改变邦的现状,对于邦有一定的改革权限。可见,对于印度来说,虽然宪法规定是联邦制,但是它的实际运作过程和制度设计上有很强的单一制成分。

另外一个案例就是英国。英国的单一制有非常强的联邦制特色。英国是典型的单一制,地方政府的一切权力均来自议会的立法,中央政府有权改革、重建甚至撤销地方政府。但是中央政府与地方政府之间的权力关系,随着政治制度的发展,慢慢形成了中央主义与地方主义的"二元结构"。一方面,中央政府会秉持工具主义的态度,把地方政府视为贯彻中央政策的工具;另一方面,英国又保留了地方决定地方税率、征税权以及支持地方政府行政开支的地方主义形式。更重要的是,英国形成了次国家级政府,也就是苏格兰、威尔士和北爱尔兰,它们都有自己的议会,这就有点像是联邦制了。

除了法理因素之外,政府纵向权力关系在实际运作中也是十分错综复杂的,有可能出现集权结构下权威涣散,或分权结构下中央政府干预过多的反常格局,因此政府纵向权力结构对于中央政府与地方政府的权力关系而言并不是绝对的。这样,通过上述对一些国家的权力结构的分析,从最大限度发挥政府权力效能的角度看,这些国家必须贯彻权力动态平衡的基本原则,即中央政府与地方政府根据职能要求形成均衡的权力分布,并且在法律和制度上加以规范化,避免畸轻畸重的现象,从而使中央政府与地方政府都能在其权力范围内充分发挥积极性。

本 章 小 结

本章主要介绍了政府职能和政府运行的基本原理。我们需要着重注意区分政府和国家两个容易混淆的概念:广义上的政府包括立法、行政、司法等不同的权力分支,但这只大致上相当于狭义的国家,因为国家还包括领土、主权和人民等,而通常狭义的政府主要指的是其中的行政部门。我们还需要记住政府职能是随着历史的演进而不断变化的,职能比较宽泛的政府被称为"大政府",职能比较狭窄的政府被称为"小政府",政府职能的大与小是相对而言的,并没有非常明确的标准。因此,我们在区分政府职能时通常关注一个具体的行政机构,在应对经济发展和分配公平时所采取的具体政策。这些政策通常会体现在政府与市场的关系上,"守夜人国家"只是一种理论上的设想,在人类历史上并没有存在过。21世纪的政治学理论已经明确市场需要政府的干预,争论的焦点只是停留在应该如何干预才能更有效地促进经济发展这个问题上。最后一个需要关注的问题是:政府不是铁板一块,随着时代的进步和社会分工的精细化,政府也呈现出越来越专业化和碎片化的趋势。政府既需要平衡不同部门之间的横向权力关系,又需要在中央政府和地方政府之间进行纵向的权力和资源分配,维系公平和提高效率两大原则贯穿政府对自身条块结构的设计与调整之中,让这个问题变得更加复杂。

思考题

1. 广义和狭义的政府分别是指什么?
2. 什么是政府职能的双重性?
3. 什么是大政府,什么是小政府?
4. 政府间的横向关系有哪几种基本类型?

5. 政府间的纵向关系有哪几种基本类型?
6. 什么是国家结构形式?
7. 单一制与联邦制各自的特征是什么?

 延伸阅读书目

1. [美]维托·坦茨:《政府与市场:变革中的政府职能》,王宇等译,商务印书馆2014年版。

2. 周天勇等著:《中国行政体制改革30年》,格致出版社、上海人民出版社2008年版。

3. [美]苏珊·罗丝-阿克曼、邦妮·J.帕利夫卡:《腐败与政府:根源、后果与改革》,郑澜译,中信出版集团2018年版。

第七章
民　　主

"民主就是人民当家作主。"这种说法大概是中国许多政治教科书对民主的主流表述。民主意指人民的统治，人民的统治就是人民当家作主的意思。这一定义实际上出自民主的希腊文原意，民主一词的古希腊文是 democratia，demo 是人民或大众的意思，cratia 就是统治的意思。按照古希腊人的理解，大众是指多数人，所以民主也可以被理解为多数人的统治。美国前总统亚伯拉罕·林肯在葛底斯堡演说中称，民主应该是民有、民治、民享的政府（government of the people，by the people，and for the people）。所以，民主也可以被理解为民有、民治和民享的意思。这是 20 世纪之前对于民主的一般理解，对人类政治文明产生了重大影响。

第一节　民主的定义与概念辨析

20 世纪之前的民主定义，也被称为民主的实质性定义。这一定义引发的首要问题是：一方面，有人会问究竟谁是人民？人民是指全体公民？多数公民？还是政治上正确的公民？另一方面，有人会问到底如何统治？实际上，在稍有规模的现代国家，人民几乎是无法直接统治的。这一定义引发的另一个问题是：如何区分民主政体与非民主政体？乔万尼·萨托利在《民主新论》中说，1945 年以后，人类社会中再也没有人宣称自己是民主的敌人，绝大多数国家都试图自称民主国家，绝大多数政党都试图自称民主政党。① 这样，从实质性定义出发，区分民主政体和非民主政体就变得很困难。

---

① ［美］乔万尼·萨托利：《民主新论（上卷）：当代论争》，冯克利、阎克文译，上海人民出版社 2015 年版，第 22 页。

第七章 民主

1942年,美国经济学家约瑟夫·熊彼特在《资本主义、社会主义与民主》一书中提出了民主的程序性定义,其逐渐成为政治学界的常用定义。他说:"民主方法就是那种为做出政治决定而实行的制度安排,在这种安排中,某些人通过争取人民选票取得作决定的权力。""民主政治并不意味着人民真正在统治——就'人民'和'统治'两词的任何明显意义而言——民主政治的意思只能是:人民有接受或拒绝将要来统治他们的人的机会。"①

如果一个人要成为重要的政务官——无论他想成为总统、总理或首相、议员、州长或市长,他通常都要争取别人的选票。在西方民主国家,大部分最重要的政治职位都是通过争取选票的方式来获得。按照熊彼特的这一定义,民主等同于公民广泛参与的竞争性选举制度。这种制度安排的两个重要因素:一是政治参与,二是政治竞争。这是西方学者对民主制度的普遍认同的观点。

所以,目前学界形成了关于民主的两种定义:一种是实质性定义,另一种是程序性定义。当然,熊彼特提出的程序性定义也遭到部分学者的批评。比如,有学者认为,从这种视角定义民主容易导致"选举主义的谬误"(fallacy of electoralism),即过分强调选举的作用而忽略民主的实质。从第三波民主转型国家的经验来看,有些国家转型后的状态是有选举而无民主,或者沦为"两不像政体"(hybrid regime)。② 两不像政体顾名思义,就是既非标准的威权政体,亦非标准的民主政体,而是介于两者之间。其常见特征是:主要行政长官和议员通常由定期选举产生,普通选民的投票能发挥着实际作用,选举过程中存在不同力量的政治竞争;但是,这些国家的选举过程并没有做到自由和公正,通常存在不同程度的选举舞弊和欺诈,当选的执政者则常常利用行政资源压制其他政治派别和媒体。正因为这些特征,国际学界通常把两不像政体视为威权色彩浓厚的政体类型。

王绍光则称这种民主为"选主",即选票决定一切。他批评道,在"选主"体制下,最终多数人的利益可能并没有得到保证,还是少数人实质性地控制着政治。他

---

① [美]约瑟夫·熊彼特:《资本主义、社会主义与民主》,吴良健译,商务印书馆2007年版,第395—396、415页。
② 本章作者将"hybrid regime"翻译为"两不像政体",过去国内有混合政体、混杂政体等译法。拉里·戴蒙德(Larry Diamond)曾专门撰文讨论这一政体类型,参见:Larry Diamond, "Thinking about Hybrid Regimes", *Journal of Democracy*, 2002, 13(2), pp. 21-35.

甚至还使用"选出新的主子"这种说法,他认为应该"用抽签替代选举"。① 王绍光的批评,实际上涉及民主政体条件下的政治平等究竟是程序平等还是实质平等问题。在20世纪的重要理论家中,美国政治学家罗伯特·达尔晚年也非常强调实质性的政治平等。这个问题下面还会有专门的讨论。

其实,罗伯特·达尔早年在《多头政体》一书中定义的民主或多头政体,更接近于熊彼特关于民主的程序性定义。达尔认为:"民主国家的一个重要特征,就是政府不断地对公民的选择做出响应,公民在政治上被视为一视同仁。"他接着问:"一种制度要成为严格民主制度,还要具备哪些其他特征呢?"他依次列出了多头政体应该符合的八个条件:(1)建立和加入组织的自由;(2)表达自由;(3)投票权;(4)取得公共职务的资格;(5)政治领导人为争取支持而竞争的权利;(6)可选择的信息来源;(7)自由公正的选举;(8)根据选票和其他民意表达制定政府政策的制度。②

与熊彼特关于民主的最低定义相比,罗伯特·达尔阐述的八个条件显然内容要丰富得多。但达尔对于多头政体的界定,从实质性条件来看,主要也是政治参与和政治竞争这两个标准。当然,达尔的字里行间无不流露出,希望能够通过民主来实现好的公共治理,民主也应该能够实现更好的公共利益。

结合上述讨论,可以总结出民主政体的八个基本特征。

第一个特征是政治参与。民主意味着多数成年公民拥有投票权。基于对欧洲历史的考察,最初是财产较多的男子拥有投票权,后来是财产资格标准的降低,但是还是仅限于成年男子,后来又逐步扩展到成年女子。拿英国来说,19世纪之前,仅有少数富有的男性公民拥有投票权,后来经过19世纪的几次选举改革,男性公民参加投票的财产资格逐步降低。而成年男女公民获得同等的普选权一直要到1928年才实现。在相当长的时间里,英国女性是没有普选权的,她们先是争取到了30岁以上女性的投票权,然后又降低年龄标准,最终才获得与男性公民同样的普选权。在智利等不少国家,投票权普及过程中最初还伴随着教育资格和识字要求,后来这些限制条件也逐步取消了。

第二个特征是政治竞争。按照程序性定义,民主本身就包括了政治竞争的含义。不同候选人可以就公共职位展开公开角逐,通过争取选民手中的选票来获得

---

① 王绍光:《民主四讲》,生活·读书·新知三联书店2008年版,第242—256页。
② [美]罗伯特·达尔:《多头政体:参与和反对》,谭君久、刘惠荣译,商务印书馆2003年版,第11—27页。

第七章 民主

当选的机会。政治竞争和上面提及的政治参与构成了民主政体的两个基本特征。

第三个特征是问责制或责任制(accountbility)。什么是问责制呢？就是指当一个公职人员做事情的时候，是要对某个政治共同体或特地地域内的人群负有责任的。简单地说，他要对别人有个交代。有人接着问，怎么算有个交代呢？比如，一个人当选或被任命为环境部部长，但在他任期内环境不断恶化，情况极其严重。他怎么算是给大家一个交代，大家就把他选下去，或是更高级别的行政长官来撤换他，或是议会来弹劾他，这就是他跟大家有个交代的基本方式。这也是问责制的特点。在政治实践中，各个国家的实际做法可能不一样，但有一点是共通的：在民主政体下，选举产生的或由当选政治家任命重要官员都要对选民和共同体负有责任。

第四个特征是回应或响应机制。在民主政体下，政府对于公众的利益诉求有一种正式的回应或响应机制。例如，最近出现了重大的公共问题，如果很多人在报纸、电视、网络上呼吁，或以集会、示威游行方式呼吁的话，政治家和政府不会置之不理，他们必须要做出回应。政治家们会这样想：公众的意见那么大，我们该如何处置呢？既然我们的当选来自选民的支持，就一定要珍视选民们的意见与诉求。既然民主意味着政治家要根据大众的利益诉求和政治意愿来进行统治，民主政体就意味着一种正式的回应或响应机制。政府或政治家如果对民众诉求采取回避或置之不理的态度，当政者通常会在下一次选举中落败。

第五个特征是起码的政治平等。这里的政治平等是指具有平等的政治参与、政治表达和投票的基本权利，所有公民在这方面应该是平等的。这里的政治平等强调的是形式平等和资格平等，而非实质平等和结果平等。当然，对于何谓政治平等是存在争议的。罗伯特·达尔晚年更强调实质性的政治平等，希望实现不同公民在政治影响力上更为平等。这种实质性的政治平等是否可欲和是否可得，存在很大争议。

第六个特征是多数决定的规则。这是平时说的少数服从多数。做公共决策的时候，大家意见不一致怎么办？通常需要根据人数较多一方的意见来做决定。这里是指一个公共决策应该赢得超过50%的支持率，这是绝对多数。还有所谓相对多数的概念，即所有方案中赢得最多支持率的那个方案胜出，而无论这一支持率是多少。民主最早的含义，本来就是根据多数人的意愿来进行统治。当然，很多时候会发现这种多数规则未必能够满足。20世纪50年代，美国学者肯尼斯·阿罗(Kenneth Arrow)提出了著名的"阿罗不可能定理"(Arrow's impossibility theorem),意思是说很多情况下多数决定规则实际上是不可能的。① 比如,现在有三个女生去买冰淇淋吃。冰淇淋商店给出的优惠活动是:同款冰激凌买三个就会有很大折扣,不同款冰激凌单独买价格就会比较贵。所以,三个女生决定买一款冰淇淋。但是,三个女生对不同款冰激凌的偏好次序是不一样的,如下:

第一个女生对冰激凌的偏好次序:巧克力＞草莓＞香草;

第二个女生对冰激凌的偏好次序:草莓＞香草＞巧克力;

第三个女生对冰激凌的偏好次序:香草＞巧克力＞草莓。

那么,这三个女生最终会买什么口味的冰淇淋呢?如果按照多数决定规则来投票,结果是什么呢?经过推导,就会发现这种情形下投票结果实际上取决于投票的次序。所以,阿罗论证了,在一些情况下多数决定规则实际上是不可能的。意味着多数决定规则可能存在着一些悖论。

第七个特征是对少数权利的保护。与多数决定规则相关的一个问题是:多数决定规则并不意味着可以侵犯少数的权利。密尔在《论自由》、托克维尔在《论美国的民主》中都讨论过"多数的暴政"(tyranny of the majority)问题。所以,民主在尊重多数规则的同时,还要保护少数的权利。换句话说,多数统治并不意味着多数可以就任何事情做出任何决策。多数决定规则是有其明确的边界和范围的,同时要考虑对少数权利的保护与尊重。

第八个特征是言论自由。既然民主意味着政治参与和政治竞争,就必然需要政治表达和政治沟通,言论自由就是一个基本条件。只有在这种条件下,一个社会中才能听到不同的政治理念与政策主张。在互联网时代,网络信息传播的自由也变得同样重要。当然,言论自由必须限定在宪法和法律允许的范围内。

第二节 民主的起源、发展与扩散

讨论这些基本概念之后,需要介绍和回顾一下民主作为一种政治实践的历程,这里主要探讨三个方面的内容:古希腊城邦的民主制度、现代民主的起源——英国的实践,以及19世纪到21世纪初的三波民主化浪潮。

---

① 参见[美]肯尼斯·J.阿罗:《社会选择与个人价值》(第二版),丁建峰译,上海人民出版社2010年版。

一般认为人类最早的民主实践起源于古希腊的城邦国家,雅典城邦则是其典型代表。雅典城邦位于爱琴海地区希腊半岛的阿提卡地区,占地约2 500多平方千米,工商业、海洋贸易和海外殖民发达。雅典城邦在历史上曾出现过君主统治和寡头政治,但它后来经历了三次民主改革:公元前594年的梭伦改革、前506年的克利斯梯尼改革和前461—429年的伯里克利改革。到了伯里克利时代,雅典城邦已经建成古典民主制度。①

雅典民主的主要特征包括:(1)公民大会是雅典的最高权力机构,为雅典全体公民的大会,每年举行40余次,法定人数为6 000人,凡年满20岁的男性公民均可出席。所有重大的公共问题,都需要提交公民大会做出决策;(2)500人议事会负责组织、提出和执行公共决策。这是一个真正管理城邦事务的机构,由500名年满30岁的男性公民组成,雅典城邦的10个部落各派50名代表出席;(3)陪审法庭由201—6 000人组成,由陪审团对案件进行判决,陪审法官须由年满30岁的男性公民担任,陪审法官由自愿出任者抽签选出;(4)行政官员由抽签和选举两种办法产生,绝大部分行政官员均由抽签产生,这部分官员任期通常很短,且有任职次数的限制,包括将军、军队指挥官和重要的财政及宗教事务官员在内的少部分行政官员由选举产生。通常情况下,所有行政官员均由10个部落派出等额代表构成。此外,雅典民主还有一些辅助的政治机构和制度安排,包括最高法院、陶片放逐法、支薪制度等。

民主意味着多数人的统治,但雅典民主制下拥有公民权的仅仅是年满20岁的男性公民,这意味着除了未成年人、妇女、外邦移民、奴隶也都没有参与公共事务的权利。一般认为,雅典城邦人口大约是25万—30万,而行使公民权的成年男性公民不过4万人。尽管如此,雅典城邦发展了很多与现代民主制内涵相吻合的重要原则,包括政治平等、公民自由、对法律的尊重,以及公民大会集体决定公共事务。所以,伯里克利骄傲地宣称:"我们的宪法没有照搬任何毗邻城邦的法律,相反地,我们的宪法却成为其他城邦模仿的范例……一言以蔽之,我们的城邦是全希腊的学校。"②

---

① 关于古希腊政体和城邦民主制,参见[美]戴维·赫尔德:《民主的模式》,燕继荣等译,中央编译出版社2004年版,第15—45页。
② [古希腊]修昔底德:《伯罗奔尼撒战争史》(上册),徐松岩译注,上海人民出版社2017年版,第195—198页。

由于古希腊人在世界政治史上的首创性贡献,不少人容易误认为古希腊的民主实践是近现代民主的源头。但实际上,这两者之间既没有历史上的前后传承,又没有思想上的直接关联。在古希腊,同时代的杰出思想家中几乎没有人认为雅典城邦民主制是一种理想的政体形式。在柏拉图和亚里士多德看来,民主就是平民政体或穷人政体,容易导致暴民统治。以老寡头名义发表的作品更是对民主大加鞭挞:民主"讨好了暴民,而不是那些值得尊敬的人";民主"允许最差劲的一群人开口发言,借此谋求自己最大的利益";"有些时候,就是等上一整年,500人会议或公民大会也不能解决问题"。①

公元前四世纪晚期,古希腊城邦相续为马其顿王国和罗马所征服。公元476年西罗马帝国覆灭以后,西欧迎来了漫长的中世纪。在中世纪,古希腊的政治实践和辉煌思想并没有发挥多少重要的影响。即使在14—16世纪的文艺复兴时期,复兴的也主要是古罗马的拉丁文明。布克哈特认为,文艺复兴时期,"希腊学术主要限于佛罗伦萨……它始终也没有像拉丁学术那样普遍"。②

所以,古希腊的古典民主制度并非英国立宪政体与民主的直接源头。英国的立宪政体与民主,是在西欧国家间竞争体系下本国封建体制独立演进的一种政治结果。自美国独立革命、法国大革命以来的自由民主浪潮,其最初的影响大体都可以追溯到英国。今天已建成巩固的资本主义民主制度的国家中,包括美国、加拿大、澳大利亚、印度、南非在内,大约有30多个国家的民主政体都是直接脱胎于英国的殖民统治。因此,英国无疑是现代的资本主义民主的源头。

尽管如此,就英国近代政治史而言,民主基本上不是其主流价值。英国人更看重的是自由、立宪主义、协商政治和权力制衡,而不是普选权与人民民主。历史地看,英国民主的形成最初并不是源自政治力量对民主本身的追求,而是立宪政体和贵族政治自然演进的产物。英国人首先拥有的是立宪政体、协商政治、权力制衡和受保护的公民自由权,而民主不过是这些制度安排下自然演进的结果。按照达尔的说法,英国是"先实现竞争性政治而后扩大参与"。

英国立宪政体与民主的演进大约经历了四个重要的阶段。(1)第一阶段是规定国王不能做什么,标志性事件是1215年6月15日英格兰25名大贵族武力胁迫

---

① [英]约翰·索利:《雅典的民主》,王琼淑译,上海译文出版社2001年版,第88—92页。
② [瑞士]雅各布·布克哈特:《意大利文艺复兴时期的文化》,何新译,商务印书馆1979年版,第211—212页。

国王签订的《大宪章》(Magna Carta)。《大宪章》重申了贵族和自由民的人身自由权与合法反抗权。这一阶段的政治贡献主要是形成了英格兰立宪政体的雏形，而1688年光荣革命建立的君主立宪政体不过是这个传统的延续。(2)第二阶段是设立一个专门机构来监督国王的行为和贯彻《大宪章》。这一设想最终导致了13世纪英格兰议会的产生，首先是大贵族、高级教士组成的会议，后来是骑士和平民代表也有资格参加的会议，这些都是英国成为"议会之母"的关键步骤。议会的产生有力地推动贵族政治力量相对于国王权力的上升、协商政治和权力制衡的发展、以及地方代表选举制度的尝试。这一阶段的主要贡献是议会的产生。(3)第三阶段是责任内阁制的出现和发展。从最初的"王在议会"到后来的政治权力从国王向议会的转移，在18世纪内阁制逐步形成。英格兰内阁的起源可以追溯到中世纪的"小会议"和后来的枢密院，而1742年首席财政大臣沃波尔因得不到议会多数支持而辞职，标志着责任内阁制的形成，这是这一阶段的主要贡献。(4)第四阶段是议会改革、选举资格限制的放开和普选权的落实。尽管中间也经历了19世纪三四十年代宪章运动的重大冲击，但英国普选权的落实在总体上是和平的、渐进的议会改革和选举改革的结果。13世纪中叶，英格兰议会中就有地方和自治市选派的平民代表，而英国经历了1832年、1867年、1884年、1918年和1928年五次重大选举改革，逐步放开了对选民财产资格的限制和对妇女的性别歧视，最终在1928年让包括妇女在内的所有成年公民获得了普选权。

以上讨论主要着眼于英国立宪政体与民主的演进，政治发展的其他重要方面并未考虑在内，包括民族国家的兴起、现代官僚制的发展和文官制度的建设等。从英国立宪政体与民主的演进脉络来看，英国之所以能够建立稳定、有效的民主制度，大体上有两个重要经验：一是长期存在势均力敌的政治力量——主要是贵族和国王，像1215年《大宪章》签订以后，贵族们是靠着武力的均衡才能迫使新的国王们不断地确认《大宪章》，政治势力的均衡是英国立宪政体与贵族政治兴起的关键；二是立宪政体与公民权利的发展优先于民主的发展，权力制衡和政治竞争的发展优先于政治参与的发展，这一政治发展的次序首先保证对政府权力实行限制和控制，然后通过权力制衡和竞争发展出了一整套有利于现代民主制运作和实现精英控制的制度安排，包括议会、责任内阁和政党等，最后才落实普选权以保证大众的政治平等和参与。

尽管英国在立宪政治和权力制衡方面走在其他国家的前面，但它并不是世界上第一个落实普选权的国家。如果以某种程度的普选权为标准,亨廷顿认为1828年的美国是世界上第一个民主国家。在此之后,他认为"近代世界史中出现了三波民主化"。亨廷顿把一波民主化定义为"一组国家由非民主向民主政权的过渡,这种转型通常发生在一段特定的时期内,而且在同一时期内,朝民主化转型的国家在数量上超过向相反方向回归的国家"。他把1828年美国总统选举中有选举资格的男性超过白人男性的50%视为第一波民主化的开始。亨廷顿认为,第一次民主化长波是1828—1926年,第一次回潮是1922—1942年;第二次民主化短波是1943—1962年,第二次回潮是1958—1975年;第三次民主化始于1974年,而到他1991年出版《第三波》时正在经历第三波民主化浪潮。

尽管第三波民主化浪潮波涛汹涌,但其中也存在很大的困难,主要困难是不少转型国家的民主制度并不能实现稳定而有效的运转。拉里·戴蒙德认为,拉丁美洲国家的民主在制度上是"根基浅薄和脆弱的","大多数拉美民主国家都达不到自由主义民主的要求。相反,它们是选举民主国家"。[1] 还有学者认为:"在很多拉丁美洲国家,民主的质量很糟糕,公民权利保护不足,政府的责任机制也很脆弱。"[2]在谈到非洲的第三波民主化时,理查德·约瑟夫(Richard Joseph)认为,1989年以后撒哈拉以南非洲的47个国家中超过半数经历了政治改革,但是,大多数非洲国家看起来处于"某种中间状态"。

卡内基国际和平基金会副总裁托马斯·卡洛苏(Thomas Carothers)悲观地认为,第三波民主化浪潮中的大多数国家并没有实现成功的民主转型和巩固。"在近些年被认为是'转型国家'的接近100个国家中,只有相对很少的国家——大概不足20个国家——正在朝着通往成功的、运转良好的民主制度的道路上迈进,或者在民主方面已经取得了某种进步和依然拥有民主化的积极力量……迄今为止第三波的大多数国家并没有实现运转良好的民主制度,或者不能深化它们已经在民主方面取得的进步。"[3]

民主并没有在大部分第三波国家实现充分的巩固,甚至在一些国家出现了逆转。

---

[1] Larry Diamond, "Consolidating Democracy in the Americas", *Annals of the American Academy of Political and Social Science*, 1997, 550(1), pp. 12-41.

[2] Scott Mainwaring and Timothy Scully, "Latin America: Eight Lessons for Governance", *Journal of Democracy*, 2008, 19(3), pp. 113-127.

[3] Thomas Carothers, "The End of Transition Paradigm", *Journal of Democracy*, 2002, 13(1), pp. 5-21.

第七章 民主

最近有不少学者认为,一些第三波国家的民主制度已经崩溃,还有相当数量的第三波国家民主政体相当脆弱。拉里·戴蒙德过去的一项统计表明,1974—2006年,第三波民主国家总共发生20次民主政体的崩溃,占所有民主政体数量的14.2%。①

第三节 民主与民主转型的理论

很多人不光关心民主政治的诸现象与民主的历史进程,更希望理解民主与民主转型背后的成因和逻辑。上一节已介绍了民主从古希腊到21世纪经历了怎样的历程。那么,民主与民主化现象背后的原因是什么?具体地说,这里有关于民主的三个基本理论问题:(1)为什么有些国家启动了民主转型而有些则国家没有?(2)在启动民主转型的国家里,为什么有些国家实现了民主巩固而有些国家则没有?(3)为什么有些已经建立民主政体的国家遭遇了民主崩溃?② 这些问题引发了国内外学术界的大量研究。

这里首先考察一些经典著作是如何理解民主兴衰的。法国著名思想家托克维尔就在19世纪三四十年代出版的《论美国的民主》一书中,剖析美国能够维系民主政体的原因。③ 托克维尔认为,美国维护其民主共和政体有三个主要的有利条件。

第一个有利因素是地理条件,美国没有强邻,所以并不需要有很强的国家力量来发展一支大规模的常备军,这对社会自由的维系非常重要。而跟美国的这种条件相比,欧洲大陆国家就完全不同。比如,德国就是一个强邻环伺的国家,必须要有很大规模的常备军,所以也需要足够强大的国家力量。美国社会学家查尔斯·蒂利关于欧洲现代国家起源的"战争制造国家、国家制造战争"的观点,也强化了我们对于这一问题的认知。正是因为如此,从近现代史上的政治演进过程来看,德国这样的国家是更容易走向国家主义的。

托克维尔认为,美国甚至也没有一个强大的首都,其地理整合是从各独立殖民

---

① Larry Diamond, *The Spirit of Democracy: The Struggle to Build Free Societies throughout the World*, Times Books, 2008, pp.56-87.
② 最后一个问题可参见包刚升:《民主崩溃的政治学》,商务印书馆2014年版。
③ 参见[法]托克维尔:《论美国的民主》(上下卷),董果良译,商务印书馆1989年版。

地再到联邦的自下而上的政治整合，而非很多国家经历的由强大的中央权威来完成的自上而下的政治整合。相反，如果有强大的首都，首都就会试图建立其对全国领土强有力的中央控制，政治生态上也就很容易威权化。进一步说，从地理条件来看，早期美国土地相对丰裕，欧洲移民可以不断进入。相对于当时大部分国家来说，普通美国人的生活相对优越，很多家庭在美国向西拓展领土的过程中占有了较大面积的土地。因此，他们能够过上相对自足而又自力更生的生活。这也有利于美国民主共和政体的维系。

第二个有利因素是法制条件，这里的法制是指美国政治生活中的法律制度因素。托克维尔特别强调三种法律制度的重要性。首先是联邦制。在中央权力和州权力的平衡结构下，中央并不拥有可以随意支配地方的为所欲为的政治权力，而是在很多事情上都必须要跟各州协商与沟通，因而有利于民主政体的维系。其次是乡镇制度。在当时的美国，一个普通乡镇大约是一两千人的规模，很多公共事务采取的就是适合乡镇人民的自治方式，很多关乎乡镇公共利益的决策则采用直接民主制。比如，一个乡镇要修桥修路、新设学校、建设其他公益设施等，都是由乡镇人民以直接民主方式来决定的。再次是司法权的重要性。关于美国的司法审查，一个著名的案例是"马伯里诉麦迪逊案"。1803年，首席大法官约翰·马歇尔（John Marshall）的判决开创了美国联邦法院进行司法审查的先例。这样，美国的司法系统实际上在立国之初就独立性很高，而且越来越强韧。司法权尽管不是直接的行政权力，但构成了对行政权和立法权的强有力约束。托克维尔认为，所有这三种主要的法律与制度条件都有利于美国民主政体的维系。

第三个有利因素是民情条件。什么是民情呢？按照今天的理解，民情就是一国人民的习俗、情感与文化，也就是政治文化。托克维尔说，美国由于长期实行民主管理的制度，就拥有这样的经验和习惯。这样，民主的制度和民主的惯例逐渐深入到人们的习俗、思想和生活方式之中，成为美国人生活和心理的一部分。

托克维尔还注意到，主导美国新英格兰地区的新教是所有宗教中最富有自由色彩的。此外，与乡镇制度相配套的是，美国人还逐步形成强调乡镇自治、重视政治参与和捍卫乡镇自由的"乡镇精神"。因此，托克维尔认为，美国人的思想、精神、习俗、宗教与心理特质都是有利于维系民主政体的。

托克维尔这样总结道："美国之能维护民主制度，应归功于地理环境、法制和民情……毫无疑问，这三大原因都对调整和指导美国的民主制度有所贡献。但是，应当按贡献对它们分级。依我看,自然环境不如法制,而法制又不如民情。"①

综合来看,托克维尔试图用他自己特有的理论框架,来分析美国为何能够维系民主的原因。从学理上讲,他强调的是三个理论路径:一是强调自然条件的变量,二是重视政治制度的变量,三是关注政治文化的变量。托克维尔的结论是,自然条件、政治制度和政治文化都很重要,但自然条件的重要性不如政治制度,而政治制度的重要性又不如政治文化。

当然,我们很难说托克维尔是这些理论路径的首创者。比如,他对于地理条件的强调,可以追溯到另一位法国思想家孟德斯鸠,后者在《论法的精神》一书中就强调了地理条件的重要性。孟德斯鸠甚至认为,热带地区的人们身上往往存有诸多缺憾,而只有温带地区的人们具有更强的思考能力、自我管理能力和自我控制能力。当然,以今天的标准来看,孟德斯鸠的观点带有强烈的地域歧视色彩。再比如,托克维尔对政治制度的强调,其实是一个古老理论传统的延续。早在古希腊和古罗马,柏拉图、亚里士多德、波利比乌斯等古典思想家就对政体、政治制度与政府形式等问题有过富有洞见的政治阐述。

关于民主政体的成因,既有托克维尔《论美国的民主》这样的经典论述,又有很多当代的政治学文献系统地讨论这个问题。美国政治学家塞缪尔·亨廷顿在于1991年出版的《第三波:20世纪后期的民主化浪潮》一书中说,学术界用于解释民主化的变量有27个。这27个变量几乎覆盖了我们所能想到的所有因素,甚至已经包括很多互相冲突的解释变量。尽管如此,如果具体到如何解释1974年以来的第三波民主化,亨廷顿认为最重要的是五个解释变量。②

第一,威权政体合法性的削弱。二战以后,有些威权政体搞得很糟,不仅很腐败,而且经济增长率很低,甚至陷于停滞。在部分威权政体国家,贫富悬殊和社会不公的问题显得特别突出。这样,在全球民主意识形态的影响下,这种威权政体就越来越没有合法性,也就是出现了"威权政体合法性的危机"。

第二,长期经济增长产生的积极效应。从20世纪50年代到20世纪七八十年代,全球范围内的经济增长总体尚好。在此期间,不仅发达国家的经济在增长,而且发展中世界的经济也在增长;不仅民主国家的经济在增长,而且威权国家的经济

---

① [法]托克维尔:《论美国的民主》(上卷),董果良译,商务印书馆1989年版,第354—359页。
② [美]塞缪尔·亨廷顿:《第三波:20世纪后期的民主化浪潮》,欧阳景根译,中国人民大学出版社2013年版,第29—105页。

也在增长。特别是,经济增长对威权国家产生了重要的社会影响。亨廷顿认为,经济发展的直接效应有三个:一是生活水平的提高,第二是教育水平的提高,第三是中产阶级力量的加强,而这三个因素都有利于民主力量的上升。

第三,宗教——特别是位于梵蒂冈的天主教教廷——的政治立场的转变。天主教的主要影响地区是从南欧到拉丁美洲,而这正是引发第三波民主化的两个重要地区。当然,天主教教廷对东欧也有相当的影响力。亨廷顿认为,梵蒂冈的天主教教廷在20世纪60年代之前更支持威权政体,但在20世纪六七十年代之后,由于世界潮流的变化和教廷内部的改革,梵蒂冈开始更支持民主政体,这种转变所产生的影响力亦不容低估。

第四,国际政治体系中的大国力量及其角色。在第三波民主化的早期,国际体系中最重要的参与者是美国和苏联,或许还可以加上欧共体(即后来的欧盟)。除此以外,世界银行、国际货币基金组织以及很多地区性的国家间组织——比如拉丁美洲、非洲的地区组织——都在国际体系或地区政治中扮演着重要角色。本书前面提及的联邦德国、日本等国二战后的民主化都直接受到了美国的影响。

第五,邻近国家之间的示范效应,亦即亨廷顿所谓的"滚雪球效应"。比如,在拉丁美洲地区或东欧地区,一个国家启动民主转型之后,与其相邻的国家就会受到政治冲击。在书中,亨廷顿有一个生动形象的描写——"既然他们(邻近国家)可以,为什么我们(自己国家)不可以?"这种邻近国家之间的互相影响,也是第三波民主化的重要驱动力量。

上述五个因素被亨廷顿视为第三波民主化的主要驱动力量。但是,就单个国家而言,到底哪个因素或何种机制最重要的呢?亨廷顿非常审慎地回答道:"民主化的原因因时因地而迥异。"听到这个观点,很多试图发现社会科学一般理论的学者可能会备感沮丧,因为这意味着民主化的背后并没有什么一般逻辑或普遍规律。如果每个国家的民主原因都不一样,那么关于民主化的社会科学研究似乎能做的就是案例研究,然后去发现每个转型国家背后个别、具体而特殊的因果关系。

质疑亨廷顿观点的学者们认为,如果民主化研究只是个案研究的话,历史学家和新闻记者其实可以做得更好。比如,历史学家的专长是可以把一个个转型案例的过程与细节说得非常清楚,他们往往更擅长发掘大量的一手资料。再比如,还有很多新闻记者在民主转型的第一现场。这些媒体的记者甚至有机会采访到参与转型或制定方案的重要政治家、反对派领袖、宪法起草者等。因此,如果民主化研究主要是个案研究的话,跟历史学者和新闻记者相比,政治学者通常是没有多少优势的。

尽管困难重重,学术界并没有放弃用普遍理论或一般逻辑——而非个案特殊性——来解释民主化原因的努力。从现有研究文献来看,目前主要形成了解释民主化的三种主要理论路径。第一种理论路径是经济社会条件论,即一国的经济社会条件比较有利时,就更容易启动民主转型,或者民主转型更容易成功;反之,就更容易失败。第二种理论路径是政治制度论,即无论一国经济社会条件怎样,成功民主化的关键取决于宪法设计与制度安排。既然民主是一种政体或政治制度安排,那么宪法设计与制度安排的有效与否就是决定民主化成败的关键。第三种理论路径是政治精英论。前面两种理论主要关心社会条件与政治制度,但政治行为者——也就是人——在民主化中扮演什么角色呢？这种理论认为,民主化成功与否,取决一个国家拥有怎样的政治行为者——特别是怎样的政治家与政治精英——以及这些政治行为者的政治信念、行为选择与博弈模式。①

民主的社会条件论认为,任何一种政治都嵌入在一个特定的社会中。所以,如果抛开这些社会条件或社会情境(context),我们就很难有效讨论政治。一个简单的逻辑是,如果一个社会的基础性条件比较有利,民主政体就更容易创建和维系;如果一个社会的基础性条件不够好,民主政体更不容易建立,或者即便创建也很容易走向不稳定。到目前为止,学术界强调的较为有利的社会条件主要包括:较高的经济发展水平、矛盾较缓和的阶级结构、较低的不平等程度、不存在激烈对抗的族群与宗教结构、较现代的政治文化、较高的国家构建水平与官僚制发育程度。②

在这种理论视角看来,能否培育这些有利的基础性社会条件,是民主或民主化成败的关键。基础性社会条件更好的国家,就更容易实现成功的民主转型;基础性社会条件欠佳的国家,就更不容易实现成功的民主转型。由此可见,这里还可以得到一个重要的推论:对一个威权国家而言,如果它能够提高经济发展水平、缓和阶级矛盾、培育中产阶级、弱化族群或宗教冲突、提升文化教育程度、塑造自由包容的现代政治文化、降低社会不平等程度、与民主制大国维系良好关系、推动现代国家构建和培育有效国家能力,那么它未来就更有可能会能实现成功的民主转型;否

---

① 关于解释民主化的三种理论路径,参见包刚升:《民主的逻辑》,社会科学文献出版社2018年版,第179—243页。
② 包刚升:《民主的逻辑》,社会科学文献出版社2018年版,第179—205页。

则,它未来实现成功民主转型的可能性就要低很多。

民主的政治制度论认为,对于民主转型来说,宪法设计和政治制度安排是至关重要的。实际上,关于政治制度的研究非常古老,一直可以追溯至古希腊。在当代,罗伯特·达尔则认为:"简而言之,如果国家的基础条件同时存在有利与不利的情况,一个好的宪法设计就会有利于民主制度的生存;反之,一个坏的宪法设计可能导致民主制度的崩溃。"①

目前,这一理论路径主要有两个不同层次的观点,第一个观点认为单个制度很重要,第二个观点认为某种政治制度的组合很重要。学术界对于单个制度有不同的理解,目前主要集中在对四种政治制度的研究上:一是政府形式,即行政权与立法权的关系;二是选举制度;三是政党体制;四是地方分权模式,或者叫央地关系模式。除了单个制度以外,还有学者更关心政治制度组合的差异,比如,多数民主模式与共识民主模式的差异,盎格鲁-撒克逊模式和欧洲大陆模式的不同等。笔者的一部作品区分了向心型民主模式和离心型民主模式的分野。无论具体观点怎样,这些都是强调政治制度组合的重要性。无论是单个制度,还是制度组合,他们都强调宪法设计和政治制度安排是民主化过程中的关键问题。②

政治制度论强调宪法设计与政治制度安排的重要性。需要指出的是,政治家和政治精英无法根据自己的意图随心所欲地设计宪法与政治制度。实际上,宪法设计与政治制度总是会受到当时政治势力的左右或社会结构的影响。所以,政治制度不是从天而降或凭空发生的,而是有着一套非常复杂的生成逻辑。同样重要的是,必须承认宪法设计和政治制度安排所具有的独立作用。即便在相同或相似的社会结构条件下,政治家和政治精英们仍然可以设计差异很大的宪法和政治制度。而这种宪法设计与政治制度一旦落地,就会对此后的政治行为产生实质性影响。

一个颇为困扰人的问题是,世界上是否存在着一种唯一最优的民主制度模式呢?恐怕答案是否定的,因为每一种政治制度的利弊不惟独取决于这种制度本身的逻辑,还取决于它与特定社会条件之间的匹配性。尽管如此,我们仍然可以发现某些从制度设计到民主稳定或治理绩效之间的因果机制。比如,有些宪法设计与制度安排更容易促进民主巩固,但有些宪法设计与制度安排更容易导致民主的不

---

① [美]罗伯特·A.达尔:《论民主》,李风华译,中国人民大学出版社2012年版,第108页。
② 包刚升:《民主的逻辑》,社会科学文献出版社2018年版,第206—233页。

稳定或低绩效,更容易引发政治冲突,甚至造成民主政体的垮台。政治学研究或许无法设计出一种适合所有社会的完美民主制度模式,但可以为那些可能注定要会失败的宪法设计和政治制度安排提供必要的警醒。

民主的政治行为者理论强调的是政治行为者在民主化过程的角色和作用。这里的政治行为者既包括政治精英,又包括普通民众。当然,政治精英的角色要重要得多。跟前面两种理论路径不同,主张精英论的民主转型研究很多都是在"讲故事"。这也就是说,更多的研究是在描述民主转型的过程以及政治行为者在其中扮演的角色,但往往难以阐明这些故事背后更为一般的因果逻辑是什么。

强调政治行为者角色的理论通常都有一个假设,即政治家和政治精英的角色很重要。这一派甚至认为,政治家和政治精英们怎样做,就决定了怎样的政治结果。当政治家做对的时候,民主转型就更容易成功;政治家做错的时候,民主转型就更容易失败。那么,在政治转型的关头,政治家和政治精英到底应该怎么做呢?就目前的研究文献而言,这里并没有什么放之四海而皆准的普遍规则,因为政治家和政治精英在不同国家面临着很不一样的政治情境。所以,这一研究路径的理论构建往往显得比较薄弱。[①]

对一个国家来说,有什么样的政治精英就有什么样的政治;对一个国家的民主转型来说,有什么样的政治精英就有什么样的民主转型。的确,任何政治都是由政治行为者塑造的。政治生活中有什么样的人,他们信仰什么、如何选择以及怎样互动,在很大程度上决定了一个共同体的政体选择和政治命运。而在所有的政治行为者中,政治家和政治精英的角色往往更重要。因此,正是政治家与政治精英们的信仰、行为和互动决定了民主转型的前景。

当然,就不同理论路径的比较而言,强调政治家角色的精英论始终面临着一个重大的挑战。任何政治精英都会受到环境因素的约束,政治精英无法凭空创造历史,他们都只能在特定的社会结构情境和政治制度条件下从事政治行为、做出政治决定和进行政治互动。因此,任何对于政治家和政治精英在民主转型过程中的角色分析,都无法脱离特定的社会结构情境和政治制度条件。有学者因此会提出质疑,如果只强调政治精英的作用,那么如何正确认知社会结构条件和政治制度条件扮演的角色呢?其实,主流的精英论研究通常都不会否认其他因素的重要性,无论

---

① 包刚升:《民主的逻辑》,社会科学文献出版社2018年版,第234—243页。

是社会结构,还是政治制度,都构成了政治精英互动的约束条件。但是,即便在同样或相似的社会结构和政治制度之下,政治精英的行为与选择仍然有相当的独立性,他们仍然有做出不同选择进而塑造不同转型结果的可能性。

第四节 民主与诸种政治要素的关系

民主理论需要处理的另一个重要议题,是民主与政治诸要素之间的关系,比如民主与自由、民主与法治、民主与平等、民主与市场、民主与国家等。解读民主与政治诸要素之间的关系,构成了理解现代民主的一个重要视角。

一、民主与自由

民主与自由的关系从来都是政治哲学领域的热门话题。过去一个常见的说法是:民主是手段,自由是目的。这个观点反映出价值排序的优先性,即自由具有更高的价值。但这只是代表了一种观点。

若深入思考,就会发现民主与自由存在着两种不同的逻辑。

一种是两者互相冲突的逻辑,这种可能性确实存在。按照经济学家弗里德里希·哈耶克的说法,自由是"一个人不受其他某人或某些人武断意志的强制",或者说自由就是免于强制。① 英国近代哲学家约翰·洛克把社会成员的生命权、自由权与财产权得到确定无疑的保护视为自由问题的核心。② 根据这种观点,一个人来到世界最重要的不是能不能投票,而是这些基础性的自由权利能否得到确定的保障。英国哲学家约翰·密尔则认为:"对于文明群体中的任何一名成员,可以违反其意志而正当地行使权力的唯一目的,就是防止对他人的伤害。至于这个人自己的好处,无论物质上的还是精神上的,都不是充足的正当理由……只有涉及他人的那部分行为,才是任何人应该对社会负责的行为。从正当性上说,在仅涉及他自己的那部分行为上,他的独立性是绝对的。对于他自己,对于他的身体和心智,个

---

① [英]弗里德里希·奥古斯都·冯·哈耶克:《自由宪章》,杨玉生等译,杨玉生等校,中国社会科学出版社2012年版,第27—43页。
② 参见[英]洛克:《政府论》(下篇),叶启芳、瞿菊农译,商务印书馆1996年版。

人是最高主权者。"①

根据这些观点,自由的道理与民主的道理是两回事。有人甚至担心,民主可能侵犯自由。在政治决策中,民主高度依赖于多数规则,但多数规则下不见得会做出尊重自由的决定。如果一个由多数规则做出的政治决定是侵犯自由的,那么此时的民主就是反自由的。

自由派确实有理由担心:当民主规则意味着多数派做决定时,少数派的权利是否能得到保障呢?进一步说,这种多数决定规则是否可能导致多数暴政呢?若自由派笃定认为,自由才是优先价值,那么只有当民主保障自由时,这种民主才是令人向往的;当民主侵犯自由时,民主就不再是理想的统治秩序了。

第二种逻辑恰恰相反,即民主与自由互相兼容的逻辑。古典自由主义的经典教义是:统治应该基于被治者的同意。这既是约翰·洛克阐述的政治原则,也是美国《独立宣言》的基本思想。按照这一经典教义,有人会问:"既然统治应该基于被治者同意,那么被治者如何同意呢?我们需要建立一个怎样的制度与程序来确保这种被治者的同意呢?"依此原则,在迄今为止的人类统治秩序中,只有一种与之对应的统治形式,那就是民主。只有民主政体,才有可能落实"统治应该基于被治者同意"的原则。所以,这是从自由原则推导出民主规则的一种逻辑。

此外,民主固然可能侵害自由,但与民主相比,非民主政体更能促进自由吗?或许,在民主化时代之前的欧洲,符合立宪原则的非民主政体有可能是自由的保障。但除此之外,许多其他地区的非民主政体通常都是自由的破坏者。从概率上看,与非民主政体相比,民主政体当然更有可能是自由的捍卫者。

二、民主与法治

民主和法治的关系同样重要。北京大学潘维教授曾出版过一部书,名叫《法治与"民主迷信"》,其核心观点是:对一个国家来说,最重要的是法治,而非民主。②他甚至把很多人持有的比较坚定的民主信念称为"民主迷信"。这一派学者主张"重要的不是民主而是法治",不妨称之为"法治优先派"。他们大致是说,只要

---

① [英]约翰·密尔:《论自由》,顾肃译,译林出版社 2010 年版,第 10—11 页。
② 参见潘维:《法治与"民主迷信":一个法治主义者眼中的中国现代化和世界秩序》,香港社会科学出版有限公司 2003 年版。

有法治,即便无民主,善治可期;但如果只有民主而无法治,则容易沦为多数暴政。

从全球经验来看,欧洲法治与民主史可以作为这种观点的佐证。以英国为例,英格兰1215年签署了《大宪章》,1258年又签署了《牛津条约》,由此国王的权力受到了约束,同时一个贵族会议得以创建并最终进化为后来的英国议会。但在相当长时间里,英国(1832年之前)拥有投票权的人不足5%。所以,英国直到19世纪中叶都不算是严格的民主政体,而是一种少数人拥有投票权的竞争性精英政体。但是,这种统治尊重英国成文的和不成文的法律与惯例,政府发号施令建立在法治的基础上。英国作为一个案例似乎可以证明,只要有法治,即便民主程度不足,亦有可能实现一种优良的统治秩序。

然而,世界上的其他国家并非都是近现代的英国或欧陆国家。"民主优先派"(姑且这样称呼)对此的一个质疑是,优良的法治传统主要存在于欧洲。如果没有优良的法治传统,再加上没有民主来约束统治者,这样的国家能够实现善治吗?尤其是,如果统治者倾向于制定恶法或破坏法治,这个社会若同时缺少民主对统治者的控制,那么善治如何可能呢?对于欧洲文明之外缺少法治传统的国家来说,如果民主缺位,统治者根本是无法被约束的。

因此,"民主优先派"认为,民主是实现善治的必要条件。其实,这一派很难说是真正主张民主优先论,他们通常强调民主与法治需要携手并进,但他们确定无疑地反对"只要法治而民主可有可无"的观点。

三、民主与平等

民主与平等的关系也是一个经久不衰的议题。民主能够促进平等吗?或者,民主能够实现何种政治平等?罗伯特·达尔在《论政治平等》一书中强化了他关于政治平等的观点,表明他更坚定地站在了左派阵营。在美国的政治传统中,开国之父们对基本政治权利平等之上的其他平等并不重视,甚至还有所警惕。达尔则试图寻求某种实质性的平等。在他的框架中,权力就是影响力,真正意义上的政治平等就是每个公民获得相当的或同等的政治影响力。[①] 当然,保守派认为这种主张是一种政治幻想。这如何可能呢?

---

① 参见[美]罗伯特·达尔:《论政治平等》,谢岳译,上海人民出版社2010年版。

如果说民主至少意味着基本的政治身份平等，这是很多不同流派的思想家都乐意接受的观点。美国《独立宣言》就表达了类似的观点，即所有人生而平等。这是某种基础性的政治平等，亦即政治权利的平等或形式上的政治平等。当然，如果放到历史长河中去考察，这种基础性的政治平等其实也来之不易，可以算人类政治史上的一种伟大创造。在过去数千年中，全球范围内的大部分国家、文明和政治体都没有办法实现这种基本的政治平等。相反，这主要是最近200多年的事情。

但有人觉得仅有基本的政治身份平等、投票权的平等以及法律面前的人人平等，还不能令人满意。他们期待民主能增进一个社会的实质性平等。然而，几乎所有社会中都存在着贫富差距。不同职业、行业、教育水平、家庭出身的人，收入和财富水平的差距往往是巨大的。在美国，有的500强公司CEO年收入高达上千万美元，很多普通人一年薪水则不足6万美元。此外，不同人的政治影响力也是不同的。统治精英、高级官僚、跨国公司高管、演艺明星的政治影响力通常都比较大，而普通公民的政治影响力则相当有限。如果理想中的政治平等意味着政治影响力的相当，那么保守派会认为这是无法做到的。

那么，一个社会到底能够实现什么样的民主或平等呢？平民主义民主论和精英主义民主论在这方面的分歧很大。达尔期待的是寻求实质性平等的民主。麦迪逊和熊彼特等人则认为，最多能够实现的是大众统治与精英治理相结合的民主，但精英无疑会比普通民众拥有更高的社会阶层和更大的政治影响力。在他们看来，完全意义上的实质性政治平等是任何社会都难以实现的。

四、民主与市场

有人还关心，民主和市场是什么关系？2008年全球金融危机之后，美国出现了"占领华尔街"运动。这些占领者声称：他们是99%的普通人，而华尔街那些贪婪的金融寡头与投机者正在剥削整个美国。这个例子似乎预示着，代表"民主力量"的多数普通人对不受节制的市场力量——至少是对金融市场——感到极大的不满。

那么，民主反对市场吗？似乎并非如此。今天，欧美发达国家的标准制度配置就是自由民主政体与市场经济模式的组合。英国、美国、法国、德国、澳大利亚、日本莫不如此。但问题是，民主政体和市场经济一定是朋友吗？抑或，它们还可能是对手？

一种可能是民主和市场的相互强化。一方面，放眼全球，自由民主政体通常都致力于保护产权，民主政体下的政府也是责任政府。产权保护加责任政府，一般都有利于市场经济的成长发育。否则，如果政治权力不受约束或胡作非为，市场经济就难以获得充分的成长空间。比如，美国经济学家道格拉斯·诺思（Douglass C. North）在《经济史上的结构和变革》中讲过一个故事，近代法国南部曾经有一个发达市场，后来，法国国王不知节制，开始对该市场征收高额的税费，结果这个市场就慢慢衰落了。

另一方面，市场经济更容易造就经济繁荣，同时有利于培育一个社会的多元力量。从经验上看，市场经济模式才有助于造就持久的经济繁荣。此外，由于资本掌握在不同人和不同企业的手中，市场经济是典型的多元化经济，有助于孕育多元的社会力量。如果一个社会既富有又多元，就更有可能促成民主的兴起与巩固。

简而言之，民主政体保护产权、塑造责任政府，有助于促进市场经济；而市场经济创造经济繁荣、维系多元社会，有助于强化民主，两者是相辅相成的。经验告诉我们，从19世纪到20世纪的两大强国——英国和美国——的成功，很大程度上都得益于这种民主政体与市场经济的互相强化。

另一种可能是民主和市场的互相削弱。一方面，民主可能要求更多地政府干预及推行再分配政策。民主政府的惯常做法是更多的政府干预、更大的政府规模、更高的所得税率以及更积极的再分配政策。这些政策最初往往来自普通民众对民主政府的施压。然而，市场经济要求资源根据效率原则进行自由流动和有效配置。从这个视角看，民主政府的政策有可能跟市场经济模式相冲突，或者削弱市场的力量。

另一方面，市场经济的运作机制与结果可能也会削弱民主的力量。市场承认①贫富差距，市场还会强化资本力量。在一个贫富分化严重的社会，民主政体往往更难维系，原因在于穷人容易产生革命性的要求，富人则由于不安全感而倾向于反对民主。此外，资本力量若过于强大，可能会试图控制政治过程。美国允许政治捐款，但国会曾经立法给每场选举中针对一个候选人的政治捐款设定上限，就是希望抑制资本对政治的过大影响力。这种立法的背后，也是民主体制对资本力量的

---

① 注意：这里用的不是"加剧"，因为非市场经济体制下的贫富分化可能同样严重。

深层担忧。

简而言之,民主政府有可能强化政府干预和再分配政策,结果就会削弱市场力量;市场承认贫富差距并强化资本力量,可能反过来削弱民主政体的社会基础,两者之间还存在着潜在的对抗逻辑。

五、民主与国家

本节最后讨论的一个重要问题是民主与国家的关系。自启蒙运动以来,西方社会的主流意识形态把国家视为一种"必要的恶",政治上的实际做法则是限制国家。这套限制国家的标准配置,包括立宪、法治、民主、有限政府和分权制衡等一整套制度安排。这种政治观念的主要倾向是防止国家"干坏事"。有一个流行于美国的小故事正好对应了这种国家观。

> 西方社会的一个重要节日快要到了,美国有个小男孩想得到节日礼物。他决定向"上帝"求助,他寄给"上帝"的明信片上写着:"亲爱的'上帝',节日马上就到了,你能否赐予我100美元作为节日礼物?感谢'上帝'!"邮递员由于找不到"上帝",就把这张明信片寄到了白宫。几天之后,美国总统收到这张本来要寄给"上帝"的明信片。其实,总统秘书不过是想让总统开心一下。读到小男孩的信后,这位总统慷慨地从钱包里抽出50美元,委托秘书把钱寄出去。这样,几天后小男孩就收到了从白宫寄来的50美元。
>
> 又过了一些天,这位好心的总统收到了小男孩写给"上帝"的回信。上面写着:"亲爱的'上帝',感谢您给我寄来钱作为节日礼物。可是,当您的钱经过白宫时,被那帮狗娘养的克扣了50美元,所以我只收到了50美元。再次感谢'上帝'!"

这个故事的寓意是一个普通的美国小男孩对国家权力都抱有深刻的警惕。的确,防止国家干坏事很重要。但另一个问题随之而来:国家有能力做好事吗?对很多发展中国家来说,它们可能更需要国家有能力做好事。比如,1947年印度独立时,作为总理的贾瓦哈拉尔·尼赫鲁看到的是印度的人均GDP不足100美金,以及印度与欧洲之间的鸿沟。作为领导人的尼赫鲁有很大的冲动,要把印度这个新生的国家带上一条现代化的道路。但是,"印度国家"能够胜任这一任务吗？

这里首要的问题是国家本身,即国家能完成有效的构建吗？相反的例子是,有些国家在独立建国后不久就面临着国家垮塌与解体的危机。比如,20世纪60年代的尼日利亚在独立后不久即陷入内战。再比如,苏丹自独立以来一直内乱不断,最后不得不分裂为苏丹和南苏丹。对这样的社会来说,国家构建本身是一个重要的政治问题。

如果国家构建的任务基本完成,那么随之而来的问题是国家能力或政府效能的塑造。美国建国之初同样面临着这样的挑战,即能否塑造一个有效能的联邦政府。在《联邦党人文集》这部讨论分权制衡的经典作品中,亚历山大·汉密尔顿（Alexander Hamilton）反复论述塑造强有力的联邦政府的重要性。

当然,经济学家通常不喜欢讨论国家能力的问题。但是,从政治学角度看,国家能力是一个有意义的概念。当国家能力不足时,不少发展中国家——特别是在那些宗教或族群分裂程度很高的社会——随时可能会面临国家失败的风险。20世纪80年代以来,国际学术界的重要进展之一是,找回了被启蒙传统忽略的国家。当政体理论与国家理论相结合,或者说当民主与有效国家相结合时,我们才更容易理解人类政治生活背后的真实逻辑。

第五节　社会主义民主

中国人民在中国共产党领导下开创的社会主义民主制度,是人民民主的根本体现,它内生于中国历史社会的政治实践形式,是中国革命和社会主义现代化建设的产物,具有强大的制度优势和重大的政治文明价值。

一、人民民主是本真的政治生活

政治的本真性在于共同善,其必然的实现形式就是人民民主。在一个政治共同体中,共同的善好、相互的承认,体现在制度安排上,就是一种从整体出发的人民民主。人民民主超越于西方国家的代议民主之处,在于它以共同善为先,是一种整体性、全局性的民主。这种共同善,可以涵盖、实现和包容每一个人的发展,达到一种相互的强化,也就是马克思恩格斯在《共产党宣言》中所说的,"每一个人的发展都是其他人发展的条件"。反观西方国家的代议民主,它强调自然权利优先,然而从个人权利出发,无法达致共同的善,自始至终只能是一种有限的、片面的民主,事实上就是一种少数精英通过选票来获得统治合法性的民主。诚然,在反专制、反封建的斗争中,代议民主制发挥了巨大的历史作用。英国历史学家基佐(Guizot)在热情讴歌代议制的进步意义的同时,也毫不掩饰地指出代议制从根本上有别于人民统治:"代议制政府根据人们按理性和正义行事的能力来配置实际权力,获得权力的权利正是得自于理性和正义。通过获得所有人的认可,或通过简单地求助于社会的共同意识,这一原则适用于日常生活,并符合个人利益。……成为代议制政府与人民统治相区别的特征"。[1] 基佐是诚实的。代议民主并不能完全满足人民对于民主的要求,它毕竟是资本主义社会这个历史发展阶段的产物,最终还是要被全面发展的人民民主所超越,因为只有人民民主才体现了政治生活的本真性,是真实的民主。

一方面,在人民民主这里,民主必须在各个层次、各个领域都实现普遍共享。按照这一标准,民主应该是全方位、最广泛的,建立在全体社会成员均等地共享资源的基础之上。当然,均等只能是按照一定标准所形成的均等,比如劳动标准,达到按劳取酬,而不是平均分配。反过来说,在社会不平等条件下的民主几乎是不可想象的。美国著名的民主理论家罗伯特·达尔一生的理论关注,就是在美国这样一个不平等的社会如何可以实现民主?带着这个问题,达尔提出了他的"多头民主"理论。他指出:"许多多头政体现在正是存在于有着大量严重不平等的社会里,例如收入、财产和受高等教育的机会的不平等。"[2]然而,达尔用多头政体对冲社会不平等的努力是徒劳的,因为从一开始,他所知道的美国民主,就已经偏离了本真的政治生活,是一种由商业资本主导的政治形式。

另一方面,在人民民主这里,民主必须体现出统一性、整体性。人民是一个整体概念,相应地,民主也应充分体现出整体性。法国思想家、民主理论的先驱卢梭十分强调人民主权的统一性,因为主权是不可分割的,必须通过统一的形式表现出

---

[1] [法]弗朗索瓦·基佐:《欧洲代议制政府的历史起源》,张清津、袁淑娟译,复旦大学出版社2008年版,第66页。
[2] [美]罗伯特·达尔:《多头政体——参与和反对》,谭君久、刘惠荣译,商务印书馆2003年版,第101页。

来。① 整体意志首先是不能被代理的,而只能被代表。代议制主张的委托—代理关系,本身存在着巨大的困境:当选的议员和官员其实并不能清楚了解自己能够代理谁,是全体选民,还是本选区的选民,还是本选区投自己票的选民?等等。因此,他们只能代表自己,自作主张,自行其是。这样一来,人民的整体意志与最终决策就完全分离了。此外,整体意志也不能被分化,最多只能在政府职能这个层面进行分工合作。但是西方国家代议民主标榜个人权利为起点,利益分化是它必然的逻辑。救渡这种个人主义的办法,就是功利主义。他们相信,从个体利益出发,通过一定的程序来达到利益的均衡化,形成一种最优决策,就可以接近整体意志。这种推导其实是非常牵强的,事实上也是不成立的,因为它只是服务了社会上最强势的集团的利益。由于社会各个部分都极力追求自身利益的最大化,民主制造出来的就是社会撕裂。美国政治学者夏皮罗(Schapiro)将西方民主理论传统区分为"聚合式民主"和"协商式民主"两种②,同时承认,这些理论的要旨,都是探讨碎片化条件下如何达致共同善。然而,若是缺乏对"人民"概念的透彻理解,这些努力都注定是不可能的任务。

　　社会主义民主是一种人民民主,人民是民主的定语,也是民主的本质规定性。"人民"这个概念表达了一种共同善的理想,由此来规定的民主是整全性的,而非碎片化的。用碎片化的民主标准来衡量中国社会主义民主建设的做法完全不合理;同样,用人民民主的观念来看待西方国家代议民主,也会发现,这种以选举为中心的民主只是披着民主的外衣,用列宁的话来说,"民主共和制是资本主义所能采用的最好的政治外壳"③,实质上是在资产阶级市民社会占支配地位的商业阶级利益的守护者,与真正的人民主权相去甚远,更不必说什么共同善。当然,资产阶级也好,西方国家的精英也罢,他们是不会轻易放弃民主这个外壳的,用马克思的话来说,他们会把资产阶级的利益讲成是一种整体的利益,从而构建一个"虚幻的共同体":"每一个企图取代旧统治阶级的新阶级,为了达到自己的目的不得不把自己的利益说成是社会全体成员的共同利益,就是说,这在观念上的表达就是:赋予自己的思想以普遍性的形式,把它们描绘成唯一合乎理性的、有普遍意义的思想。"④随

---

① [法]让·雅克·卢梭:《社会契约论》,何兆武译,商务印书馆2003年版,第33页。
② [美]伊恩·夏皮罗:《民主理论的现状》,王军译,中国人民大学出版社2013年版,第3页。
③ 列宁:《国家与革命》,人民出版社2001年版,第12页。
④ 《马克思恩格斯选集》(第一卷),人民出版社1995年版,第100页。

着资本主义社会的成熟,民主作为一种意识形态的特征就更趋明显。

无论如何,时代已经发展到了这一步,民主成为全人类的共同价值。一切国家和人民,不管喜欢民主还是不喜欢民主的,都将以民主自居。民主作为基本政治形式,本身也有不同的制度实现,随不同的历史、社会条件而变化,不同的国家可能会形成不同的民主制度,对民主价值的理解也有不同。关于这一点,我们可以解释为受限于具体的历史文化条件,不同国家抵达民主、实现共同善的程度不一。人民民主相比西方国家的代议民主,更符合民主的本义,接近于政治生活的本真状态,这是人民民主的价值优越性和制度优势所在。

二、人民当家作主

人民民主的基本实现形式,就是人民当家作主。在制度设计上,人民当家作主区别于西方国家的代议民主,就是前者强调人民对于政治生活全方位、持续的民主参与,后者强调选民通过一次性投票把统治权交给精英就了事。虽然美国解放黑奴的总统亚伯拉罕·林肯曾经将民主概括为"民有、民治、民享",好像表达了对人民当家作主的向往,但他的"理想民主"也只能停留在口头上。真正把人民当家作主落实为国家制度,还是中国共产党领导中国人民来实现的。

中华人民共和国成立后,在中国共产党领导下,建立了工人阶级领导的、以工农联盟为基础的人民民主专政的社会主义国家,意味着从国体意义上将一切权力归于人民。一切权力归于人民具有双重涵义。第一是指一切权力的运用都以人民群众根本利益为准绳,体现出政治的整体性和全局性。第二是制度意义上,一切权力归于人民在制度上体现为人民代表大会制度。人民代表大会制度是中国的根本政治制度,全国人民代表大会是中国最高国家权力机关。在人民代表大会制度下,建立了一系列选举制度、政府制度和司法制度,等等,以确保人民代表人民选、人民可以监督和管理自己的政府,实现人民当家作主的权利。

那么,人民如何实现当家作主?人民是国家的主人,人民可以通过各种方式参与国家事务,影响国家大政方针政策的制定,同时,人民也是国家政策落实和执行的主体。在社会主义国家,人民当家作主是有充分制度保证的。它首先是全方位的,从顶层设计到基层治理,都有相关的制度来确保人民当家作主。在顶层体现为发展和完善人民代表大会制度,在基层社会则体现为基层群众自治制度的发展,通过制度创新和机制创新,不断提高人民群众参与基层社会治理的积极性和有效性。其次是持续性的,人民代表大会制度以及相关的政治协商制度、选举制度和社区自治制度,都以确保人民群众持续参与政治生活为要义,人民群众可以通过各种不同的渠道表达意见、参与协商治理,对政府进行监督。

必须强调的是,人民民主是党的领导、人民当家作主、依法治国有机统一。关于这一点,党的十九大报告指出:"党的领导是人民当家作主和依法治国的根本保证,人民当家作主是社会主义民主政治的本质特征,依法治国是党领导人民治理国家的基本方式,三者统一于我国社会主义民主政治伟大实践。在我国政治生活中,党是居于领导地位的,加强党的集中统一领导,支持人大、政府、政协和法院、检察院依法依章程履行职能、开展工作、发挥作用,这两个方面是统一的。要改进党的领导方式和执政方式,保证党领导人民有效治理国家;扩大人民有序政治参与,保证人民依法实行民主选举、民主协商、民主决策、民主管理、民主监督;维护国家法制统一、尊严、权威,加强人权法治保障,保证人民依法享有广泛权利和自由。巩固基层政权,完善基层民主制度,保障人民知情权、参与权、表达权、监督权。健全依法决策机制,构建决策科学、执行坚决、监督有力的权力运行机制。各级领导干部要增强民主意识,发扬民主作风,接受人民监督,当好人民公仆。"[①]这可以视为人民民主"有机统一性"最具概括性的阐释。

三、全过程人民民主

人民当家作主,就意味着社会主义民主是一种全过程人民民主。全过程人民民主是社会主义民主政治的本质属性,是最广泛、最真实、最管用的民主。全过程人民民主,顾名思义,存在时间和空间两个维度,必须从这两个维度去理解全过程人民民主的"全过程"含义。首先是时间维度,"全过程"是指时间上自始至终贯穿人民民主的基本原则,体现出时间上的持续性、多环节的连续性[②];其次是空间维度,"全过程"是指人民的在场。社会主义民主政治从根本上说是以人民为中心的政治,结合时间和空间两个维度,我们将全过程人民民主,归结为"人民始终在场"。人民始终在场,意味着在一个决策的全过程,人民都应以不同的方式"始终在场",

---

① 习近平:《决胜全面建成小康社会 夺取新时代中国特色社会主义伟大胜利》(2017 年 10 月 18 日)。
② 桑玉成:《拓展全过程民主的空间》,《探索与争鸣》2020 年第 12 期。

它有原则和制度两层含义。在原则含义上,它是指我们一切决策都应贯彻以人民为中心的基本原则,从人民群众的整体利益出发,强调决策的整体性、全局性和公正性。在制度含义上,它要求我们必须尽可能创造条件,为人民群众在不同环节参与决策,提供必要的制度空间、渠道和机会。

人民民主不是做做样子的,而是要落到实处,是真正管用的民主。如何才能体现出人民民主在治理上的有效性呢?那就是将决策的全过程民主化,这同时也被中国政治学者认为是中国政治发展的方向选择。[①] 全过程性,是指决策从创设议程,到制定决策、表决,最后到政策执行,都要全面贯彻民主原则,也就是大多数原则。政策的提出要基于多数的利益,政策的制定取决于多数支持,而最重要的是,在政策实施的过程中,要充分动员多数参与、认可和支持,从而使一个好的政策,从制定到实施,都能够充分体现出科学性和合理性,使政策效能最大化,达到良好的治理效果。

这里的关键问题就在于,决策的全过程中,"多数"是不断变化的,投票表决时的"多数"未必等同于执行时的"多数",更不同于事前发动和事后监督的"多数",在不同阶段,"多数"都要反复进行识别,而这个识别过程就是协商,只有通过反复协商、征求意见、沟通想法,才能真正找到"多数",确保"人民始终在场"。这也是全过程人民民主相比西方国家以选举为中心的代议民主,在理论上更具有优势的根本所在,因为后者只有一个"多数",那就是投票时的多数,剩下的过程里哪怕有再多变化也都要受制于这个"多数",这显然在理论上和实际操作上都是不合理的。

民主的真实性和实效性,很大程度上取决于民主的全过程性。因为民主不能只停留于表决程序,表决只是民主的其中一个环节。事实上,表决之前和表决之后的民主,比表决环节的民主更具决定性。表决之前的议程设置和方案拟定,决定了什么事项可以表决,以及表决什么,如果在这个环节不注重民主,那么表决环节再民主也是徒劳。同样,表决之后就要进入实施环节,我们不可能说投赞成票的就去实施,投反对票的就袖手旁观或者破坏,因为决策对于所有人都是有效的,所以一旦表决通过,决策的实施也要争取到多数人的支持和参与,否则的话,民主也就失去了意义。

---

① 桑玉成:《拓展全过程民主的发展空间》,《探索与争鸣》2020年第12期。

在这个过程中，协商民主的制度价值就凸显出来了。因为，表决是一次性的投票行为，而表决之前和表决之后的民主，是通过平等、理性和持续的商量讨论来实现的，只有将协商民主的效应发挥到最大，才能避免少数人垄断了议程设置的权力，同时确保大多数人参与政策的全过程的权利。约翰·密尔忧心代议制政府会出现"多数暴政"，其实这很可能并不是多数的暴政，而是少数以民主的名义实施的暴政，由宪法赋予少数否决权来实现"保护少数"，其实可能是"保护多数"。无论如何，其结果就是民主与宪法之间的冲突。实际上，从民主应该贯彻于全过程的角度，多数与少数之争，是可以通过协商民主来解决的。按照少数服从多数的决策规则，决策更符合多数的意愿，但这不是一劳永逸的，少数的意愿可以在决策实施的过程中，通过平等、理性的协商，逐渐与多数的意愿形成一种平衡，在行动上达致合作。

本 章 小 结

本章主要讨论了跟民主有关的概念和理论问题。民主这一概念起源于古希腊城邦，原意是指人民的统治，由此也衍生出民主的实质性定义，即民主就是人民当家作主。但这一民主的实质性定义存在着许多问题。后来，约瑟夫·熊彼特提出了民主的程序性定义，而这一民主的程序性定义具有很强的精英主义色彩。历史地看，古典民主起源于古希腊城邦，近现代民主则起源于英格兰。英格兰最早形成了立宪主义的安排，并在此基础上发展出了近现代的议会政治。到19世纪，随着选举权的逐步普及，现代民主首先在一部分国家成为政治制度安排。此后，民主经历了一个进两步、退一步式的向全球扩散的过程。托克维尔将美国民主共和政体的成因归结为地理、法制和民情。现代政治科学则将世界不同国家在民主转型和巩固上的分化总结为三个主要原因，分别是基础性社会条件的差异、政治制度设计的差异和精英行为的差异。本章还讨论目前学术普遍关心的议题，即民主与自由、民主与法治、民主与平等、民主与市场、民主与国家之间的关系。与西方国家的民主相比，中国社会主义民主是全过程人民民主，更具有理论和制度优势。

思考题

1. 如何理解民主的定义?
2. 古希腊雅典城邦民主制的基本特征是什么?
3. 近现代民主是如何兴起的?
4. 请分析解释民主化或民主转型的几种主要理论。
5. 如何理解民主与自由及与法治的关系?

延伸阅读书目

1. [美]乔万尼·萨托利:《民主新论》(上下卷),冯克利、阎克文译,上海人民出版社2015年版。

2. [美]罗伯特·达尔:《多头政体:参与和反对》,谭君久、刘惠荣译,商务印书馆2021年版。

3. [美]胡安·J.林茨、阿尔弗莱德·斯泰潘:《民主转型与巩固的问题》,孙龙译,浙江人民出版社2008年版。

第八章
选　举

选举投票是公民政治参与的基本方式。在民主政体下,选举投票也是重要的政治程序。选举,是指选民通过投票来选择自己代表的活动,这里选举的既可以是不同级别的代表,包括从国会议员或代表到乡镇议员或代表;又可以是不同级别的行政长官,包括从国家元首、政府首脑到县市乡镇长等。

第一节　选举、制度与行为

讲到选举投票,很多人自然关心选民投票背后的决定因素是什么? 比如,在美国,为什么有的选民投票给民主党,有的投票给共和党? 在德国这样的国家,政党体制比美国更为复杂,所以选民投票的多样化程度更高。按照现有研究,影响选民投票的主要因素包括阶级因素、宗教因素、族群与语言因素、代际因素、性别因素等。[①]

整个 20 世纪中,阶级因素通常被视为影响选民投票行为的最重要因素。罗伯特·达尔甚至把西方国家的民主视为"和平的阶级斗争"。从古至今,穷人和富人在很多重要政治议题上的观念通常都是相左的。比如,早在 2 000 年前的古罗马共和国,那个时候元老院就更多代表贵族的立场,平民大会和保民官则更多代表平民的利益。所以,阶级身份影响政治立场和观点的概念,其实可以追溯至马克思之前。

---

① Clem Brooksa, Paul Nieuwbeertab, and Jeff Manzac, "Cleavage-Based Voting Behavior in Cross-National Perspective: Evidence from Six Postwar Democracies", *Social Science Research*, 2006, 35(1), pp. 88-128.

当然，工业革命以来，阶级因素在政治生活中变得日益重要。图8-1说明了不同社会发展阶段上阶级政治因素的强弱。横轴代表的是从前工业社会到工业社会，再到后工业社会的时间演进，纵轴代表的是阶级政治因素的强弱。一个总的趋势是，在前工业社会，阶级政治因素并不是太强烈。随着工业化的进展和工人数量的增加，阶级政治与阶级冲突的程度随之提高。但随着后工业社会的到来、福利社会的建设及贫富差距的缩小，过去意义上的阶级政治或阶级冲突后来就出现了相对的缓和。当然，这只是大致的情形。比如，金融危机到来时，由于普通民众生活日益艰难，阶级政治或阶级冲突可能会加剧。这些因素都会影响选民的选举投票行为。

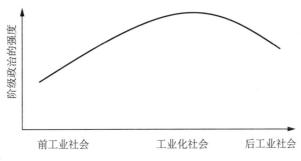

图8-1　阶级政治的演进趋势

讲到阶级，学术界有两种比较经典的划分标准。马克思把对生产资料占有的不同，视为区分不同阶级的标准，比如资产阶级与无产阶级。另一种观点把一个人在社会上的收入和职业状况视为区分不同阶级的标准，这一阶级定义有时被视为阶层，韦伯基本上倾向于这种分类方法。从马克思创作《共产党宣言》的19世纪中叶到现在，西方发达国家的阶级结构已发生重大变化。几个主要的趋势包括：简单体力劳动者比例的降低、中产阶级的崛起，及并不拥有股权（生产资料所有权）的高薪管理阶层人数的壮大。这种阶级结构的变化，加上福利国家建设和贫富差距缩小，欧美发达国家的阶级政治就发展到了一个新的阶段。当然，无论怎样，一个人的阶级身份还是会影响他的投票行为。

宗教也是影响选民投票行为的重要因素。与没有宗教信仰者相比，有宗教信仰的人总的来说更加保守。在欧洲大陆国家信教选民中，天主教徒比新教徒更为保守。在全球化时代的今天，不同宗教信仰者同处一国的情形将更为常见。比如，整个人口中有50%是基督徒，有35%是穆斯林，还有15%其他教徒或无宗教信仰者。这样的国家，在选举投票过程中，很可能会由一个主要的基督教政党和一个主要的伊斯兰教政党，形成两大宗教政党对峙的政治格局。在此种选民人口结构下，议会中基督教政党可能占有主导地位，但伊斯兰教政党的席位比例也不低，如果两个政党的关系处理不好，两者容易产生严重的政治冲突。

跟宗教问题相类似的是族群问题，族群问题通常还跟语言因素有关。比如，在加拿大，很多地区是讲英语的，但有不少地区是讲法语的。讲英语的群体跟讲法语的群体在族群、语言、宗教和地区上都存在较为显著的差异。所以，加拿大魁北克问题融合了族群、语言和地区等不同因素。这无疑会影响选民的投票立场。在发展中世界，一些族群和语言结构复杂的国家，族群和语言因素常常成为影响选民投票的重要原因。

第二次世界大战之后的西方发达国家，选民投票行为的另一个影响因素是现代与后现代的差异。英格尔哈特（Inglehart）认为，西方发达国家在二战之后已经历了从物质主义向后物质主义的转型。比如，很多选民更关心环保、动物保护、同性恋、堕胎等问题，而不是关心下层阶级的收入、政教关系等问题。影响这类选民投票行为的主要因素是后现代的价值观。受这种价值观的影响，选民在政治上会变得更加温和。通常，无论是环保议题、堕胎议题、同性恋议题等，都不会产生像阶级冲突这样的政治影响。基于后物质主义价值观的投票行为，与19世纪到20世纪早期的投票行为相比，无疑有很大的不同。

目前，还有一个重要的问题正在变得越来越突出，即代际问题，这也会影响不同选民的投票倾向。考虑到西方发达民主国家沉重的公共债务危机，一种观点认为西方国家现在活着的这代人正在努力把债务转移到还没有出生的那一代人身上。众所周知，西方发达国家的政府欠了太多的公债，那么这些公债由谁来偿还呢？如果目前的政策没有变化，答案只能是下一代！此外，还有很多更一般的代际冲突。从年龄构成来说，老年人群投票时往往更看重福利政策和社会保障，年轻人群投票时则希望有更多的成长机会。但随着人口老龄化问题的加剧，选民作为整体在政治上可能会趋于保守。如果把投票的左右倾向作为因变量，把人口的年龄作为自变量，进行数量分析，大家可能会看到这样一种结果：年龄较大的投票者整体上更倾向于保守，年龄较小的投票者整体更倾向于激进。这是投票行为背后的年龄与代际因素。

不同性别选民的投票倾向也存在系统的差异。一种观点认为，如果更多女性政治家执政的话,国际政治与国内政治可能会变得更加温和。这种说法尚需实证研究的检验。很多人的生活经验是,男人跟女人在不同问题上的立场、思考和理解问题的视角很不一样。西方有本题为《男人来自火星,女人来自金星》的畅销书,讲的是男女差异在感情与家庭关系中引起的摩擦。现有研究表明,男女选民在投票方面也存在着显著的差异。

除此之外,在社会分裂的传统研究中,城乡分裂也是导致选民立场不同的一种重要类型。但对于现在的西方主流国家来说,这个问题已变得越来越次要了。主要原因是,现在西方发达国家的城乡差别已经很小,农业人口占总人口的比例已经很低。很多人还住在农村或城市郊区,但他们从事的是跟农业无关的活动,他们的生活来源也不取决于农业。当然,在今天的发展中国家,城乡因素仍然是影响选民投票的重要因素。城乡差异的背后,是职业的差异和观念的差异。这些差异会影响选民的投票行为。

上述分析,更接近解释投票行为的社会学模式,即将投票行为与选民的团体成员身份联系起来,认为选民会采取一种与其所属团体的经济社会文化地位相似的投票模式。此外,还有几种较为主流的解释投票行为的理论模型。

一种是政党认同模式。这一模型认为,选民投票主要取决于政党认同。选民认同哪个政党,他就倾向于投该党的票——至于该党在此次选举中提供何种政策、推出哪位候选人,都是次要的。这一理论认为,不仅选民的政党认同非常稳定,而且还具有世代之间的传承关系。比如,在美国,一个支持共和党的选民,很有可能来自一个支持共和党的家庭,或者说他的父亲很可能是一位共和党的支持者。

另一种是理性选举模式。这一模型把选民视为经济人,他会把政治家(候选人)提供的公共政策视为自身效用函数的一部分。在比较不同政党和候选人的政策之后,他会根据理性计算原则,从自身福利的最大化出发来进行投票。所以,投票既非一种心理认同,亦非一种习惯,乃是一种理性行为。这一模型是把理性选择学派的理论应用于选民投票行为的研究,安东尼·唐斯等人就从这一视角讨论投票行为。[①] 总的来说,选举被视为选民与政治家之间的一种政治交易。

还有一种是支配型意识形态模型。这一模型认为,选民会根据自己主导性的意识形态立场来投票。这种理论强调的是政治观念对政治行为的塑造。面对纷繁

---

① 参见[美]安东尼·唐斯:《民主的经济理论》,姚洋等译,上海人民出版社2010年版。

复杂的世界,其实普通选民根本无力对重要的政策议题做出自己的理性判断与选择。至于何种政策会导致何种结果,多数选民更是无力思考。在这种情况下,选民会根据意识形态立场来投票,这在政治上是一种简便的做法。比如,在英国,受自由市场意识形态支配的选民通常会把选票投给保守党,而主张政府干预意识形态的选民通常会把选票投给工党。①

第二节　议会选举制度的类型

了解选举投票和选民行为的基本情况后,可以来分析不同类型的选举制度。根据被选举对象的不同,选举制度可以分为两种主要类型:一种是议会或议员的选举制度,一种是总统或行政长官的选举制度。本节先介绍议会选举制度。那么,什么是议会选举制度呢？这个问题貌似简单,其实非常复杂。最基本的议会选举制度是指选举公式,即选票怎样转化为席位(fromt votes to seats)的规则。此外,议会选举制度还包括选区规模、当选门槛和议会规模等要素。

这里的选区规模不是指一个选区的人口规模,而是指一个选区产生几个议席的数量。美国每个选区在每次选举中只产生一个席位,就是单议席选区。但是,很多采用比例代表制的欧洲大陆国家就是多议席选区,即一个选区产生多个议席,甚至是数量很大的议席。如果每个选区只产生一个名额,一般称为小选区制;如果每个选区产生较多名额,一般称为大选区制。有些选举制度还会设定当选门槛。比如,德国的半数国会议员由政党名单比例代表制选举产生,但选举制度设定政党获取国会议席的当选门槛为至少获得总选票的5%。

当选门槛是在比例代表制下才有的选举规则,意指政党只有达到一定的选票比例才能赢得获取议席的资格,目前最常见的当选门槛是3%—5%。这样,如果一个政党仅获得1%的选票就无法赢得获取议席的资格。由此可见,设置当选门槛的主要目的就是为了排斥小型政党,鼓励大型政党,防止政党体制的过分碎片化。

议会规模也是选举制度的一部分,议会规模的大小往往会对选举政治和政党

---

① 关于投票行为的解释模型,参见 Justin Fisher, Edward Fieldhouse, Mark N. Franklin, Rachel Gibson, Marta Cantijoch and Christopher Wlezien, eds., *The Routledge Handbook of Elections, Voting Behavior and Public Opinion*, Routledge, 2018, pp.7-53。

政治产生重要的影响。通常,全球范围内不同国家的议会规模大致是从数十人到数百人的范围。一般的经验是,一个国家的议会规模往往跟该国的人口规模有关,人口规模大的国家通常议会规模也比较大,人口规模小的国家通常议会规模也比较小。比如,在拉丁美洲,巴西的国会议员规模就要比智利高出很多。但是,这一点也不尽然。比如,南亚国家尼泊尔的议会规模竟然超过600个议席,比美国众议院的议席数量还要多。罗伯特·达尔曾统计世界上主要民主国家国会下议院的规模,其人数范围大致是150—650人。按照他的统计,人口数量较多的10多个主要民主国家国会下议院的平均规模为412人。

很多人关心,究竟是议会规模大一点比较好,还是议会规模小比较好?这个问题并没有简单的答案。议会规模过小可能会导致两个问题:第一是代表性不足,议会规模小意味着每一个议员要代表更多选民;第二是容易滑向实质性寡头统治的风险,议会人数过少时可能会导致少数几个人密谋一下就能决定重要公共事务。当然,议会规模也不是越大越好。考虑到议会本身是一个协商议事的场所,议会人数太多就难以保证协商议事的有效性。比如,一万人开会就难以有效议事。从现有人类的政治经验来看,大国议会规模常常保持在数百人,而小国议会规模比较常见的是一二百人。拿美国这个大国来说,参议院的人数规模是100人,众议院的人数规模是435人。人口仅1 000多万的拉美国家智利,参议院的人数规模是60人,众议院的人数规模是120人。如果议会规模太大的话,要么议会难以有效运转,要么还需要在议会之中设立"核心议会"或"高级议会"。如果议会人数达到2 000—3 000人的规模,只有议会中存在一个更核心的议会或者各种各样的议会委员会才能使其运转起来。

这里还可以比较世界近现代史上的两个著名案例。法国大革命之前,法国曾召开三级会议,总共有1 200人参加。第一个等级是僧侣阶层,代表是300人;第二个等级是贵族阶层,代表是300人;第三个等级是平民阶层,代表是600人。这1 200人到一起开会,最后尽管制定出一部宪法,但这部宪法很快就被推翻了。原因当然有很多,但1 200人在一起开会议事本身就有很大的挑战。1 200人的议会往往难以进行审慎的协商议事,最后无法达成对法国有利的决策。再来看美国1787年的制宪会议,通常说共有55名代表参加,但这个数字也只是一个大致的说法。美国制宪会议的成果是《1787年美国宪法》,这部宪法至今已实施两百多年,帮助美国成长为全球最强大的国家。除了20多个宪法修正案外,1787年宪法的主体部分至今并没有什么改变。所以,可以说 1787 年美国制宪会议是一个成功的会议,而这跟制宪会议的人数规模不无关系。与法国 1 200 人三级会议的人数规模相比,美国制宪会议无疑能够更有效地协商议事。

狭义上的选举制度,是指选票转化为席位的方式。选票转化为席位的选举公式的差异,构成了选举制度基本类型的不同。一般而言,根据选举公式的不同,议会选举制度可以分为三种主要类型。①

首先是多数决定制。多数决定制就是得票最多者当选,又可以分为两种类型。一种是简单多数决定制,即在所有候选人中得票最多者胜出("first past the post",简称 FPTP)。比如,某个选区选一个议员,a、b、c、d 四人竞选,a 得了 35%,b 得了 25%,c 得了 20%,d 得了 20%。根据得票最多者胜出的规则,a 当选。这种规则不需要当选者获得至少 50% 的选票,而只需获得相对最高比例的选票。到目前为止,英国、美国、加拿大、印度等不少国家在议员选举中都采用简单多数决定制。

另一种是绝对多数决定制。绝对多数决定制要求当选者至少需要获得 50% 的选票。当然,存在多个候选人的情况下,第一轮投票可能很难产生候选人得票可以达到 50% 的情形,这就需要对得票最多的两人举行第二轮投票。在上述案例中,就是对 a、b 两人举行第二轮投票。通常情况下,第二轮会产生一个达到 50% 得票率的绝对多数候选人。与相对多数决定制相比,绝对多数决定制的好处是当选者至少获得了 50% 的选票支持,应该比前一种情况具有更高的合法性,但这种制度操作起来比较繁琐,成本比较高。

还有一种具有绝对多数决定制特征的选举制度是选择性投票制(preferential voting,又译偏好投票制)。在这种投票制度下,选民投票时被要求给所有候选人排序。比如,选票上有 a、b、c、d、e 五个候选人,选民需要做的是给五个候选人排序,即区分出 1、2、3、4、5 的次序。然后,清点选票时需要统计每个候选人得到选民第 1、2、3、4、5 排序的得票比率。现在假定 a 获得所有投票第一选项的比率为 40%,b 获得所有投票第一选项的比率是 25%,c 获得 20%,d 获得 10%,e 获得 5%。从结果来看,没有一个候选人的第一选项的选票比率超过 50%,那怎么办?在这种情况下,需要把第一选项得票比率最低的候选人 e 划掉,投 e 第一选项的这部分选票根据他们的第二选项,把选票分别分配给排名靠前的 a、b、c、d 四人。然

---

① See David M. Farrell, *Electoral Systems: A Comparative Introduction*, 2nd edition, Palgrave Macmillan, 2011.

后,再重新统计他们四人的选票。以此类推,直到有一位候选人的选票比率达到50%这一绝对多数票的当选比率为止。这种选举制度目前主要在澳大利亚众议院选举中采用。美国族群政治学者霍洛维茨(Horowitz)在研究高度分裂社会的制度设计时认为,这种选举制度有利于塑造跨族群的选举激励。[①] 因为在偏好性投票制度下,候选人不仅要谋求自己主要选民群体的支持,而且还要努力成为所有选民群体最不讨厌的那位候选人。

其次是比例代表制(proportional representation)。比例代表制的基本原则是要尽可能让代表的结构更好地反映整个社会选民的结构。比例代表制最流行的投票方法是政党名单比例代表制(party-list system)。比如,某个选区可以产生10个议员或代表名额,现在有A、B、C、D、E五个政党去竞争这10个议员名额。假如每党都提出一个包括10个候选人的政党名单,然后,所有选民根据政党名单来投票。比如,最后A党获得40%选票,B党获得20%选票,C党获得20%的选票,D党获得10%的选票,E党获得10%的选票。如果恰好是这样的比例,那么该选区议员席位分配的最终数量为:A党4席,A党名单上排名靠前的四位候选人当选;B、C两党分获2席,D、E两党分获1席。在具体操作上,是这四个政党排名最靠前的4至1位候选人当选。实行政党名单比例代表制的国家较多,以色列、许多欧洲国家和拉美国家都实行这种选举制度。

上文假设每个政党都得到了整数比率的选票,但实际上每个政党得票数量不会是整数。所以,这里还涉及很技术性的问题,即政党名单比例代表制下如何确定从选票到席位的计算规则。目前主要有两种计算规则,即顿特公式与最大余数法,请参见表8-1。计数公式的不同,也会导致选举结果的不同。

表8-1 政党名单比例代表制:顿特公式与最大余数法

a. 顿特公式法

政党名称	选票	选票被1除		选票被2除		选票被3除	总席位
蓝党(Blue)	360	360	第一个席位	180	第三个席位	120	2

[①] Donald L. Horowitz, "Constitutional Design: Proposals versus Processes", in Andrew Reynolds, eds., *The Architecture of Democracy: Constitutional Design, Conflict Management, and Democracy*, Oxford University Press, 2002, pp.15-36.

(续表)

政党名称	选票	选票被1除		选票被2除		选票被3除	总席位
红党(Red)	310	310	第二个席位	155	第四个席位	103	2
橘党(Orange)	150	150	第五个席位	75			1
绿党(Green)	120	120					0
彩党(Psychedelic)	60	60					0

总有效票数＝1 000
席位数量＝5

b. 最大余数法

政党名称	第一轮选票	黑尔选举限额	席位	第二轮选票余额	席位	总席位
蓝党(Blue)	360	200	1	160	1	2
红党(Red)	310	200	1	110	0	1
橘党(Orange)	150	—	0	150	1	1
绿党(Green)	120	—	0	120	1	1
彩党(Psychedelic)	60	—	0	60	0	0

总有效票数＝1 000
席位总数＝5
黑尔选举限额＝200

资料来源：David M. Farrell, *Electoral Systems: A Comparative Introduction*, 2nd edition, Palgrave Macmillan, 2011, pp.68—70, table 4.1 and table 4.2。引用时略有调整。

在表8-1的两次不同选举中，每个选区均有5个议员席位，选民数量均为1 000人，分别有蓝党(Blue)、红党(Red)、橘党(Orange)、绿党(Green)和彩党(Psychedelic)参加竞选。从选举结果来看，蓝党、红党、橘党、绿党和彩党分别获得360、310、120、60张选票。尽管在这两种情形下这五个政党所获选票是一样的，但由于选举公式计数规则的不同，最后五个政党所获席位数存在明显的差异。如表8-1所示，顿特公式更强调每个席位对应的平均选票数量。所以，结果是蓝党、红党和橘党分获2、2和1个席位；而最大余数法强调的是先去除每个席位对应的足额选票数量，称为黑尔选举限额(Hare quota)，在该案例中就是每个席位对应的200张选票，然后在余数选票中对政党再次进行排序。按照这一计算公式，结果是蓝党、红党、橘党和绿党分获2、1、1和1个席位。两者相比较，顿特公式更有利于大党,而最大余数法更有利于小党。通过这个案例也可以看出,选举公式会影响选举结果。

在比例代表制中,选区规模也是影响选举结果的一个重要因素。总的来说,选区规模越大,比例性就越高;选区规模越小,比例性就越低。如果一个选区的席位数量由 10 个变为 20 个,更多政党就有机会当选。如果一个选区的席位数量由 10 个变为 5 个,通常只有较大政党才有机会当选,小党当选的可能性会大幅降低。

再次是混合型选举制度,通常的做法是,全国设若干数量的单议席选区,同时设立一个或若干的政党名单比例代表制选区,把这两种选举制度结合起来。目前有许多国家采取混合型选举制度,其目标是结合多数决定制与比例代表制的优点。比如,德国国会选举中,一半左右议席由简单多数决定制产生——全国划为 299 个选区,每个选区只产生一个名额;一半左右议席由政党名单比例代表制产生,总共也是 299 个议席,全国根据州来划分选区,当选政党须达到选区选票数量的 5%。当然,德国实际选举中由于采用联立制混合型选举制度,会产生相当数量的膨胀议席。目前,日本、泰国等大量国家也都采用混合型选举制度。

从政治效应来说,混合制结合了多数决定制和比例代表制的特点,其政治效应很可能介于上述两种选举制度之间。既然混合制是两种选举制度的组合,组合的比例就尤为重要。比如,如果大部分议席是多数决定制议席,那么其政治效应就更接近于多数决定制;如果大部分议席是比例代表制议席,那么其政治效应就更接近比例代表制;当然,还有一种情形是多数决定制与比例代表制的组合比例比较均衡。

第三节 议会选举制度的逻辑

许多学者都赞同,不同选举制度安排的主要差异,是更注重代表性还是更注重政治效能,或者如何寻求两者之间的平衡。如果一个选区只设置一个议席,第一名候选人可能获得 35% 的选票就当选,而第二名候选人可能获得了 30% 的选票,第三名候选人可能获得了 20% 的选票,等等。这种获得 35% 的选票就当选的制度,后果之一就是产生了很多废票。实际的选举竞争主要集中在最大的两个候选人之间,其他得票较少的候选人基本上没有什么当选机会,这就有可能导致代表性的不足。但是,这种选举制度更有可能塑造大型的主导政党,也更有可能塑造一党多数政府,因而这种选举制度下的政治效能或政府效能就可能更高,更容易形成有效的决策力量。

如果一种选举制度更容易塑造多党制,其政治效应就是更注重代表性,因为它给各种各样的社会集团进入议会提供机会。比如,环保主义政党或绿党在很多欧洲大陆国家都可以突破3%—5%的政党当选门槛,进而获得议会的少数议席。这样,议会就有了更充分的政治代表性。但随之而来的挑战是,若议会政党过多,就有可能会损害政治效能。根据BBC的报道,比利时在2010—2011年,最多曾经有541天不能组成内阁。主要原因就是该国有9个政党进入议会,而没有政党或政党联盟能够形成多数,各政党之间又很难妥协,这样就无法组阁。尽管比利时的选举制度更有代表性,但它牺牲的是政治效能。有人说,你看比利时在没有中央政府(内阁)的情形下,整个社会照样运转良好,所以一个有效能的中央政府并不是必需的。需要提醒的是,尽管比利时长时间没有内阁,但它的行政系统仍然在有效运转,地方政府还在有效运转,而且比利时还是欧洲最发达的国家之一,拥有良好的法治传统——所有这些条件都使得比利时在没有形成内阁的条件下仍然可以有效运转。但如果这一情形出现在某些较落后的国家,不要说541天没有形成内阁或中央政府,只要54天没有中央政府,军队就会出场。所以,设计选举制度时如何更兼顾代表性与政治效能之间的平衡,是一个重要政治原则。

关于不同的选举制度究竟具有何种政治效应,有学者提出了一个重要定律,叫作迪韦尔热定律。迪韦尔热是法国政治学家,是重要的政党政治研究者,他首先注意到选举制度对政党体制会产生重要的影响。他后来总结的迪韦尔热定律的主要观点是:"(1)比例代表制倾向于导致形成多个独立的政党……;(2)两轮绝对多数决定制倾向于导致形成多个彼此存在政治联盟关系的政党;(3)简单多数决定制倾向于导致两个政党的体制。"①

这一定律也被更简练地表述为:多数决定制更容易导致两党制,比例代表制更容易导致多党制。那么,迪韦尔热说对了吗?欧美国家政治形态的一个重要分野是,欧洲大陆国家大部分都是比例代表制,总体上也是多党制;英国和美国是多数决定制,总体上都维系了长时间的两党制——当然,如今英国的两党制已经遭到了挑战,主要原因是新的地区议题的引入。

那么,迪韦尔热定律的作用机制是什么呢?我们这里试举例分析。比如,在多

---

① Maurice Duverger, "Duverger's Law: Forty Years Later", in Bernard Grofman and Arend Lijphart, eds., *Electoral Laws and Their Political Consequences*, Agathon Press, 1986, pp.69-84.

数决定制条件下,如果全国有几百个选区——假定有 240 个选区,每个选区产生一个议席,这时会出现什么样的选举结果呢?从逻辑上说,如果每个选区只有一个议席,谁会有更大的当选机会呢?实际上,主要就是排名最靠前的两位候选人。排名第三或第四的候选人几乎就没有当选的可能。如果按政党来说,主要就是排名最靠前的两大政党支持的候选人。一位精英想要从政,他可能有两种选择:一是加入两大政党中的一个,二是加入小型政党或创设新党,那么在多数决定制下,这位政治精英会作何选择呢?按常理来说,这位政治精英更有可能会选择加入两大政党中的一个,因为这样才有当选机会。

另外,选民的投票心理和投票行为也是一个重要的考察视角。比如,一个选民发现总共有 A、B、C、D、E 五个政党的候选人正在竞选,但只有一个候选人有当选机会。此时,即便这位选民是一个支持第四大政党 D 的环保主义者,但经过深思熟虑之后,他发现,把选票投给第一、第二大党之后的第三或第四大党基本上是浪费选票。对这位选民来说,更理性的做法是在第一大党 A 和第二大党 B 中挑选一个他较不讨厌的政党。所以,无论从政治精英来看,还是从普通选民来看,多数决定制——特别是领先者胜出制——有塑造两党制的巨大动力。

因此,由于简单多数决定制下每个选区只有一个议席,"机械"(mechanical)因素和"心理"(psychological)因素都使得小党较难当选,选民倾向于把选票投给大党。此外,政治家也倾向于加入大党而非加入小党或组建新的政党。①

但在比例代表制下,那就是完全不同的情形。假设全国有 240 个议席,分成东南西北四个选区,每个选区有 60 个议席,在比例代表制下进行选举,那会出现什么情况呢?选民发现,如果自己是一个环保主义者,如果他支持政党 D,看上去政党 D 很有可能获得 10% 左右的选票,那么他自己的这一票到底投给谁呢?他就会就直接投给政党 D,因为政党 D 的候选人完全有可能赢得进入议会的议席。同样,一个宗教立场极为保守的选民,有可能根据自己的宗教立场来投票,把选票投给宗教上非常保守的政党。一个非洲裔选民,也有可能把选票投给一个声称代表非洲裔选民、主张保护少数族裔利益的小型政党,而只要这个代表非洲裔选民的小型政党能在该选区得到少许比例——比如 5%——的选票,大约相当于获得 60 个议席中的 3 个议席,该政党就能进入议会。这样一来,比例代表制常常会鼓励小型政

---

① Maurice Duverger, *Political Parties: Their Organization and Activity in the Modern State*, Methuen & Co Ltd., 1978, pp. 206-280.

党,进而有利于塑造多党制的政党结构。

此外,还有一个重要而微妙的机制是,大型主导政党在比例代表制下更有可能发生内部分裂。这是一条在理论上未被充分阐释的历史经验。一个大型主导政党的内部通常可能存在着不同的派系,同一政党内政治精英与选民的具体立场也可能是分化的。在政党高层,主要政治家之间的政见往往也有差异,彼此之间的关系也不见得很好。比如,在某国工党或社会民主党党内高层,有的政治家更主张纯正的左派立场,有的政治家更主张在全球化条件下吸纳与借鉴新自由主义政策,同时要兼顾普通民众的利益和福利。但是,该党正统左翼的政治家会认为,后者的政见与政纲是要放弃民主社会主义的基本立场。

此时,如果采用比例代表制,这样的大型政党更有可能会发生分裂;但如果实行多数决定制,这样的大型政党就更不容易发生分裂。这又是为什么呢?因为在比例代表制下,大型主导政党发生分裂以后,政治家们照样有很大的当选机会。比如,该党过去通常能赢得35%的选票,该党分裂为激进左翼和温和左翼两派以后,那个秉承了原有政党名称的新政党可能会得到20%左右的选票,而另一个采用新名称的新政党可能会得到15%左右的选票,但无论怎样,这并不一定会影响这两个新政党的政治家和高层精英的当选机会。所以,这种情况对维系强有力的主导政党与稳定的政党体制就不那么有利。这又反过来说明,多数决定制较有利于塑造有效而稳定的政党体制。①

学术界有人明确反对比例代表制的一个主要依据,就是它更容易导致政党体制的碎片化。既然在比例代表制下很多小型政党都有机会当选,那么政治家和政治精英们就缺少向中间政治立场靠近的政治激励,结果是各种可能的政治极端立场都有机会进入选举政治的场域。相比而言,在简单多数决定制下,政党只有向中间政治立场靠近才有当选的可能性。但比例代表制——特别是纯粹的比例代表制——给很多小型极端政党崛起提供了机会。

比如,希特勒的纳粹党是如何在魏玛共和国崛起的呢?一个重要机制是,纯粹的比例代表制曾经让纳粹党获得了以略高于2%的选票率获得国会少量议席的机会——尽管一开始议席数量很少,但这给纳粹党提供了维系政治活力的激励机制。后来,正是凭借这一政治基础,希特勒利用1929—1933年全球大萧条的机会实现

---

① 当然,决定一个民主国家政党体制的不只是选举制度,还有其他因素,特别是社会分歧(social cleavages)因素以及一个国家的历史传统和路径依赖等。这里的理论问题比较复杂,不再赘述。

了快速崛起。但无论怎样，极端立场的政党能够进入魏玛议会，正是纯粹比例代表制所提供的机会。

尽管上述讨论更强调了多数决定制的优势与比例代表制的缺陷，但最近三四十年国际学术界似乎更强调比例代表制的优越性，比如美国政治学者阿伦·利普哈特就认为比例代表制要优于多数决定制。上文曾经分析过，利普哈特提出了著名的共识民主理论，其核心制度包括比例代表制、多党联合政府和联邦制的组合。他认为，比例代表制更具代表性，更注重权力分享。基于36个民主国家数据的定量分析，利普哈特认为，比例代表制在民主品质的多个指标上都要优于多数决定制。① 从研究文献上来看，20世纪90年代以来，支持比例代表制的论文与专著也非常之多。比如，G.宾厄姆·鲍威尔（G. Bingham Powell）爵士所著的《选举作为民主的工具》和皮帕·诺里斯所著的《驱动民主》这两本书的主要观点都支持比例代表制优越论。②

此外，从全球地理分布来看，比例代表制比较集中地分布在欧洲大陆和拉丁美洲。欧洲大陆在第二波民主化以后，多数国家的民主政体就趋于稳定和巩固了；拉丁美洲国家在第三波民主化中表现不俗，实现民主巩固的国家数量稳步提高，而比例代表制是该地区主要的选举制度。

还需要说明的是，20世纪下半叶——特别是第三波民主化——以来，比例代表制又出现了一种新现象，有学者将其称之为比例代表制的复合化。③ 这种复合化的主要特点是在一定程度上弱化比例代表制的比例性，使其在更大程度上兼顾政治效能。笼统地看，这是向多数决定制的一种妥协。比如，缩小选区规模就是一个常见做法，实际操作则是在比例代表制下把全国划分为更多的选区，这样每一选区的选区规模就会缩小。具体而言，如果全国是一个选区，假设有240个议席，那么很多小型政党当选的可能性就比较高；但如果每个州都是一个选区，假设全国有12个州，每个州就是20个议席，那么小型政党当选的可能性就降低很多。即便同样在比例代表制下，全国大选区和地方小选区的制度安排差异是很大的。在不少

---

① See Arend Lijphart, *Patterns of Democracy: Government Forms and Performance in Thirty Six Countries*, 2nd edition, Yale University Press, 2012.
② See G. Bingham Powell Jr., *Elections as Instruments of Democracy: Majoritarian and Proportional Visions*, Yale University Press, 2000; Pippa Norris, *Driving Democracy: Do Power-Sharing Institutions Work?*, Cambridge University Press, 2008.
③ 包刚升：《选举制度的复合化：基于第三波民主化国家的实证研究》，《政治学研究》2019年第4期。

第三波民主化国家,地方选区实际上已经缩至每个选区8—9个议席的规模,这样小型政党当选的可能性就要低得多。

另一个重要趋势是,很多采用比例代表制的国家都设置了政党当选门槛。德国魏玛共和国民主崩溃的一个重要教训是,没有在比例代表制下设置必要的政党当选门槛。这一方面导致了魏玛国会政党体制的碎片化程度很高,民主治理的效能很低;另一方面又为希特勒纳粹党的崛起提供了可能性。自20世纪中叶以来,设定政党当选门槛已经成为很多比例代表制国家的标准配置。很多比例代表制国家都设定了3%—5%的政党当选门槛,个别国家甚至高达7%及以上。这样一来,小型政党当选的机会就降低很多,目的是塑造有效的政党体制。因此,比例代表制经过具体制度上的再造,如今已发展为一种复合型比例代表制。

尽管如此,最近的研究文献中同样不乏对比例代表制和共识民主理论的严厉批评者。有一种批评意见认为,以利普哈特为代表的共识民主学派理论在研究设计上存在很多缺憾,因而其研究从学术上说并不严谨。[①] 比如,赛尔韦(Joe Selway)和坦普尔曼(Kharis Templeman)的最近研究认为,比例代表制更容易导致族群冲突与政治暴力。[②] 霍洛维茨则给族群或宗教高度分裂的社会推荐偏好性投票制,有利于激励政治家去赢得不同政治集团的支持,这种投票制被视为多数决定制的一种类型。[③] 总之,究竟何种选举制度更有利于塑造稳定而有效的民主政体? 这个问题还需要更多的深入研究。

第四节　总统选举制度的逻辑

这一节要讨论的是总统的选举制度。大体上,有两种主要的总统选举制度,一种是简单多数制,一种是两轮多数制。那么,不同的总统选举制度会对实际政治运作产生何种影响呢? 简单多数制,其实非常容易理解。比如,在一次总统选举中,有5个候选人,候选人a获得35%的选票,候选人b获得30%的选票,其他候选人

---

① 包刚升:《共识民主理论有"共识"吗? 对利普哈特研究方法的学术批评》,《经济社会体制比较》2014年第5期。
② Joel Selway and Kharis Templeman, "The Myth of Consociationalism? Conflict Reduction in Divided Societies", *Comparative Political Studies*, 2012, 45(12), pp. 1542-1571.
③ Donald L. Horowitz, "Democracy in Divided Societies", *Journal of Democracy*, 1993, 4(4), pp. 18-38.

第八章 选举　　　179

c、d、e 分别获得 20%、10%、5% 的选票。尽管 a 没有超过半数，但 a 得票最多，所以就是 a 当选。理论上讲，在简单多数决定制下，只要第一名候选人 a 比第二名候选人 b 多出一张选票，就会顺利当选。

跟简单多数决定制相比，目前更为流行的总统选举制度是两轮多数制。什么是两轮多数制呢？在上一个案例中，如果候选人 a、b、c、d、e 在第一轮分别获得 35%、30%、20%、10%、5% 的选票，但由于没有一个候选人超过半数，所以还需要在得票最多的两名候选人 a、b 之间进行第二轮投票。假设在第二轮投票中，候选人 a、b 分别获得 55%、45% 的选票，那么 a 就最终当选该国总统。当然，在实际情况下，候选人 b 在第二轮也有可能反超 a 而当选总统。

那么，这两种总统选举制度究竟存在什么差异呢？简单多数决定制的最大优点是比较简便，但这种选举制度也存在着不少缺陷，而两轮多数制恰恰能够弥补其缺陷。所以，如今在实行总统直接选举的国家中，两轮多数制大约占有略高于八成的比例，而简单多数决定制的比例已经不足两成。[①] 跟简单多数决定制相比，两轮多数决定制主要有以下三方面的好处。

首先，这种总统选举制度有利于塑造共识。因为最终来说，成功当选的候选人大体上要得到超过 50% 的选票支持，这样他就有动力去追求一个更具共识的政治纲领。唯有如此，他最终才更有可能在第二轮胜出。其次，这种总统选举制度有利于提高总统的合法性。在简单多数制条件下，许多候选人常常是以三成多或者四成多的选票当选总统，但这就意味着，在第一名的候选人当选总统的选举日，更多人其实是反对这位候选人的，至少没有把他作为自己的第一选项。这样，候选人以低于半数的选票当选总统，带来的一个现实问题就是，他的合法性往往比较低。在两轮多数制下，候选人在第二轮当选，通常都会获得超过半数的选票支持，这显然有助于提高新总统的合法性。最后，这种总统选举制度有利于塑造政党联盟。比如，在第一轮投票中，主要候选人 a、b 分别获得 35%、30% 的选票，那么他们接下来如何赢得第二轮选举呢？一个重要的策略就是要赢得首轮败选候选人 c、d、e 的支持。而后者的动力在于为自己和所在政党赢得进入内阁的机会。这样，一系列相关的政治谈判就会展开。

[①] 关于总统选举制度的一般讨论，参见 Andrew Reynolds, Ben Reilly, and Andrew Ellis eds., *Electoral System Design: The New International IDEA Handbook*, International Institute for Democracy and Electoral Assistance, 2005, pp. 130-138。

在这种政治谈判中，两个因素往往非常重要。第一个因素，就是政治纲领和意识形态的接近性。一般规律是，中间派政党可能会跟温和右翼政党结盟，也可能会跟温和左翼政党结盟，中左政党也可能会跟中右政党结盟，但通常不会发生政治立场差异很大的政党结盟的情况。第二个因素，就是利益分配和各自影响力的估算。比如，在上文讨论的案例中，如果 a（首轮 35%）能赢得 c（20%）的支持，就有较大把握赢得第二轮总统大选。但这种情况下，由于 c 的选民支持率也不低，所以 a 与 a 所在的政党往往需要拿出较多比例的内阁席位分配给 c 与 c 所在的政党。所以，通过制度设计及其提供的激励，它就有助于推动一些国家形成政党联盟。而这实际上有利于为这些国家提供政治上的稳定性。

除此以外，美国总统选举实行的是一种更为特殊的选举人团（electoral college）制度。这种总统选举制度在美国建国之初的操作是由各州选举出选举人，然后由选举人在投票日根据自己的意志对总统候选人进行投票。所以，这起初是一种间接选举制度，而非直接选举制度。后来，美国通过宪法修正案等一系列改革，在事实上逐渐废除了这种间接选举制度，但选举人团的制度形式却保持下来了。这样，就形成了今天美国的总统选举制度。

简而言之，美国总统选举的选举人团制度有三个要点。第一，全美有 538 张选举人票。这 538 张选举人票对应的 100 个参议院名额、435 个众议员名额和华盛顿特区 3 个名额。总体上，人口较多的州就拥有较多的选举人票，人口较少的州就只能拥有较少的选举人票。2020 年大选中，加利福尼亚州拥有最多的 55 张选举人票，而阿拉斯加州仅拥有 3 张。第二，绝大部分州的选举人票实行胜者全得制——两个主要的例外是选举人票较少的缅因州与内布拉斯加州。胜者全得制是指，两个候选人参加某州的竞选，只要谁在选民预选投票中略占优势，他就可以拿走该州全部的若干张选举人票。第三，赢得超过半数选举人票的候选人当选。由于选举人票的总数是 538 张，只要得到或超过 270 张选举人票就能当选美国总统。[①]

美国这样的总统选举制度会导致两个重要的政治现象。现象之一，就是摇摆州的重要性。美国各州大体上分为几种不同的类型：一是较为明确而坚定地支持一个政党的州，比如支持共和党的就是红州，支持民主党的就是蓝州；二是经常发生政党支持摇摆的州，这些州经常改变自己的投票立场。因为这种选举人团胜者

---

① Lori Cox Han, *The Presidency*, Greenwood, 2021, pp. 16-30.

全得的制度设计,使选举人票数较多的摇摆州变得炙手可热。在2020年、2016年两次总统大选中,俄亥俄州、密歇根州、宾夕法尼亚州、北卡罗来纳州、佛罗里达州、亚利桑那州等,都是决定总统选举最终花落谁家的关键摇摆州。

现象之二,就是有可能会出现一种情况,有的总统候选人赢了更多选票却输掉了选举,有的候选人只赢得了更少选票却赢得了大选。实际上,过去有两场总统大选就发生了这种情况。一场是2016年特朗普跟希拉里·克林顿的对决,另一场是2000年小布什跟戈尔的对决。其中的原因其实不难理解,只要有候选人以较大比例优势(比如65%∶35%)赢得一些州选举,却以较小比例劣势(比如49%∶51%)输掉一些州选举,就有可能发生这种情况。2016年,希拉里·克林顿以48%∶46%的普通选票优势输掉总统大选之后,她就一直是美国现在实行的总统选举制度的批评者。但这种制度设计的理由可能在于,美国是一个联邦制国家,这种制度其实是先让每个州表达立场,然后再将各个州的立场加总。

第五节　选举的发展

不同国家和地区都有不同的选举制度。西方国家的选举,重在竞争,故而又称为竞争性选举。通过竞争性选举产生政治精英,这与精英社会的治理模式是一致的。但是竞争显然不是选举的唯一目标,对于大多数社会来说,社会治理更注重团结、平等和包容,选举是为了更好地治理,而不是为了维护精英阶层的统治。因此,包容性选举比竞争性选举,更能触及选举的本义,达成一种包容性选举,更需要政治智慧和政治努力。经过长期实践而逐渐发展起来的当代中国社会主义国家的选举制度,更接近于包容性选举,因为我们更注重选举是为了团结大多数人以达到治理的目标,在制度设计上,以包容为重,实现包容中有竞争,竞争中有包容,这代表了选举的发展。

一、选举与包容

从历史上来看,中国是一个有着悠久选举历史的社会。[①] 秦以后中国古代官

[①] 参见何怀宏:《选举社会及其终结:秦汉至晚清历史的一种社会学阐释》,生活·读书·新知三联书店1998年版。

僚系统就取消了世袭制,需要从民间社会选拔人才来维持运转。从最初的"举孝廉""九品中正制"发展到后来的科举制,中国传统社会的选举政治一直延续至清末废科举,方失去制度依托。

民国初年,偶尔也可见一些不伦不类的议会选举。① 但若论现代中国最真实广泛的民主选举,毫无疑问当属抗日期间边区政府推行的"豆选"。"豆选"是中国共产党人在根据地和解放区推行的普选,无论从内容上还是形式上,相比同时期欧美国家的选举,都具有先进性。这主要体现在两个方面:第一是普选,不分男女、财产,只要符合年龄要求都可以投票;第二是采取了各种形式的秘密投票,以确保选举的真实性,而大部分欧洲国家在第二次世界大战后才将秘密投票制度化。②

可见,中国选举与西方选举最大的区别不在于有还是无,而在于选举的性质。西方的选举标榜的是它的竞争性。竞争对手之间是零和博弈,你赢则我输。这种选举制度之所以保持相对稳定,是因为大部分合资格选民都认为选举跟自己无关,表现出政治冷漠。多元主义者认为这种不投票行为是一种"消极的同意"。③ 事实上它是非常脆弱的,一旦大部分合资格选民都认为选举与自己的命运攸关,一窝蜂涌来投票,持极端意识形态的候选人就容易当选,民主就可能面临危机。竞争性选举只适合小国政治,因为这种小国,政党之间也好,社会群体也好,存在相对比较密切的互动,社会分化程度也比较低,"愿赌服输"的选举文化比较容易产生。大国政治如果过于强调不同派别之间的竞争,甚至为了胜选来激化这种矛盾,就会给国家造成政治危机。

当代中国的选举虽然有竞争,但它更注重包容。超大规模社会,一定存在多样化的类属群体,选举也必须充分考虑包容不同群体的差异,包容性而非竞争性在大国的选举政治中显得更为重要。选举之目的,不是让其中哪一个类属获得合法性来统治其他类属,而在于通过选举来包容所有类属,使之都能在政治上有所发声,巩固已有的社会大团结。既然是选举,就必然存在竞争。当代中国的选举当然不会排斥竞争,因为有选举就一定有竞争,而中国选举制度的改革方向,一直都是朝着强化其竞争性来开展,比如对差额选举的规定。在基层社区的选举中,反对票的

---

① 参见叶利军:《民国北京政府时期选举制度研究》,湖南人民出版社2007年版。
② 牛铭实、米有录:《豆选》,中国人民大学出版社2014年版,第164页。
③ [美]迈克尔·罗斯金、罗伯特·科德、詹姆斯·梅代罗斯等:《政治科学》,林震等译,华夏出版社2001年版,第92页。

比例一直是选举竞争程度的风向标之一,如果达到一定比例的反对票,说明该社区的换届选举具有了"良性竞争"的氛围。对竞争性的关注反过来说明,相比于竞争性,当代中国选举制度本身从一开始,更倾向于以包容性为本来进行设计。

二、超额代表权

诸如美国这样的西方大国,要么通过强化社会区隔的比例代表制,要么是通过Gerrymandering(选举蝾螈,或扭曲地划分选区)来确保少数群体当选①,但是Gerrymandering本身是中性的,从美国的经验来看,更多是用于确保大党在多数决选区的利益,而不是用于包容少数群体。当代中国的选举,则是通过直接在代表名额的分配上给予制度性倾斜,来确保不同社会群体、阶层都有其代表。《中华人民共和国选举法》第六条规定:"全国人民代表大会和地方各级人民代表大会的代表应当具有广泛的代表性,应当有适当数量的基层代表,特别是工人、农民和知识分子代表;应当有适当数量的妇女代表,并逐步提高妇女代表的比例。"这只能通过超额代表权,也就是超出其人口比例的代表名额来保证少数群体的代表权,特别是对于少数民族或者人口相对少的地区。《中华人民共和国选举法》规定,在代表名额总体按人口比例分配的条件下,应给与少数民族及人口少的地区一定的超出比例的名额:"自治区、聚居的少数民族多的省,经全国人民代表大会常务委员会决定,代表名额可以另加百分之五。聚居的少数民族多或者人口居住分散的县、自治县、乡、民族乡,经省、自治区、直辖市的人民代表大会常务委员会决定,代表名额可以另加百分之五。"同时还规定:"地方各级人民代表大会代表名额,由本级人民代表大会常务委员会或者本级选举委员会根据本行政区域所辖的下一级各行政区域或者各选区的人口数,按照每一代表所代表的城乡人口数相同的原则,以及保证各地区、各民族、各方面都有适当数量代表的要求进行分配。在县、自治县的人民代表大会中,人口特少的乡、民族乡、镇,至少应有代表一人。"针对少数民族聚居区又规定:"聚居境内同一少数民族的总人口数不足境内总人口数百分之十五的,每一代表所代表的人口数可以适当少于当地人民代表大会每一代表所代表的人口数,但不得少于二分之一;实行区域自治的民族人口特少的自治县,经省、自治区的人

---

① 王绍光:《民主四讲》,生活·读书·新知三联书店2008年版,第149—150页。

民代表大会常务委员会决定,可以少于二分之一。人口特少的其他聚居民族,至少应有代表一人。"诸如此类的规定,都是为了确保少数群体能够通过选举有其代表,这正是包容性选举的体现。①

当然,超额代表权的前提是,在政治体中,对于谁是"少数"有明确的、长期的共识,这是超额代表权的合法性来源。② 在中国人大代表的选举中,对"少数"做了严格的、法律意义上的规定。只有当被界定为少数,才有可能获得超额代表权。这种超额代表权不仅体现在名额的超比例分配上,而且体现在指定名额上,即有些"少数"不是根据比例,而是直接指定分配名额的。当然,这种对"少数"的规定跟具体的历史条件往往结合在一起,随着社会的发展,"少数"也会发生一些变化,比如知识分子与无产阶级基本上已经融为一体,已经不再是一种"少数"。同样,由于职工队伍和农民人口的变化以及其他社会因素影响,他们往往会缺少自己的代表,这个时候,也需要指定当选名额,来确保工人和农民拥有自己的代表。

三、开放提名权

提名权的开放程度,往往是衡量一国政治制度民主化水平的标准。欧美国家虽然扩大了普选权,但是提名权却始终牢牢控制在政党手中,只有在简单多数决条件下,才有候选人独自参选的空间。也就是说,如果要竞选政治职位,首先就要加入某个政党,或者登记成立政党。政党其中一个功能就是垄断提名权。这是政党和一般利益集团的实质性区别。根据各国不同的法律规定,登记成立政党的门槛,高低也有所不同,但这已经是一种限制。进而言之,从登记参选到进入实质性的角逐,也是一个艰难的进程。其实只有那些大党的竞选名单才是真正有效的,小党虽然也可以提名参选,但陪跑的可能性极大,对于小党而言,更合适的策略是依附于某个大党来获得提名参选的机会。从这个意义上,在欧美国家,这些大党的存在限制了竞争,也影响了选举的包容性。

当代中国人大代表选举并不由政党或者社会团体垄断提名权,而是充分开放提名权。《中华人民共和国选举法》第二十九条规定:"全国和地方各级人民代表大

---

① 参见陈周旺、申剑敏:《当代中国政治学重大命题的知识表达》,载《复旦政治学评论》第22辑,复旦大学出版社2020年版。
② [美]伊恩·夏皮罗:《民主理论的现状》,王军译,中国人民大学出版社2013年版,第117页。

会的代表候选人,按选区或者选举单位提名产生。各政党、各人民团体,可以联合或者单独推荐代表候选人。选民或者代表,十人以上联名,也可以推荐代表候选人。"这条规定非常重要,是当代中国包容性选举探索实践的重要标志。这里有两层涵义。第一层涵义,候选人提名主体和渠道都是多样的,在任何选区或者选举单位中,提名的主体可以是政党,可以是各人民团体,也可以是代表,还可以是普通选民。换言之,只要是合资格的选民,就有提名权。世界上没有哪一个国家的提名权比这条规定更开放的了。第二层涵义,它规定的提名门槛也比较低,选民或者代表,只要达到了十人联名,就可以推荐代表候选人,相当于政党提名或者人民团体提名。对于普通选民来说,只要有意愿参选,获得提名的门槛是非常低的,达到了非常高的开放程度。这种开放的提名权,正是当代中国民主选举之包容性的重要体现。

四、全额连记法

全额连记法是一种投票制度,即选区有多少名额,选民就可以圈选多少候选人,可以选足,可以少选。理论上是多数决,少数基本很难当选。全额连记法本身不能直接产生包容的效果,但是在当代中国特定的社会条件下,全额连记法的投票制度有助于强化包容性。当代中国在代表提名和名额分配上,已经向少数群体倾斜,因此,一方面,采取全额连记法的多数决,反而更容易确保少数群体的候选人当选,另一方面,在全额连记法下,由于少数群体的候选人是由多数选举出来的,这样一来,选举结果更容易促进团结而不是导致相互排斥。从这个意义上,当代中国采取多数决的选举制度,不仅没有像李帕特设想的那样,限制少数当选的可能,反而促进了选举的包容性,这是十分难能可贵的。当然,这种包容性,不是全额连记的投票制度单独能够实现的,而必须以超额代表权和开放提名权的制度为前提。

全额连记法通行的选票设计是这样的,它设有"赞成""弃权""反对"三个选项,传统的做法是在计票时分别记1、0和-1,这样那些走极端路线、不利于团结的候选人,当选的几率大大降低,包容性更强的候选人也就更容易当选。近年来,由于其他方面的制度设计,已经充分保证了选举的包容性,在"弃权"与"反对"两个选项上进行区分所能发挥的作用已经不大,所以在具体投票的程序中,勾选"弃权""反对"或者不勾选,这三种方式都统一记0票,其中的差别已经显示不出来。

五、协商候选人

候选人产生的协商过程，也是当代中国选举制度具有包容性的一种体现。关于选举过程中的协商，过去存在长期的争论。从竞争性选举的角度，常常认为协商候选人有违选举之公正，理由是协商过程难免受到干预，从而使有意图参选的人士，其参选空间被挤压，或者失去提名的机会。应该说，选举中出现这种现象难以避免，但这不是问题的根本。问题的根本还是要回到对包容性的理解上来。

首先，选举的目的是强化团结，而不是分化社会。无论是人大代表候选人，还是基层社区自治组织候选人，在候选人产生过程中，都要经过协商，将破坏社会团结的因素加以排除。其实协商更应理解为一个反复沟通以求达成共识的过程，如果有机制确保沟通的平等、公开和信息充分，那么也就可以最大程度排斥外部干预。共识的凝聚，反倒可以为后面的一次性票决创造良好的氛围。

其次，选举不是为了选而选，重要的是达到选贤任能的效应。对于存在强烈发展要求的地区，通过选举来强化领导者的治理能力是至关重要的，但是光靠票决并不能发现或者确认候选人的能力。过去无数的选举经验已经告诉我们，能力并不是候选人当选的充分条件，甚至也不是必要条件。在支持和能力两个要件中取得平衡的最重要机制就是协商。如果存在一个协商程序，就可以对候选人的能力进行深入考察，确保有能力的候选人获得提名。这当然可以理解为一种门槛，但是这个门槛不是基于金钱、地位等不可变更的硬性条件，而是基于广泛的协商，这里存在本质的区别。

最后，协商本身也是制度化、公开透明、充分讨论的，并非如想象般以体现行政领导意志为主。当协商候选人成为选举的关键环节，而这个环节又容易引起争议，那么它的程序化、制度化进程就会加速。实际上，任何一名候选人在进入选举环节之前，都要经历严格的干部考察程序，只有把好了考察这一关，才能确保选举中无论谁胜出，都有足够能力胜任该职位。关于二十大两委选举之前的干部考察，新华社专门刊载文章进行了详细介绍，其中指出："考察组到省区市后，先在一定范围内进行谈话调研，在广泛听取意见基础上，提出会议推荐参考名单，然后进行会议推荐。根据谈话调研、会议推荐与平时掌握情况，再次进行谈话，进一步听取意见。通过综合分析比较，按程序提出考察对象名单。深入考察谈话中，还会找部分厅局级干部甚至县处级干部等谈话。……据了解,本次考察中省区市考察组平均每组谈话1 400余人次,中央和国家机关等单位考察组共谈话近1万人次。无论是谈话调研,还是会议推荐,不简单以票数多少作取舍,而是根据人选的德才素质和一贯表现,结合廉洁状况和民主测评等情况,综合分析研判,作出全面客观准确判断,比选择优,提出人选遴选意见。"[①]文章虽然是针对二十大两委选举,但是其关切的问题和相关程序,在干部任命、从中央到地方的选举甚至基层社区选举中,都会广泛参照执行。

对包容性的强调,是当代中国选举制度的重要实践和制度优势。选举的目的在于选举之后能产生出正面的治理效果,并且达到大多数的团结。唯有强化选举的包容性,方能够更好地将选举与治理有机结合起来,服务于人民对美好生活的向往。

本 章 小 结

本章主要讨论了跟选举有关的概念、理论和制度问题。选举投票是公民政治参与的基本方式,影响选民选举行为的因素有很多,包括阶级、宗教、城乡、价值观、性别等社会分裂因素。如今,学术界解释选民投票行为的理论模型包括政党认同模型、理性选择模型、支配型意识形态模型等。议会选举制度包括了选举公式、选区规模、当选门槛、议会规模等制度设计。根据选举公式的不同,选举制度一般分为多数决定制、比例代表制、混合型选举制度等三种类型。学术界广泛讨论的议题是选举制度是如何影响一个国家政党体制的,其中最具代表性的议题是迪韦尔热定律及其引发的争论。总统选举制度一般有两种类型,即简单多数决定制和两轮多数决定制。两轮多数决定制目前应用范围更广,跟简单多数决定制相比,两轮多数决定制往往更有利于塑造政治共识、提高合法性以及塑造政治联盟。作为人口最多的发达国家,美国则依旧遵循其宪法规则,以选举人团方式选举产生总统,在

[①] 《高举伟大旗帜 谱写崭新篇章——新一届中共中央委员会和中共中央纪律检查委员会诞生记》(2022年10月22日),中国政府网,https://www.gov.cn/xinwen/2022-10/22/content_5720942.htm,最后浏览日期:2024年4月6日。

计票规则上可谓独树一帜。为了实现社会主义民主,在中国共产党的领导下,中国人民推动了选举制度的创造性发展,使选举在具有竞争性的同时,更加注重包容性和治理效能。

思考题

1. 如何理解影响选民投票行为的社会因素?
2. 如何理解不同的议会选举制度?
3. 请分析迪韦尔热定律?
4. 请比较不同的总统选举制度?
5. 美国总统选举制度的基本特征是什么?

延伸阅读书目

1. [美]阿伦·李帕特:《选举制度与政党制度:1945—1990年27个国家的实证研究》,谢岳译,上海人民出版社2009年版。
2. [美]安德鲁·雷诺兹、班·莱利、安德鲁·埃利斯:《选举制度设计手册》,商务印书馆(香港)有限公司2013年版。
3. David M. Farrell, *Electoral Systems: A Comparative Introduction*, 2nd Editions, Palgrave Macmillan, 2011.

第九章
政　　党

政党是以执掌政权为主要目标,并在政治精英内部、精英与大众之间建立某种制度化联系的政治组织。政党是现代社会的产物。在前现代社会中,也存在各种以控制政权为目标的团体,比如宫廷政治中的党派和民间帮会组织等,但由于这些团体在争夺政权的过程中并没有和民众建立起稳定的、制度化的联系,因此不能被看作现代意义上的政党。只有当波澜壮阔的现代化进程开启,社会动员使为数众多的民众获取了政治意识、形成了政治参与的愿望时,政党才应运而生。

第一节　政党的起源

尽管政党是在大众政治时代发展成熟的,其起源却可以追溯到传统社会中政治精英相互斗争而形成的不同派别。在从宫廷派系向现代政党演化的过程中,精英在意识形态问题上的分化是必不可少的步骤。如果派系之间只是围绕实际利益勾心斗角,那么斗争的阵营划分一般是不稳定的,会随着利益关系的变化而变化。只有当焦点转向了具有道德高度的意识形态之争,阵营划分才会走向制度化,派系斗争也能够获得更高的正当性,从而争取更广泛人群的支持。① 在政党政治起源的英国,光荣革命时期的议会议员围绕天主教会的政治影响问题分裂成了"辉格党"和"托利党"两个派别。此后,这两个派别分别提出了较为固定的政治主张,并建立起了稳定的支持者群体:辉格党支持君主立宪制和宗教宽容,主张与时俱进,代表工商业阶层的利益;托利党人则支持强势君主,强调英国国教的垄断地位,代

---

① 赵鼎新:《论意识形态与政党政治》,《学海》2017年第3期。

表土地贵族利益。这两种政治主张的对立，成了后来自由主义和保守主义两大意识形态斗争的雏形。到了18世纪初，英国国王开始仅从一个政治派别中选择政府主要机构的负责人，这一举动开创了两个党派轮流执政的传统。

18世纪的英国思想家埃德蒙·伯克（Edmund Burke）曾将政党定义为"为促进国家利益，依彼此同意某种原则而集合起来的群体"。[①] 换言之，政党与派系不同，它是一种为了国家利益而联合起来的群体，而派系的联结纽带则只能是小群体的共同利益和情感。依据这种观点，政党是整体的一部分，同时又服务于整体的目标，而派系只是为自身而存在的一部分。如果一个政党不能为了整体的利益而奋斗，则它与派系没有不同，也不能成为真正意义上的政党。

直到19世纪初期，欧美国家中的选举权仅属于拥有一定数量财产的少数上层阶级。因此，此时的政党除了在议会内部协调意见外，主要活动是在社会精英群体中争取支持、选择候选人，其成员数量局限于当选的政客和他们背后的精英支持者团体。此时的政党组织还非常原始和薄弱，更像是由一群志同道合的政客组成的俱乐部。在19世纪的中后期，欧美各国的选举权逐步扩大，政党为了赢得日益壮大的选民群体的支持，不得不在议会之外建立起选区支部和地方机构，平时为选民提供各项服务，维持密切联系，选举时则动员选民投票。此外，还有一些政党（如社会主义党和基督教政党）是由社会运动或利益集团发展而来的，这些团体通过将自己的代表选入议会而参与决策过程。总之，工业化进程和普选制度的推广使得精英型政党向群众型政党转变，后者的成员数量大幅增加，政党组织与群众的联系日益紧密。[②]

与欧美发达国家中随着选举政治发展起来的政党不同，在亚非拉的许多地区，政党是作为反帝国主义、殖民主义的民族解放运动的领导团体而成长壮大的。这些政党的最初使命是组织本土政治精英和民众结束殖民者或外国势力代理人的统治。这一过程中涌现出了许多革命型政党，其目标是以法律外手段颠覆现有的政治秩序，因此它们的组织形式往往带有军事化、机密性和集权化的特征。在革命型政党夺取国家政权以后，鲜有引入西方国家多党轮流执政模式的案例。如果革命

[①] 转引自 Giovanni Sartori, *Parties and Party Systems: A Framework for Analysis*, ECPR Press, 1976/2005, p. 8。

[②] See Maurice Duverger, *Political Parties: Their Organization and Activity in the Modern State*, Methuen, 1959.

型政党能够建立严密的党组织和强大的内部凝聚力,其领导下通常会出现一党制政权或多党竞争下的一党独大制。同时,一些革命型政党联合其他进步力量,建立起了多党合作的新型政党制度,比如中国共产党在取得政权后,联合其他八个反帝爱国的民主党派,建立了中国共产党领导的多党合作和政治协商制度。相反,如果掌权后的执政党的组织松散,凝聚力低下,则政党政治往往被军人干政或个人独裁所取代。

第二节 政党的功能

无论一国采用何种政体,政党对于现代政治体系的运转几乎都是不可或缺的。研究美国政治的著名学者谢茨施耐德(Schattschneider)曾做过这样的论断:"政党创造了民主……现代民主制度离开了政党是不能想象的。"[1] 亨廷顿在一本研究第三世界政治的经典著作中也指出,建立强有力的政党组织是亚非拉国家迈向政治稳定和现代化的关键环节。[2] 政党在现代政治中所发挥的功能大致上可以从三个方面进行讨论。

一、为政治生活提供结构和秩序

在代议制民主体制下,政党为政治过程提供基本的秩序和结构,这一功能体现在立法机关内部的决策过程和普通选民的投票行为两方面。对于立法机关中的议员而言,假设每个人都是独立的行为者,不接受政党组织的协调和约束,那么每一个决策的通过都需要临时拼凑一个多数支持群体。考虑到政策议题的数量和议员偏好的多样性,由一群独立议员组成的立法机构在决策时必然是混乱而低效的。正如社会选择理论中的"阿罗不可能定理"所指出的,当一个集体中的个人偏好不受任何限制,又没有一个组织制定投票议程时,该集体是无法从若干选项中选择一个稳定的胜选方案的。政党的作用就在于将一群偏好相近的议员组成一个联合

---

[1] Elmer Eric Schattschneider, *Party Government: American Government in Action*, Routledge, 2017, p. 1.
[2] See Samuel P. Huntington, *Political Order in Changing Societies*, Yale University Press, 2006.

体,限制党员的偏好表达,设置一定的讨论和投票议程,为立法机关内的决策过程带来秩序和稳定性。阿尔德里奇(Aldrich)在对美国政党历史的考察中较早地阐述了这一观点,他提出,美国国会中首次出现联邦党和共和党的组织形式,其目的就是协调议员们在联邦政府权限问题上的行动。[1]

对于普通选民而言,政党同样为政治行为提供了结构化的引导。现代政治的一大特征是政治参与的扩大化,然而政治议题的复杂性决定了绝大多数民众都没有时间和精力去了解这些议题的来龙去脉。民主理论家熊彼特曾经略带嘲讽地指出,即便在各行各业成就斐然的精英人士,只要一谈论到远离其日常经验的政治问题,其思维能力就降低到一个很低的水平。虽然民众理解复杂议题的能力有限,但要判断哪一个政党的基本立场与自己的价值观或经济利益相近,却并非难事。因此,政党为民众提供了一个信息捷径,选民在表达立场或投票时,只需要追随自己所认同的政党即可,而不需要仔细研究具体的政治议题。一些研究美国民众政治态度的学者发现,许多选民对某一政党形成了稳定的认同感,这种政党认同常常通过家庭而代代相传,并在相当程度上影响了人们在一系列社会问题上的观点。当然,随着竞选方式的改变,欧美各国民众的政党认同总体呈现下降的趋势,政党提供信息捷径的功能部分地被个人的竞选活动所取代,这一点在下文中会得到更详细的讨论。

二、规范精英群体内部关系

任何一个政治体制的稳定都离不开政治精英间的团结协作。政党在现代政治中所起的第二个功能体现在对政治精英内部关系的规范作用上。这种规范作用首先是指为政治新人提供了一条可预测的、按部就班的晋升途径。在由政党控制政权的国家中,加入政党并在党内逐级升迁是实现政治抱负的最主要途径。踏入政坛的新人在政党的提拔和培养下,逐渐获得治国理政的技能和经验。

在一本政治学著作中,作者这样描述一名有政治野心的英国年轻人的职业发展轨迹:

---

[1] See John H. Aldrich, *Why Parties? The Origin and Transformation of Political Parties in America*, University of Chicago Press, 1995.

他首先为一个主要政党(如保守党)完成一些相对次要的工作。一段时间后,如果他有兴趣竞选下院的席位,他必须说服保守党在当地的选拔委员会。由于是政治新人,党组织会先安排他在一个没有多少希望胜选的选区证明自己。如果在竞选活动中表现优秀,下一回他可能在一个保守党有望胜选的选区获得提名。一旦胜选进入下院,政党会对他进行各种锻炼和指导。只要他工作努力,在辩论中表现出色,并且总是按组织的意愿投票,他可能会获得一些更重要的职位,如政党在外交或卫生问题上的发言人。最后,当他在党内获得了一定威望,可能被保守党的议员选举为党的领袖,并有望最终担任首相。在这个过程中,他的每一步晋升都必须得到党组织的支持,而他也逐渐学会了作为一名党员应当如何表现。[1]

由于各国的制度安排细节不同,政党在招募和培养政治精英上的作用也存在区别。比如,在总统制国家中,由于总统在任命官员时无须考虑维持议会中的多数支持,不隶属于政党的社会人士更有可能被任命至内阁或其他重要岗位。而在议会制国家中,通常只有党内资深政客才有机会担任政府要职。此外,在美国和许多拉美国家,总统和议员的候选人不是由政党组织挑选,而是通过"初选"产生,这意味着候选人可以越过政党组织,直接争取选民的支持。当政党组织的精英培养功能削弱时,一些缺少政治经验的体制外人士更有可能通过选举担任政府要职,这也容易增加政府决策的不可预测性。2016年,地产商特朗普当选美国总统后的表现就是一个典型的例证。

为初入政坛的党员提供一条清晰可见的上升途径,按部就班地提拔党员干部,这对于维持党内关系的和谐是至关重要的。组织严密的政党总按照一定的等级秩序来布置任务和分配奖励。一般而言,在西方国家,低级别的党员被安排执行大部分艰苦的任务,而资深党员则享受大部分福利。这种制度安排下,资深党员为了保住用多年辛劳换来的优厚待遇,绝不会轻易地背叛本党,而年轻党员为了未来的待遇提升,也会不遗余力地为党服务。通过待遇和任务的等级制分配来巩固党内团结,这一逻辑在一些西式政党中表现得比较明显。

政党规范精英内部关系的另一个维度是党内规则如何促进了政党领袖权力分

---

[1] W. Phillips Shively, *Power and Choice: An Introduction to Political Science*, McGraw-Hill, 2011, p. 204.

享机制的制度化。近年来关于一党制或一党独大制的相关研究,尤其热衷于分析政党制度对权力行使的约束作用,以及这种约束如何增强了党内精英的凝聚力。促成权力分享的具体制度包括集体决策机构、领导人更替机制和利益分配机制等。总体上看,这一类研究认为权力分享的制度化缓和了党内精英的权力斗争,不同派系能以长远的眼光看待斗争结果,即使是一时失势的一方也愿意等待在下一轮博弈中卷土重来的机会。

关于政党在规范精英内部关系上所起到的功能,还有两个有待研究的问题。第一,现代社会是否存在某些特征,使得政党这一组织特别适合扮演规范、调节精英关系的角色?诚然,在大多数现代国家中,规范政治精英关系的功能都是由政党完成的,但这可能是由于其他因素所导致的政党政治的盛行,而不能说明政党在这方面具有其他政治组织无法替代的优势。事实上,有不少文献研究了其他统治集团如军队和王室集团在凝聚政治精英方面采取的制度性措施。未来的研究应该更多地比较政党和其他性质的统治集团(王室、军队、政治性的宗教团体)在调节政治精英关系上运作方式的区别。第二,已有研究在强调权力分享机制与精英内部凝聚力时,通常难以解决制度的内生性问题。真实的因果机制可能是凝聚力较强、个人专断倾向较弱的统治集团更容易建立起正式的权力分享机制,这些制度只是精英团结的"副现象",而不具有独立的解释力。这说明,对于政党内部正式制度的研究,必须首先解释这些制度诞生背后的社会政治过程。

三、组织和动员民众

政党在现代政治体系中发挥的第三个主要功能是以制度化的形式组织和动员民众参与政治,维系政府与民众的联系。以工业化和城市化为主体的现代化进程给人们的生活方式带来了巨大变化。学者们用"社会动员"这一概念来总括这些变化,其中包含从自给自足的生产向市场关系的过渡、人口向城市的迁移、熟人社会被陌生人社会所取代、受教育程度的提升和大众媒体的普及等。① 民众对政府服务的需求上升,对政治问题日益敏感,参与政治的热情也随之膨胀。此时,如果民

---

① Karl W. Deutsch,"Social Mobilization and Political Development",*American Political Science Review*,1961,55(3),pp. 493-514.

众的参政热情无法得到有效的引导和疏解,则政治参与很可能导致各种形式的政治动荡。政党为组织民众参与政治提供了一个制度化的渠道。按照亨廷顿的说法,"组织政治参与扩大的首要制度保证就是政党及政党体系。在政治参与水平尚低时就形成了适当的政党组织的国家很有可能会在扩大政治参与的道路上稳步前进,而那些在现代化过程中政党之建立晚了一步的国家,政治参与扩大的前程就会不那么平坦"。[①] 从政治发展的视角看,尽管政党组织和动员民众参政的方式在民主体制和威权体制下存在很大差别,但这些方式所体现的政党功能却在本质上是相同的。

在民主体制下,竞争选票的压力迫使政党建立与选民的密切联系,凝聚和表达社会上的不同利益,确保政府能够回应不同社会集团的诉求。如英国的工党就是由工会运动所创立,自称在政府中代表工人阶级的利益;近年来一些欧洲国家兴起的极右翼政党,相当程度上代表了这些社会中反对移民、文化多元主义和欧洲一体化的呼声。当选举来临时,政党不遗余力地动员选民参加投票,为提高民众的政治参与度发挥了重要作用。不少研究指出,在缺乏政党动员的情况下,理性选民参与投票的概率是很低的。政党凭借深入各个选区的组织结构和走街串巷的竞选活动,可以和选民面对面地亲密接触,让选民从投票行为中获得满意感和自豪感,从而增加他们的投票几率。即使在选举之间,政党也可以动员民众参加游行示威等活动,表达他们的政治立场。

威权体制中的执政党为了政权的稳固,也会试图保持与民众的联系,动员社会各阶层的政治支持。比如,执政党通过模糊政党与国家机构的边界,垄断关键的社会经济资源(职务、土地、住房、商业机会),将资源分配与对政党的支持挂钩。执政党使用各种渠道来了解民众对体制的支持度高低,包括党组织对各社会团体的渗透,以及对各选区得票数量的观察等。民众为了保护自己的切身利益,只有向威权体制表示忠诚和支持。值得注意的是,执政党动员民众的功能与其维护党内精英团结的功能之间是相辅相成、互为支撑的。执政党越能够彰显自己在民众中不可动摇的支持基础,则党内精英越确信在执政党之外没有政治前途,党内出现分裂或叛逃他党的可能性越小。这一逻辑解释了为什么在一些选举中,执政党明知本党的胜选结果不存疑问,却仍然要竭尽全力动员支持者以争取压倒性的票数优势。

---

① [美]塞缪尔·P.亨廷顿:《变化社会中的政治秩序》,王冠华、刘为等译,生活·读书·新知三联书店1989年版,第367页。

同时，动员选民的活动也是执政党监督和锻炼基层党员的一种方式。基层党员必须努力做好选举组织工作，如召集选举集会、监视反对派等，才能得到党组织的奖赏，被提名担任重要职务。因此，选举动员使得基层党员不能消极怠工，而是必须积极为党服务，以换取晋升机会。①

第三节 政党体系

政党体系指的是一国政治中活跃的政党数量、各自的规模以及政党之间复杂的互动关系。政党体系一词已经隐含了多个政党存在的事实，如果只有一个政党，则称不上体系。在西方国家，政党的哲学基础是多元主义的政治学说，即政治上存在反对(dissent)和互相独立的集团不必然导致政治的失序和混乱。反对并不必然意味着冲突，而是在对一些根本性政治问题取得共识的基础上进行的争论。在政治多元主义中，人们对于解决争端的规则取得共识，在此基础上可以对具体议题、政策进行争论。因此，多元主义的前提是统一民族国家的构建，以及将一些根本问题排除在政治讨论的范围以外，这些问题包括政教分离原则、私有财产保护、资本主义制度等。在这些前提确立以前，谈不上实行政治多元主义。

在一个稳定的政党体系中，主要的政党数量、不同政党的生存策略和彼此的竞争结盟关系是基本确定的，每个政党的行为都受到体系层面因素的制约。与选举制度和政府形式不同，一国的政党体系不是在宪法或其他正式制度中确定的，而是产生于政治家、政党和选民之间复杂的互动。政党体系一旦成型，对于该国的政治稳定和治理绩效都会产生重要的影响。早期研究政党的经典著述，如迪韦尔热的《政党在现代国家中的组织与活动》②和萨托利的《政党与政党体系：一个分析框架》③，都尝试对各国的政党体系做出分类。现代政治中常见的政党体系包括一党独大制、两党制和多党制。

---

① See Beatriz Magaloni, *Voting for Autocracy: Hegemonic Party Survival and Its Demise in Mexico*, Cambridge University Press, 2006.
② See Maurice Duverger, *Political Parties: Their Organization and Activity in the Modern State*, Methuen, 1959.
③ See Giovanni Sartori, *Parties and Party Systems: A Framework for Analysis*, ECPR Press, 1976/2005.

一、一党独大制

在一党独大的体系中,多个政党可以通过选举竞争执政权,但事实上一个政党能够在每次选举中获胜而连续执政。应当指出,在任何体制中,执政地位都会给政党带来一些选举中的优势,比如主导政策制定的能力,媒体中更高的曝光度,以及民众规避风险的心理使其对在野党不信任等。如果一个执政党只是凭借这些天然优势而连续执政,那么其运作方式尚不足以破坏多党选举竞争的自由度和公平性。一般认为,1955—1993年在日本执政的自民党和1994年后在南非执政的非洲人国民大会党都属于这一类型的一党独大制。

此外,还有一些政党维持长期执政地位的手段显然是反民主的,破坏了多党竞争的公平性。这些手段包括利用国家机器为执政党助选、限制反对派的竞选活动、制造选举暴力和选举舞弊等。这类一党独大制中得到学术界最多关注的是墨西哥持续了70多年的革命制度党统治。革命制度党诞生于20世纪初期的墨西哥革命,由内战中多股政治力量整合而成。1929—2000年,该党赢得了每一次总统选举,得票率通常在70%以上。墨西哥宪法规定,总统在六年任期结束后不得连选连任,这就使得执政党内不同派系都有机会染指最高权力,有利于党内精英的团结。同时,革命制度党利用其对国家资源(财政预算、官僚系统、国有企业)的控制为自己争取到巨大的竞选优势。20世纪80年代以后,革命制度党对国家资源的垄断能力开始下降,党内也出现了精英分裂、另建他党的情况,再加上选举规则在几番修改之后变得愈加公平,一党独大制最终于2000年被反对党的胜选所终结。

近年来学术界对威权国家中的一党独大制进行了深入的研究,发现在以下几个因素的单独或综合作用下,可能导致一党独大制的终结:执政党控制国家机器和国家资源能力的丧失;执政党内部出现的分裂与叛逃现象;反对党组成的竞选联盟;国际社会的民主化压力。然而,目前关于这一类威权体制的理论很大程度上是基于对墨西哥、俄罗斯等少数几个案例的深入研究,还有包括马来西亚、坦桑尼亚、埃塞俄比亚等许多案例没有得到太多关注。相信随着越来越多的一党独大制进入学者的视野,关于这种威权体制的理论还有完善的空间。

二、两党制

在两党制下,有两个处于支配地位的政党拥有大致相同的执政机会。虽然存在其他小党,但只有两个党轮流赢得立法机关的多数而执政。两党制主要出现在英国及其前殖民地国家(如美国、澳大利亚、新西兰)。19世纪的英国政坛由保守党和自由党竞争执政权,然而随着工会力量的兴起,自由党的地位逐渐被工党所取代,自20世纪20年代以后形成了保守党和工党轮流坐庄的局面。不过,最近数十年的英国政治已经出现了偏离经典两党制的趋势,保守党和工党的总得票率从20世纪50年代初的95%下降到了1974年后的75%以下。① 在2010年的英国大选中,没有一个政党获得超过半数的下院席位,保守党不得不和第三大党自由民主党组成了二战后英国第一个联合政府。相比之下,美国的政党体系是更纯粹的两党制,二战之后参众两院的成员几乎全部来自民主党和共和党。总统选举中虽然偶有第三大党能获得相当数量的选票,但从未有一个政党能够持续性地对两大党构成挑战。

三、多党制

多党制指的是有两个以上的政党有望执政的体系,这种执政可以是一党单独执政或是参加多党组成的联合政府。多党制是民主国家中最常见的政党体系。例如,以色列建国后的历次选举中,从未有一个政党赢得的议席超过120个议会席位的半数。议席在众多政党之间分布,经常需要多个政党联合才能组建控制议会多数席位的政府。在2009年的议会选举中,多达12个政党赢得了议席,其中得票率最高的前进党也不过赢得了28个席位,最终组成的政府包括了利库德党和其他五个较小的政党。

对政党体系基于粗略观察的分类法在20世纪70年代后渐渐被更加精确的测量指标所取代。政治学家经常使用"有效政党数目"这一指标来反映政党体系中实际发挥影响力的政党数目。② 该指标的计算公式既考虑了赢得选票或议席的政党总数,同时又根据每个政党的得票或议席数量给予其不同的权重。计算有效政党

---

① [英]安德鲁·海伍德:《政治学》(第三版),张立鹏译,中国人民大学出版社2013年版,第178页。
② Markku Laakso and Rein Taagepera, "'Effective' Number of Parties: A Measure with Application to West Europe", *Comparative Political Studies*, 1979, 12(1), pp.3-27.

数目的公式为：

$$N = \frac{1}{\sum_{i=1}^{n} P_i^2}$$

其中 N 代表有效政党数目，n 代表获得选票（或议席）的政党总数，i 代表不同政党。根据这个公式分析 20 世纪 80 年代中期各国议会席次分布，可以发现美国的有效政党数目是 1.95，英国是 2.09，以色列是 3.86，比利时是 7.01。有效政党数目为政党体系的分类提供了一个更加严谨、易于操作的方法，一般认为该指标在 3 以下的可以被归类为两党制，否则为多党制。

关于两党制还是多党制更有利于民主理念的实现，学者们进行了颇具启发性的辩论。利普哈特的《民主的模式》[1]和鲍威尔的《作为民主手段的选举》[2]这两部著作对这一辩论进行了梳理，并提出两党制和多党制实际上代表了两种不同的民主模式，反映了对于民主应该如何运作的不同愿景。两党制代表着多数决民主的模式，这种模式中选举的实质是两个政治团队对执政权的竞争。每个执政团队应该对选民做出明确的许诺，一旦当选则应该兑现竞选时做出的承诺。政策制定的权力应该集中在当选的执政团队手中，反对党则只负责监督和批判。只有如此，当选的团队才能不受掣肘地执行竞选时所作的承诺，而选民也能在下一次选举时更好地问责执政党。多党制代表的是共识型民主，这时选举的功能不是产生一个代表多数的执政团队，而是选出一个能够最大程度反映社会多元意见的代表团体。当选的议员代表了来自社会各方的利益，并且为他们所代表的利益在议会中进行谈判和妥协。政策不应该只由社会中的多数决定，而是应该顾及尽可能多的社会群体。总之，多数决民主能够更好地实现对政府的问责，具有清晰的责任归属和授权方式，而共识型民主则具有较强的代表性。

四、政党体系的成因

既然政党体系对一国的利益代表和政策制定有着深远的影响，研究者自然有

---

[1] See Arend Lijphart, *Patterns of Democracy: Government Forms and Performance in Thirty-Six Countries*, Yale University Press, 1999.
[2] See G. Bingham Powell, *Elections as Instruments of Democracy: Majoritarian and Proportional Visions*, Yale University Press, 2000.

必要解释政党体系形成的原因。综合有关这一问题的研究，我们大致可以认为政党体系是由社会分裂结构、政治精英的策略行为和政治制度相互作用而决定的。

从社会学的视角看，政党体系是社会裂痕结构在政治层面的反映。[1] 所谓社会分裂，指的不是一般性的意见分歧，而是指经济、文化、宗教等因素将人们划分为稳定的、持久性的对立阵营。在其他条件相同的情况下，社会分裂的维度越多，需要获得政治代表权的社会群体也越多，从而导致政党体系中的政党数量增加。

研究欧洲社会裂痕与政党体系的奠基性著作是李普塞特和洛坎（Rokkan）在1967年发表的文章《分裂结构、政党体系与选民结盟》。[2] 文章指出，西欧国家社会裂痕的形成受到两个关键历史进程的影响：民族国家的诞生和工业革命。民族国家构建的过程遇到了两股势力的反对：封建社会遗留的地方割据势力和罗马天主教会，这就导致了中央—地方裂痕和宗教裂痕的出现。同时，工业革命又催生了城市与乡村、资本家与工人之间的社会裂痕。劳资矛盾在所有国家里都成为了重要的社会裂痕，但其他三组裂痕的重要性则因国家而异。不同社会裂痕的出现时间、具体性质以及相互作用在各国的历史情境中是存在差异的，因此政党体系也在各国呈现出了不同特点。例如在英国，宗教改革运动中新教的胜利基本消除了宗教问题上的裂痕，中央政府与边缘地区的对立随着1921年爱尔兰的独立而画上句号，而土地贵族也与新兴的工业资本家结成了政治联盟。这样一来，阶级对立几乎成为了英国政治中唯一重要的社会裂痕，因此政党体系演化成了代表不同社会阶层的保守党和工党两分天下的局面。相比之下，荷兰社会因为宗教问题而分裂成了天主教徒、新教徒和世俗主义者，而随后出现的阶级分裂又与宗教分裂纵横交错，导致工会的力量无法被已有的政党所吸纳，而是必须成立新的工党以获取代表权。这样一种纵横捭阖的社会分裂结构促成了多党制的形成。

必须指出，李普塞特和洛坎并不是社会决定论者，他们也认识到了政治精英在政党和政党体系发展过程中所发挥的能动性。在构建民族国家和工业革命的历史进程中，政治精英总是根据自身利益，选择性地动员政治支持，并提升某些社会裂痕的政治显著性。萨托利甚至认为，不是阶级分野导致了政党的产生，而是政党向

---

[1] See Maurice Duverger, *Political Parties: Their Organization and Activity in the Modern State*, Methuen, 1959.

[2] Seymour Martin Lipset and Stein Rokkan, "Cleavage Structures, Party Systems and Voter Alignments", in Seymour Martin Lipset and Stein Rokkan, eds., *Party Systems and Voter Alignments: Cross-National Perspectives*, Free Press, 1967, pp. 3–64.

民众灌输了阶级认同。① 这一观点启发学者们去研究政治精英是如何选择性地激活某些社会裂痕的政治显著性。

除了被激活的社会分裂维度之外，选举制度也对一国的政党体系有直接的影响。法国政治学家迪韦尔热认为，社会裂痕为政党的代表功能提供了潜在的需求，但选举制度在相当程度上决定了这种需求是否会导致新政党的形成。选举制度决定了政党赢得的选票如何被转化为一定的议席数量。得票数量与所得议席数量越成比例（得票数量的增量与议席数量的增量的比值越接近 1），则选举制度对规模较小的政党越有利，政党体系中的有效政党数量就越多，反之亦然。

具体而言，单一选区相对多数制是一种比例性较低的选举制度，它高度挤压了小党生存的空间。迪韦尔热指出，单一选区多数制的长期使用会导致两党制的出现，这一规律被称作"迪韦尔热定律"。这种选举制度下，政党必须在一个选区内击败所有其他政党才能获得一个席位，而全国范围内能在相当数量选区内做到这一点的政党一般不会超过两个。那些依赖小规模支持群体的政党虽然能赢得一定票数，但却无法在许多选区赢得相对多数，因此其得票数难以被转化为议席。比如在采用这种制度的英国，自由民主党在 1992 年的下院选举中获得了 17.2% 的选票，但仅仅赢得了 3.1% 的下院席位；保守党和工党一共赢得 77% 的选票，却占得了 93% 的议席。相反，在比例代表制下，每个政党获得的议席比例和得票比例大致相同，这为小党提供了良好的生存空间，促成了多党制的产生。因此可以认为，比例代表制较真实地将社会多样性反映到了代议制机关中，而多数决选举制挤压了社会少数群体的被代表权，从而扭曲了社会裂痕维度与政党数量之间的对应关系。

第四节　发达国家变化中的政党选民关系

政党在现代政治中最具独特性的角色是建立与民众制度化的联系，动员和组织民众参与政治。近数十年来，许多学者注意到欧美成熟民主国家中的政党-选民关系发生了深刻的变化。这些变化背后的原因是什么？它们又将对政党和政党体

---

① Giovanni Sartori, "From the Sociology of Politics to Political Sociology", in Seymour Martin Lipset, ed., *Politics and the Social Sciences*, Oxford University Press, 1969, pp. 84-90.

系的未来运作模式产生什么影响？这是本节关注的内容。

在前文提及的李普塞特和洛坎的论文中，作者认为欧洲各国的政党体系经过一个多世纪的发展，到20世纪20年代已经基本定型，呈现"冻结"的状态。各国主要政党的支持者群体以及政党之间的力量对比从20世纪20年代至20世纪60年代都没有出现明显的变化。一个典型的欧洲国家政党体系包括两个左翼政党（社会党和共产党）和两个右翼政党（基督教民主党和自由党）。政党体系"冻结"的原因包括：各国的社会裂痕结构没有发生显著变化，特别是阶级认同仍然是集体意识的重要组成部分；20世纪20年代之后，已经没有新的选民群体被大规模地整合到选举政治中来；各国的选举制度基本定型，有利于维护现存的政党体系；群众型政党为了巩固自身支持，组织各种社会团体和活动，让支持者对政党产生归属感和认同感，避免他们去支持其他新的政党。

然而，李普塞特和洛坎的结论遭受了之后的经验事实的有力挑战。欧洲各国的选举竞争中出现了新的议题和分裂维度；传统左右翼政党的得票率显著下降，新兴政党支持率上升；政党在相邻两次选举中得票的变化率增加，显示其支持群体的稳定性在下降。针对这些新的发展趋势，学者们提出了欧洲政党体系及其背后的社会裂痕结构正在经历"解冻"过程的观点，其社会结构的变化可以从以下两个方面进行概述。

一方面，英格尔哈特认为发达工业国家正在从现代社会向后现代社会过渡，选民的价值观体系也从物质主义向后物质主义转变。战后欧美国家持续的经济增长，孕育了一批在衣食无忧、繁荣富庶的环境中成长起来的公民。对这些选民来说，传统的社会裂痕维度正在被后物质主义的议题所替代，他们更加关注表达自由、文化多元主义、族群平等和性解放等问题。[①] 在这样的背景下，一些新型左翼政党相继出现，将关注点放在了环境保护、移民、性别平等一类的议题，其支持者主要来自年轻的、受教育程度高的中产阶级。[②] 与此同时，新型左翼政党的诞生也刺激与其针锋相对的极右翼政党的崛起，后者强调维护欧洲传统价值的重要性，批评欧洲一体化进程，将外来移民视作对本国文化认同和社会福利体制

---

① See Ronald Inglehart, *Modernization and Postmodernization: Cultural, Economic, and Political Change in 43 Societies*, Princeton University Press, 1997.
② Herbert P. Kitschelt, "Left-Libertarian Parties: Explaining Innovation in Competitive Party Systems", *World Politics*, 1988, 40(2), pp.194-234.

的威胁。

　　另一方面,欧美发达国家固有的一些社会裂痕维度正面临着逐渐消解的危险。随着制造业就业人口逐渐向第三产业转移,中产阶级人群不断扩大,社会阶层之间生活方式的趋同缓和了资本家和工人阶级之间的矛盾。这导致的直接后果是选民对某一社会阶层以及传统上代表这一阶层的政党的认同感淡化。研究表明,选民所属的社会阶层与他们的投票行为之间的相关性在逐渐减弱:在20世纪60年代,社会结构变量(阶级、宗教、工会成员)能够解释选民投票行为中23%的方差,而这一解释力到20世纪80年代下降到了15%。简而言之,许多选民不再天然地对某一社会阶层或宗教派别怀有强烈的归属感,也不再忠诚地支持声称代表这些社会阶层或教派的政党。对此,政党也采取了回应性的措施,减弱了与特定社会群体之间的联系,开始向争取各阶层支持的全民型政党转型。

　　对于这些长期的社会结构变化对政党-选民关系造成的深远影响,学术界存在两种不同解读。第一种观点认为,政党和选民之间的联系正在经历一次重组(re-alignment),随着选民偏好和社会裂痕维度的变化,短期内传统的左右翼政党会与选民群体相脱离,但这些政党很快会调整其政策立场,同时一些新兴政党也会反映选民意见的变化。在经历一段调整适应期后,各个政党的支持者群体和得票数量又会趋于稳定。而在第二种观点看来,政党和选民之间逐渐走向脱钩(de-alignment),两者之间在情感上和组织上的联系已不可逆转地走向衰弱。一方面,受教育程度的提高和大众媒体的普及,使得选民不再像过去那样依赖政党来提供政治信息,阐释政治问题。另一方面,媒体和金钱在现代竞选中的决定性作用,也让政客能够绕过基层党组织和积极分子直接与选民沟通。因此,政党连接政府和选民之间的桥梁作用会逐渐式微,未来我们会观察到党员数量的持续降低,政党身份的频繁变化,相邻两次选举结果的大相径庭,以及民众将政治参与的重心从选举转向其他社会活动。[1]

　　总之,尽管欧美发达国家中左翼和右翼政党板块之间的均势大致维持不变,一些传统政党也仍然在选举中扮演重要的角色,但一些长期的社会发展趋势的确有理由让人担心政党-选民关系的脱钩和政党的衰弱。选民对社会阶层的集体认同在下降,不同政党的支持者群体之间的边界逐渐模糊,政治偏好变得愈加个人化。

---

[1] Michael Gallagher, Michael Laver, and Peter Mair, *Representative Government in Modern Europe*, McGraw-Hill, 2006, pp. 284-296.

对于政党政治的观察者而言,后物质主义时代的分裂维度是否会继续侵蚀传统的政治议题,政党是否会与选民渐行渐远,甚至被单一议题团体和社会运动所取代,都是未来政治生活中非常值得关注和研究的问题。

第五节　发展中国家的政党与政党体系

政党和政党体系理论大多是从西方发达国家的历史经验中抽象概括而来的。对于西欧和北美以外的众多发展中国家而言,政党是作为一种舶来品被引入政治生活的。由于政党创建时所面临的历史背景和使命不同,发展中国家的政党从内部组织形态到互动模式都和发达国家有显著的区别。从起源背景上看,欧美国家首先出现的政党是由议会中的派别发展而来的,这些政党对于孕育了自身的代议政治具有很强的认同感和依赖性。相比之下,发展中国家的政党大多是在现存政治体制之外发展壮大的,其目的通常是推翻殖民政权或各种形式的传统政体,这类政党对于议会政治和政党竞争的认同程度是较低的。从政党的历史使命来看,发展中国家的政党在取得政权后同时面临构建现代国家、规划经济建设、扩大政治参与和促进社会再分配等一系列艰巨任务,而这些任务在西方是在数百年的现代化进程中逐次出现的。[①] 以英国为例,当政党在17世纪末、18世纪初登历史舞台时,建立民族国家的任务已经在绝对君主制下基本完成,光荣革命及其成果的延伸主要解决的是宪政秩序和政治正当性的问题。19世纪历次议会改革法案逐渐实现了政治参与的扩大,而20世纪工党的崛起又回应了社会再分配的需求。可以想见,当这一系列历史难题同时摆在发展中国家面前时,这些新兴政党的负荷能力遭遇到了怎样的挑战。

发展中国家在政党起源模式、经济社会发展阶段以及文化传统上的特殊性,使其政党和政党体系呈现出和西方国家几点重要的差异性。

第一,发展中国家出现一党体制的概率大大高于发达国家。一党制指的是只有一个政党具有合法执政资格的政党体系。在一个政党垄断政权的情况下,尽管

[①] Myron Weiner and Joseph La Palombara, "The Impact of Parties on Political Development", in Joseph La Palombara and Myron Weiner, eds., *Political Parties and Political Development* (SPD-6), Princeton University Press, 1969, pp. 427-433.

其他政党或许有存在的资格，但它们都必须接受执政党的领导（中国实行的是中国共产党领导的多党合作与政治协商制度，不属于此类情况）。当代政治中，一党制主要存在于以苏联为代表的社会主义政权，以及亚非地区终结了殖民统治后新建立起来的国家中。社会主义政权依照列宁主义理论，将执政党视为无产阶级的先锋队，领导人民群众为民族独立、解放而奋斗，以保证革命使命的完成。在新独立的国家中，一党制通常由民族独立运动发展而来，政党在领导了民族解放运动之后，主张一党统治是完成民族建构和经济发展的最有效手段。革命性的意识形态在一党制的创建过程中会起到关键性的作用，它引导执政党推行激烈的社会经济变革。然而，在一些国家中，当一党制逐渐进入巩固和调适阶段后，意识形态的重要性趋于减弱，制度建设、技术官僚治理和社会利益整合成为政权稳定的关键因素。[①]

之所以发展中国家较容易出现一党体制，有两方面的原因。一方面，诞生于体制之外的政党往往对于议会中的政党竞争持负面态度。旧体制下的政党被看作反动、腐败势力的代表，多党制则被视作既得利益集团间妥协、分赃的平台。因此，推翻旧体制后的第一要务就是取缔旧式政党和政党体系。另一方面，革命政党或民族解放运动在夺权之后急于通过权力的集中来推动各项现代化任务，避免政党竞争所带来的掣肘。许多发展中国家面临政治人才短缺的问题，因此希望将受过良好教育、具备行政经验的人才都吸纳进执政党内部。在那些民族国家构建的使命尚未完成的新兴国家，执政的精英害怕多党竞争会加剧不同部落、族群或地域之间的离心倾向。这些因素的共同作用使发展中国家易于出现一党制政权，动员全社会的力量来加快现代化的进程。

第二，与发达国家的政党相比，发展中国家政党组织化的程度存在着更大的差异性。有些领导社会革命或民族解放运动的政党在夺权以后，其是否能够维持政党组织的活跃度是一个很大的疑问。许多政党在上台之后失去了革命时期的热情和动力，政党竞争的缺失让党组织变得日益软弱和涣散。在党政合一的体制下，党的干部将越来越多的时间用于政府行政工作，政党建设的工作被逐渐忽视。党的会议次数减少、党费收缴不及时、党的基层组织萎缩，这些症状导致政党在政治体

[①] Samuel P. Huntington, "Social and Institutional Dynamics of One-Party Systems", in Samuel P. Huntington and Clement H. Moore, eds., *Authoritarian Politics in Modern Society: The Dynamics of Established One-Party Systems*, Basic Books, 1970, pp. 3-44.

系中的重要性下降，而诸如个人独裁者、军队、官僚体系等行为者的相对地位上升。科特迪瓦首任总统、民主党领袖乌弗埃-博瓦尼在位33年，加蓬第二任总统、民主党领袖翁丁巴在位42年，喀麦隆第二任总统、民族联盟领导人保罗·比亚在位40年（截至2023年7月时依然在任）①，这些领导人的超长任期一定程度上说明了政党组织已经沦为个人统治的工具，失去了制度的约束力和自主性。孟安妮的研究显示，如果将政党领导人的更替作为制度化的一项指标，那么一些发展中国家中执政党的组织化程度普遍低下，大多数政党尚未完成哪怕是一次领导人的更替，或在更替之后不久就失去政权。还有学者从政党基层组织对社会的渗透程度、对不同社会组织和阶层的吸纳能力、对社会关键资源的垄断能力等方面揭示了非洲执政党制度化程度的差异。一些研究指出，政党夺取政权的过程越艰难，面临的内外敌人越多，越是经历了暴力斗争的洗礼，它们就越可能建立起坚强有韧性的党组织。

第三，在实行多党竞争的发展中国家，政党和民众的连接方式也展现出独特的面貌。有学者将政党和选民之间的连接方式分为三类：政纲型（programmatic linkage）、侍从主义型（clientelist linkage）和克里斯玛型（charismatic linkage）。② 政纲型连接方式盛行于西方发达国家，在这种方式下，政党通过阐述不同的治国理念和政策来吸引选民的支持，选民则将票投给与自己理念或政策立场最为相近的政党。选举中胜出的政党推行一系列政策，这些政策使全社会或社会中某一阶层受益，但选民受益与否和自己的投票记录没有直接关联。侍从主义指的是政党向选民提供物质利益以交换其手中的选票，而物质利益分配的唯一标准是获益人是否将票投给了该政党。这些物质利益可能是贿选的金钱或小礼物、国有部门的工作岗位、财政预算对地方的转移支付等。在这种连接方式下，选民并不关心政党上台后推行的政策路线，他们只希望手中的这一票能即刻换回实在的利益，或避免自己失去已经享有的利益。最后，在克里斯玛型连接方式下，政党依靠一个具有极高个人魅力的政治领袖来获取民众的支持。克里斯玛型的领导人通常会尽量削弱政党组织和政策纲领所起的作用，而将选民的注意力转向自己的魅力光环上。

在一些发展中国家，政党和选民之间的连接方式表现为后两种，尤其是侍从主

---

① 信息来自喀麦隆政府官网：prc. cm/en/the-president/biography，最后浏览时间：2023年7月14日。
② Herbert Kitschelt, "Linkages Between Citizens and Politicians in Democratic Polities", *Comparative Political Studies*, 2000, 33(6-7), pp. 845-879.

义。学术界对于侍从主义的滋生土壤已有较详尽的研究,其主要研究结论有三。一是,发展中国家较低的经济发展水平是导致贿选等直接交换行为盛行的重要原因。具体而言,选民的收入水平越低,其选票越容易被政党发放的一些蝇头小利所收买。二是,发展中国家政府控制的经济和社会组织占有较大的比重,有利于政党利用国家资源来构建一个恩庇-侍从网络。三是,发展中国家政党存在的时间较短,政党和选民之间的互信程度低于发达国家,因此选民倾向于怀疑政党所做出的政策许诺能否兑现。这种情况下,政党若要争取选民的支持,不能依靠需要长时段才能实现的政策纲领,只好诉诸简单明了的物质交换。

第四,如果发展中国家允许较为自由的多党选举,那么政党的选举波动性将会显著地高于发达国家。选举波动性(electoral volatility)是用来衡量一个政党体系中各党支持率稳定性的一个概念,其基本计算方法是将各政党在两次相邻选举中得票变化的百分比相加。[1] 发展中国家政党的选举波动性高,说明它们所享受的民众支持率较发达国家的政党更不稳定。这一现象的原因可以从前文所述的政党发展历程和组织特性中找到。发展中国家存在许多组织化程度低下的政党,它们只是个别政客争权夺利的工具,并没有广泛的基层组织和群众基础。这些政党随着有权势政客的登台和离场,经历频繁的组建和瓦解。当然,正如上文提到的,有学者认为西方发达国家中政党和选民之间正在经历脱钩的过程,媒体和金钱降低了政党基层组织在选举中的作用,以政客个人为中心的竞选活动也可能使得选举波动性增加。因此,当我们将发展中国家和发达国家的政党进行比较时,必须牢记后者决非理想模型,它们都与社会结构和技术手段一起经历深刻变化。

第六节　中国的政党制度

中国的政党制度是中国共产党领导的多党合作和政治协商制度。中国共产党的领导地位在宪法中得到明确规定,它是坚持和发展中国特色社会主义的先锋队,有着执政责任和历史使命。中国的多党合作制度包括中国共产党和八个民主党

---

[1] Scott Mainwaring and Mariano Torcal, "Party System Institutionalization and Party System Theory after the Third Wave of Democratization", in Richard S. Katz and William J. Crotty, eds., *Handbook of Party Politics*, Sage, 2006, pp. 204-227.

派。这八个民主党派是中国国民党革命委员会、中国民主同盟、中国民主建国会、中国民主促进会、中国农工民主党、中国致公党、九三学社、台湾民主自治同盟。中国人民政治协商会议是中国共产党领导的多党合作和政治协商的重要机构。与西方国家的政党制度相似，中国的多党合作制度也允许并鼓励其他合法政党的存在与发展。八个民主党派通过参与政治协商会议、提出建议和意见等方式，与中国共产党共同参与国家决策。这种政治协商和合作的模式，既能凝聚各方力量，又能确保国家各方面利益的平衡和协调。

与西方的竞争性选举制度不同，中国的政党制度注重政党之间的协商与合作。政党通过参与政治协商，共同制定国家发展规划、政策和重大决策。例如，中国的"两会"制度就是一个重要的政治协商机制，由全国人民代表大会和中国人民政治协商会议组成。"两会"时，不同政党的代表可以提出自己的观点、建议和批评，并共同参与决策的制定。这样的制度安排有助于确保多方面的利益被充分考虑，并推动国家事务的合理决策。此外，中国的政党制度注重团结统一，即在政治协商中，各个政党仍然服从中国共产党的领导。这种领导地位体现了中国共产党的先进性。同时，政党间也存在合作与支持的关系，共同致力于实现中国特色社会主义事业的发展。这种政党制度的特点使中国政治体系更加稳定，有利于推动国家的长期发展。

当然，中国的政党制度也面临一些挑战和改进的空间。例如，如何平衡党内民主和集中统一的要求，如何确保各个政党在政治协商中都能充分发表意见和参与决策等。这些问题是中国政党制度在不断完善和发展的过程中需要解决的重要课题。总体而言，中国共产党领导的多党合作和政治协商制度是中国特色社会主义制度的重要组成部分。这一制度既反映了中国特殊的历史、文化和国情，又借鉴和吸收了西方政党制度的一些优点，形成了独特的发展模式。中国政党制度的特点在于充分发扬智慧和创新，旨在为中国的政治稳定和经济发展提供良好的制度保障。

本 章 小 结

现代政党是协调精英关系、动员民众参政的政治组织。政党起源于君主体制下的宫廷派系斗争,经历了从精英俱乐部向大型群众动员机器的转变。在现代民主国家中,政党发挥着招募和培养政治精英、组建政府、联系政府与民众等重要功能。一个国家中的政党之间互相竞争,逐渐形成政党体系,决定政党体系的因素包括社会结构和选举制度的安排等。在发达国家,传统的政党体系和政党功能正经受剧烈的冲击,体制内政党如何回应这些挑战是非常值得关注的。在发展中国家,政党和政党体系的制度化程度相对较低,政党更多地依靠领袖的个人魅力和直接的物质交换争取民众的支持。

 思考题

1. 中国成语"结党营私"中的党是什么意思?它与现代政党有什么异同?
2. 当代西方民主制度离开了政党可以顺利运转吗?为什么?
3. 为什么一些西方国家出现两党制,而另一些则出现多党制?
4. 发展中国家的政党和政党体系有哪些区别于发达国家的特点?

 延伸阅读书目

1. [意] G.萨托利:《政党与政党体制》,王明进译,商务印书馆2006年版。
2. [意] 安格鲁·帕尼比昂科:《政党:组织与权力》,周建勇译,上海人民出版社2023年版。
3. John Aldrich, *Why Parties? The Origin and Transformation of Political Parties in America*, University of Chicago Press, 1995.

第十章
政治发展

政治发展指的是前现代的政治体制为适应现代化的挑战，通过不断完善和变革以达成其治理目标的过程。这里的现代化，指的是工业革命给社会结构、思想文化和生活方式带来的一系列剧烈变化。一个国家的政治体制根据现代化的需要进行变革和调适，进而能够驾驭和推进现代化，这就是政治发展的过程。从最宽泛的意义上说，现代政治发展一般采取革命和改革两种形式。革命是从根本上否定既有政治体系，而用一种新的政治体系取而代之；改革则是在保持既有政治架构基本不变的前提下，对其不足之处进行自我完善和改进。[①] 工业革命以来，诸如约翰·密尔、马克斯·韦伯、卡尔·马克思等著名思想家的论述都涉及政治发展问题。然而，作为一门学科的政治学真正有意识地对政治发展问题进行专题研究，却是20世纪50年代以来首先在美国出现的。本章通过回顾发展政治发展研究的演变进程，以揭示该学科的核心研究问题，以及研究主题和范式在不同时段的变化。

第一节 发展政治学的兴起

政治发展研究发端于20世纪五六十年代，其主要背景是第二次世界大战结束后全球政治局势所经历的重大变化。从战后初期到20世纪70年代，西方殖民体系迅速瓦解，殖民地的民族解放运动催生了大量的新独立国家，原来保留了独立地位的国家也在经历政治变革，兴起了一批新的政权。1946年，联合国只有55个成员国，这一数字到2011年增加到了193个（见图10-1）。这些新建立的政权面临诸

---

① 姚建宗：《国外政治发展研究述评》，《政治学研究》1999年第4期。

多治理的挑战。多数国家的社会结构还极具传统色彩,部落首领、封建贵族掌握着地方权力,一般民众的政治意识还未觉醒,受教育程度低下。部落、族群和地方认同占据主导,国家意识淡漠。经济发展水平落后,工业化尚未真正起步。还有不少国家刚刚经历革命战乱,基础设施和人民生命财产遭受重大损失,战争各方的支持者严重对立,一切处于百废待兴的状态。针对新兴国家面临的这些问题,学术界展开了全方位的深入研究,发展政治学于是应运而生。

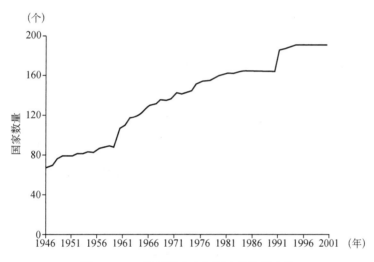

图 10-1　二战后独立主权国家的数量变化

发展政治学的研究对象是"发展中国家",即一批历史上曾经是西方国家的殖民地或半殖民地,独立之后正经历从社会经济上的不发达或欠发达状态向发达状态过渡的国家。发展中国家数量众多,覆盖的土地辽阔,历史文化差异巨大,之所以能够将这些国家的政治作为一个类别进行分析,有一个最重要的原因:15 世纪以来西方的殖民扩张将这些原本彼此隔绝的地区容纳进了一个统一的政治经济体系中。由此导致的结果是,西方殖民国家制定了这个体系的基本规则,并发展出了支持其运转的组织和技术手段。西方以外的地区从该体系创立伊始,主要依靠出口农产品和矿物等初级产品而融入世界经济中,由此处于一种边缘性和从属性的地位。在文化层面,西方世界对发展中地区的影响绵延久远、无处不在。许多发展中国家将英语和法语等西方语言作为政府通行语言,掌握这些语言是成为达官显宦的必要条件,而拉丁美洲更是全面接受了前宗主国的语言。

西方文化的渗透不仅仅体现在语言上,更反映在人际交往、处事方式和社会组织形式中。① 比如，支持西方现代社会的一项重要技术是大型组织的管理和运营，这些组织包括官僚机构、军队和大企业等。运营这些大型组织所需要的非人化管理和照章办事等文化特质与小农经济的许多习俗是格格不入的，这也导致许多发展中国家的组织难以摆脱强人的控制或顺利实现领导人的更替。在政治文化层面，西方输出的最重要事物莫过于具有固定领土边界和主权的现代国家。主权国家这一舶来品对于许多习惯于村庄部落等小范围政治组织的民族来说是全然陌生的，而殖民地的领土边界又是西方国家在谈判桌上人为划定的。在此基础上，官僚制、政党和法院等一系列从西方社会中生成的政治机构被移植到发展中国家，与这些地区中原有的组织或相互排斥，或彼此交融，构成一种特有的政治生态。

作为比较政治学的一个重要分支，发展政治学的早期研究由西方学者，特别是美国学者所主导。作为新晋的超级大国，刚从孤立主义政策走出的美国不可避免地卷入全球事务，由此产生了了解和影响新独立国家的巨大需求。更重要的是，战后的苏联为新兴国家提供了不同于资本主义社会的一整套发展模式，这在美国的政治家和学者之中制造了极大的焦虑。美国学术界此时面临的一大任务，是系统地阐述一套不同于苏联模式的现代化策略，并将其作为与苏联进行全球竞争的智力资源。说得更直白一些，美国希望新独立的国家走上自己的自由民主模式，而不是苏联的共产主义模式。这一时期，以美国为首的西方国家"不能仅仅停留在对这些新兴国家提供经济援助上，还必须充分了解这些国家的政治结构现状和现实政治需求，并尽可能地将西方国家的政治制度模式、政治文化观念向这些国家输入，才有可能取得较为满意的结果"。② 为应对这一需求，美国联邦政府和民间基金会投入了大量资金支持对发展中国家的研究，这对当时研究人员的课题选择产生了重大影响。正如一名学者所承认的那样："在社会科学中，政府和基金会通过资金的选择性投入来决定哪些研究领域繁荣发展（至少在数量上），哪一种对社会和经济的理解方式得到提倡。"③

在学术界的大力投入下，美国年轻学者对新兴的亚洲和非洲国家展开了大量

---

① Christopher S. Clapham, *Third World Politics: An Introduction*, Routledge, 1985, pp. 5-6.
② 姚建宗：《国外政治发展研究述评》，《政治学研究》1999年第4期。
③ Nils Gilman, *Mandarins of the Future: Modernization Theory in Cold War America*, John Hopkins University Press, 2007, p. 47.

国别研究,"教授们和学者们来到了先前是奇异陌生的土地,他们写出的东西很快就成了论述某些国家和地区的政治和机构的巨大文库"。① 这一时期国别研究的代表性著作有大卫·阿普特(David Apter)的《转变中的黄金海岸》和《乌干达政治王国》、阿里斯蒂德·佐尔博格(Aristide Zolberg)的《科特迪瓦的一党政府》、伦纳德·宾德(Leonard Binder)的《巴基斯坦的宗教与政治》和《伊朗:转变中社会的政治发展》、鲁恂·派伊的《政治、人格与建国:缅甸对认同的寻求》、亨利·毕能(Henry Bienen)的《坦桑尼亚:政党转型与经济发展》等。

20世纪60年代以后,发展政治学在之前区域研究的基础上全面发展起来,这一过程中有两个学术组织起到了很大的推动作用。首先是1964—1965年由哈佛大学和麻省理工学院学院联合创办的政治发展联合研讨会(Harvard-MIT Joint Seminar on Political Development),该研讨会由塞缪尔·亨廷顿和迈伦·韦纳(Myron Weiner)共同主持,在二十多年间每月举行一次会议。研讨的问题范围广泛,包括发展中国家的农民、族群与发展、政治经济学、国家在发展中的作用、第三世界的民主转型等内容。研究政治发展的学者大多在这一研讨会上报告自己的成果,推进了这一领域的学术进步。另一个学术组织是社会科学研究理事会(Social Science Research Council)建立的比较政治委员会(Committee on Comparative Politics),该领域的重要学者鲁恂·派伊和加布里埃尔·阿尔蒙德(Gabriel Almond)都先后任过该委员会的主席。在他们的带领下,比较政治委员会召开了多次重要的政治发展学术会议,其最重要成果是从1963年至1978年间出版的"政治发展研究"丛书共九部论著。前六部著作分别讨论了大众传播、官僚机构、教育、政治文化和政党等政治发展的不同要素,而后三部著作则以更宏观的视角审视了政治发展过程中一系列的难题和危机,并结合欧美国家自身的历史经验阐释了应对这些难题的方式如何制约了发展的模式。

对发展中国家政治的研究兴起之时,恰逢政治学中行为主义革命(behavioral revolution)的高潮。行为主义者批评过去的研究过于关注正式的法律条文和制度安排,却忽略了政治体系的实际运作以及其中各类人物的价值观、态度和行为。这一时期的研究者普遍认为,若要更深刻地揭示政治发展的规律,必须借用社会学和人类学的视角。阿尔蒙德在其《发展中地区的政治》一书中指出:"这些地区的宪法

---

① [美]格林斯坦、波尔斯比编:《政治学手册精选》(下卷),储复耘译,商务印书馆1996年版,第148—149页。

和正式政治制度变化频繁,而且通常与真实的政治运作相差甚远,所以对其进行具体描述无助于预测这些体系的行为……更重要的是分析它们的传统文化、西方和其他因素对它们的影响、政治社会化和精英培养的实践,以及诸如利益集团、政党和通信传媒一类的政治'基础设施'。"[1]研究政治发展的大家西摩·马丁·李普塞特为自己的经典著作所起的书名——《政治人:政治的社会基础》——很好地概括了这种以社会为出发点来解释政治现象的视角。[2]

这一时期政治发展研究中占据主导地位的范式被称作"现代化理论"(modernization theory)。所谓范式,指的是某一学科领域内研究者共同遵从的世界观和研究方式,它可以被用来界定什么东西值得研究,什么问题应被提出,如何对问题进行质疑以及提供解释时应遵循的基本原则。现代化理论的核心假设是:经济发展给社会秩序带来的一系列变化,而这些变化又将不可避免地影响政治体系。现代化理论尤其强调城市化进程开启后,进入城市的移民将政治关注点从村庄转向民族国家,从地方强人转向官僚机构。一言以蔽之,传统社会中的臣民变成了现代社会中的公民。现代化过程中个体层面的态度、价值观和性格特征变化是至关重要的,它是一切后续的社会和政治变革的微观基础。

20世纪六七十年代政治发展研究也深受社会学中的重要理论流派——结构功能主义(structural functionalism)的影响。从这种理论视角来看,政治和生物有机体一样,是一个具有一定结构的系统,它的各个组成部分以有序的形式相互关联,并对政治稳定发挥着必要的功能。换句话说,任何一个政治系统的正常运转都依赖于一系列政治功能得以完成。在系统的输入方面,这些功能包括对公民的社会化、招募政治精英、社会利益的表达和聚合等;在输出方面,则包括社会规则的制定和执行、对社会争议的仲裁等。发挥这些功能的单位可以是正式的机构,如发达国家中的议会、政党、官僚体系、法庭,也可以是较不正式的组织,如宗族、氏族,甚至骚乱和街头示威。在结构功能主义视角的影响下,不同社会中看似迥异的政治现象,都可以被认为是履行了类似的政治功能。比如,苏联自上而下组织的、受严密控制的投票活动和各种集会游行,常常被看作和西方国家的选举和集会一样,满足了现代社会中大众参与政治的需要。虽然结构功能主义中的一些概念和术语在

---

[1] Gabriel A. Almond, James S. Coleman, *The Politics of the Developing Areas*, Princeton University Press, 1960, p. viii.

[2] See Seymour M. Lipset, *Political Man, the Social Bases of Politic*, Anchor Books, 1960.

今天已显得陈旧过时,但其背后深层次的思维方式仍然在发展中国家的政治研究中依稀可见。比如,当下对发展中国家的议会、选举和示威抗议的研究,其出发点往往是寻找这些机构或威胁体系稳定的行为,是如何出人意料地促进了系统的均衡和稳定。当然,这种分析方法为了将不同国家的政治现象纳入一个统一的框架内进行比较,难免模糊了这些现象之间的本质性差异。

以现代化理论为核心的早期政治发展理论在知识界遭遇到了激烈的批评和挑战。一方面,以拉丁美洲学者为主力军的左派知识分子提出了著名的"依附理论"(dependency theory),旗帜鲜明地反对现代化理论将国内发展和国际经济结构相脱离的分析方法。这一理论主张,西方国家的发达与亚非拉国家的落后是一个不公平的全球经济体系的两个方面,因殖民主义而形成的贸易体系造成了第三世界国家(主要是拉美国家)的产业结构单一、工业技术落后、土地分配严重不均。在政治层面上,不公平的全球体系依赖于落后国家维持非民主的政体,以确保这些国家中帝国主义代理人的行动不受到国内民众的掣肘。因此,发展中国家不可能沿着发达国家曾经走过的道路通往现代化,而是必须采取截然不同的社会和政治发展模式。

另一方面,以亨廷顿为代表的右派学者猛烈抨击了现代化理论主张的经济发展必然带来政治发展和稳定的观点。亨廷顿和同时期研究政治发展的学者一样,相信经济发展将导致民众更高的政治参与需求。所不同的是,亨廷顿认为,如果没有强大的政治制度作为疏导,政治参与的扩大将会导致政治秩序的崩溃。为说明这一观点,他列举了非洲、拉美和亚洲大量的军人政变、内战和独裁统治的例子。另外一件不利于现代化理论的证据来自于吉列尔莫·奥唐奈(Guillermo O'donnell)对拉丁美洲国家中"官僚专制主义"模式的研究。① 在这一地区,经济增长和政治民主化并没有相互伴随。相反,为了促进经济发展,军人政权、技术官僚和跨国企业之间互相结盟,形成了一个官僚专制主义政权带动经济增长的局面。

到了 20 世纪 70 年代末,发展政治学领域处于一个比较低潮的时期。大量第三世界国家的政治实践,如军事政变的频繁发生、一党体制的盛行等,都削弱了现代化理论的可信度。此后的近 20 年时间里,大部分研究发展中国家政治的学者不

---

① See Guillermo A. O'donnell, *Modernization and Bureaucratic-Authoritarianism: Studies in South American Politics*, University of California Press, 1973.

再关注宏观的政治发展理论,而是转而研究一些比较中观或微观的问题,比如民主制度的建立、巩固和倒退、国家能力建设、公民社会、族群冲突等。这一转变催生了丰富的学术成果,其影响极为深远,时至今日,对这些中微观问题的研究依然是发展政治学的核心关怀。

第二节 对政治发展实质的理解

以上对政治发展研究历史的梳理,并没有触及一个核心问题:政治发展的实质是什么?当学者们使用"发展"一词来描述发展中国家政治时,其研究难免沾染上目的论的色彩,即假设政治将会向更好的方向发展,最终达到某种理想的终点。这种目的论显然受到欧洲启蒙运动的影响,认为知识的普及、技术的革新、物质条件的改善、民主法制政体等一系列社会进步正在召唤着初登世界舞台的发展中国家。然而,政治发展的方向和终点究竟是什么?这一学科的文献越多,对于政治发展一词的含义似乎就越显得含糊不清。

鲁恂·派伊在《政治发展面面观》一书中列举了学者们对政治发展的十种不同理解,其中有一些定义相互重合面较大,真正具有独特性的定义包括以下8种。(1)政治发展是经济发展的前提,它意味着建立起一套更有利于促进人均收入增长的政治体制。(2)政治发展是工业社会的典型政治形态,这种定义假设工业化生产导致政治生活中出现普遍的共性。(3)政治发展是民族国家的运转。历史上各种帝国的、部落的和殖民地的政治,都要让位于民族国家的政治。它要求建立一套特定的公共机构,作为民族国家必要的基础结构,同时民族主义要在政治生活中得到有控制的表达。(4)政治发展是建立完善的行政秩序和法律秩序,前者要求组建有效的官僚体制,后者则依赖于法律观念的传播和司法体制的改进。(5)政治发展是大众动员和大众参与,它让原本对政治漠不关心的臣民转变成为积极参与政治的公民。政治参与又包含两个面向:对国家认同感和忠诚度的加深;一系列参与政治权利的扩大。(6)政治发展是民主制度的建立,即效仿欧美国家实行多党轮流执政,普及选举权,保障政治权利和公民自由。(7)政治发展是一种稳定而有序的变迁。这种定义并不回答社会变迁要朝哪个方向,只是认为政治发达的社会里,政治过程能够合理而有目的地控制和指导社会经济发展,而不仅仅是被动地适应它。

(8)政治发展是动员和权力,它提升政府行使权力的水平,使其能够动员更多的社会资源以实现其目标。①

对于政治发展核心内容的判断,无疑受到观察者自身价值取向和分析视角的影响。在这里,本书对鲁恂·派伊提出的几种定义做简短的评述。

第一,将政治发展看作建立起有利于经济发展的政治体制,这给衡量政治发展带来较大的困难。历史上的经济增长是在千差万别的政体下发生的,君主立宪制下的英国、绝对君主制下的法国、西式民主制下的美国、一党体制下的苏联、军人政权下的巴西等。这当然不是说政治体制与经济发展无关,而是强调经济增长受到太多复杂因素的影响,若要以经济发展速度的快慢来评定政治体制,其结论的准确性难免大打折扣。而且,一个良好的政体也有促进经济发展以外的其他目标,如调解社会冲突和增进体制正当性等,即便在一个社会中没有经济增长,也不能简单认为其政治就是落后的。

第二,认为政治发展是工业社会的典型政治形态,它们"具备某种特定的政治行为和活动上的水准"②,这种说法太过笼统。工业社会政治的普遍共性是什么?其特定的政治行为如何界定?在没有明确这些共性的情况下,该定义很难为理解政治发展提供有用的启示。

第三,将政治发展与民族国家等同起来,这反映了20世纪五六十年代学者们对由一个主导民族构成的国家模式无批判性的认同。在西欧历史的一个特定时期,具有高度文化同质性的民族国家的确比哈布斯堡帝国这样多元民族国家更具有竞争力,但很难说国家内部族群和文化的多元性就一定代表了落后。我们不能排除在未来的某种时空环境中,城市国家、邦联国家或一种新的政治实体崛起并广泛传播的可能性。

第四,早期政治发展理论无一例外地假设,现代化将导致大众政治参与的扩大,然而这种假设是否成立,似乎取决于我们讨论的是政治参与的哪一个面向。就对国家的认同感和忠诚度的而言,国家主导下的教育普及和传播技术进步无疑提升了全国层面的政治问题在民众生活中的重要性,这可以被认为是一种进步。但现代化是否一定导致选举权利的扩大和公众参与政治决策的程度加深,至少已有的经验事实还无法给出确定答案。与西方历史的普遍规律不同,在许多发展中国

---

① [美]鲁恂·派伊:《政治发展面面观》,任晓、王元译,天津人民出版社2009年版,第49—62页。
② 同上书,第51页。

家,现代化伴随的是精英对大众的操纵以及民众的政治冷漠。

第五,与第四点密切相关的是,政治发展是否应该包含西方民主模式的建立。鲁恂·派伊自己也承认:"民主是一个充满价值意味的词,而发展则在价值上是中立的。因此把民主的建立当作政治发展的钥匙,会被认为是贩卖美国或至少是西方的价值观。"①的确,将政治发展与某一种政体形式等同起来,这样的观点充满了价值判断和争议性。从政治发展的已知经验看,没有足够证据表明发展中国家作为一个整体在朝着民主政体的方向前进,而且各种病态的民主形态在全球层出不穷。

鲁恂·派伊所谈及的其他几种对政治发展实质的描述,可以被绝大多数价值观持平的人们看作政治进步的题中应有之义。在任何一个社会中,理想的政治都要求清廉的官僚体制、高效的日常行政和公正有效的法律体系。同时,人们也希望看到政府能够主动地、适度地引领社会的变化,解决国家内部存在的一些紧迫问题,并且在引导社会发展时维持政治秩序的稳定。这必然要求政府具备一定动员社会资源和行使权力的能力,去完成自身设定的目标。

第三节 重新"发现"国家

20世纪70年代以后的比较政治研究开始逐渐脱离社会决定论,并重新确立政治制度和国家能力对政治发展的中心地位。亨廷顿的著作对这一范式转变起到了奠基的作用,他敏锐地指出了政治制度化程度决定了国家能否在现代化过程中保持良好的政治秩序。换句话说,政治秩序的形成不完全取决于社会因素,政治家以及他们控制的国家机构具有重要的主观能动性。此后,以西达·斯考切波为领军人物的一批学者提出了"找回国家"(bring the state back in)的口号,主张重新认识国家相对于社会的自主性。② 在他们眼中,国家既不像马克思主义者认为的那样是社会中主导集团的利益代表,也不像多元主义者声称的那样是众多利益集团的调停仲裁者。国家有独立的意志和自主性,应当重点研究国家如何利用这种

---

① [美]鲁恂·派伊:《政治发展面面观》,任晓、王元译,天津人民出版社2009年版,第58页。
② See Peter B. Evans, Dietrich Rueschemeyer, and Theda Skocpol, eds., *Bringing the State Back in*, Cambridge University Press, 1985.

自主性去汲取社会资源、塑造政治认同、影响经济发展和处理对外关系。这一时期产生了大量将国家自主性作为关键变量,依此解释各种政治社会现象的佳作,其旨趣已明显区别于行为主义者对个人和社会集团的关注。

伴随着对国家自主性作用认识的加深,观察者们也开始注意到国家发挥这些作用的能力在不同国家间存在着巨大的差异。这就诱使学者们上溯到因果关系链条的上一个环节:国家能力是如何被构建的?作为二战之后获得独立的新兴国家,其国家构建的过程与欧美国家存在着许多不同之处。西欧从大约15世纪以来经历了一个漫长而又充满暴力的时期,最终锻造出了一批垄断国内暴力使用、排斥外来干涉并彼此尊重自主权的现代国家。随着殖民帝国的扩张和最终解体,欧洲人将"威斯特伐利亚"国家体系传播到了世界的其他地区,一些新兴国家别无选择地开始效仿发达国家的内部组织形式和对外关系模式。然而,它们构建新政权的努力却面临着一系列独特的挑战,这些挑战导致发展中地区存在大量的"弱国家"或者"失败国家",其症状包括政府的腐败、政变和内战频仍、族群和宗教矛盾激化,以及恐怖主义势力的滋生。

为什么发展中国家出现了西欧经验中较少出现的弱国家和失败国家?发展政治学为我们提供了若干极具洞见的解释,这些解释背后有一个一以贯之的论点:现代国家和国家体系是在特定的历史条件下出现的,脱离了这些孕育国家的特定历史过程,维持现代国家的运转是充满挑战的。现代国家的结构被殖民者从西方引入世界其他地区,但这些地区未必具备支持国家存在的历史条件。对于一个政治组织而言,要想在相对辽阔的国土境内垄断暴力的运用,并且抵御外部势力对境内事务的干涉,这其实是一项非常艰巨的任务。许多发展中国家虽然接受了西方国家强加的政府组织框架,但显然还没有准备好承担这样的重任。

审视发展中国家所面临的历史情境,可以发现弱国家或失败国家的出现有一些共性的原因,细分起来可概括为以下几点。

第一,许多有过殖民地经历的国家边界是被宗主国强制划定的,这个过程只照顾到了殖民者的管理便利或彼此之间的利益交换,结果导致了国家内部族群成分的复杂,为国家独立后统一民族的建构留下了巨大的隐患。武断划定的领土边界在撒哈拉以南非洲最为明显,这一地区本不存在有固定疆界的政治实体。19世纪末,欧洲殖民列强在谈判桌上讨价还价,最后达成协议,按照经纬线的走向划分了殖民地的边界,这也成为后来独立国家的领土范围。即使在先前存在传统政体的东亚和东南亚地区,殖民扩张的影响也使得固定的疆界取代了过去较为模糊的边界。这些从殖民时期继承下来的领土边界内,可能生活着语言、文化和宗教完全不同的群体。不仅这些族群之间有产生冲突的可能,而且一些族群甚至要求成立自己的独立国家。

在非洲,新独立国家的建国之父们十分清楚,他们虽然从殖民者那里继承了国家组织,但国境内却往往不存在一个拥有共同文化的民族,这与民族主义思潮主张的"一个民族,一个国家"的理想状态相去甚远。因此,利用国家权力将文化风俗各异的族群整合成一个新民族,就成了摆在新国家面前的一项艰难任务。赞比亚国父肯尼思·卡翁达(Kenneth Kaunda)曾表示:"我们的目标是从殖民者人为划分出的不规则制品中创建真正的民族。"①塞内加尔国父利奥波德·桑格尔(Leopold Senghor)的言论同样具有启发性:"国家是民族的表达形式,它首先是建成民族的一种手段……政治史教导我们,国家组织的缺失是一个弱点,它会导致民族致命性的分崩离析。"②

第二,新独立国家的国家机构是从殖民时期继承下来的,是外部强加的产物,它在国民眼中的正当性就成了一大难题。殖民宗主国在组建国家机器时,目的主要是镇压当地人民的反抗和汲取殖民地的资源。在这样的考虑下形成的国家部门长于专政和攫取资源的职能,在提供代表性和社会服务方面却是先天不足。结果,国家不是被看作体现民族统一、代表社会利益和服务民众的公器,而是被视为权力斗争的战利品。谁控制了国家机器,就能够利用它来攫取财富和镇压反对派。而且,独立后掌权的政治精英普遍受过西式教育、来自现代产业部门、生活在都市中,他们与绝大多数生活在农村的民众在物质上和精神上都存在巨大的距离。政府与民众之间缺乏基本的共同价值观和政治共识,这进一步加剧了国家的正当性缺失。

第三,许多发展中国家,尤其是撒哈拉以南的非洲国家,并没有经历过"战争塑造国家"的过程,这导致了国家建构动力不足和国家能力的脆弱。在西欧,频繁的对外战争驱使各国政府加快了集权的步伐,在国境内垄断暴力的使用权,并且将中央的控制能力蔓延到边境地区,以满足战备的需要。如果我们将国家的属性分为实证和国际法两个层面,前者指国家对于边界内暴力使用的有效垄断、国民共同体

---

① 转引自 Benyamin Neuberger, "State and Nation in African Thought", *Journal of African Studies*, 1977, 4(2), p. 204。
② 转引自 ibid., p. 200。

的塑造、理性官僚制度的建立等,后者指主权国家彼此不干涉内政、平等交往、国际社会保护主权国家的生存权利等,那么可以说,欧洲国家是首先建立了实证属性(empirical statehood)之后,才获得了国际法属性(juridical statehood)。

在殖民者到达亚非拉以前,第三世界的部分地区并没有自发形成彼此相邻、各守边界的国家体系。即使是先前存在国家的地方,国家的控制力也主要集中在首都地区,越是远离都城,控制能力就越弱。由于国家间战争并不频繁,这些传统政体没有动力花费巨大的精力去加强对辽阔腹地的控制。在非洲殖民的过程中,西方列强关注的是通过控制港口城市来保证贸易的进行,并不愿意承担管理非洲内陆地区的行政成本。1884 年列强讨论瓜分非洲的柏林会议实际认可了一个原则:"一个欧洲国家所要做的只是在沿海地区建立一个领土据点,然后便可以向内陆自由扩张,无须建立一套行政体系来满足有效占领的义务。"[1]也即是说,欧洲列强虽然划定并互相承认了非洲殖民地的正式边界,但它们的有效统治只是集中于城市地区,对于内陆腹地的权力覆盖则很薄弱。这造成了战后殖民地获得独立之后,新国家所继承的行政机构与多数人口生活的乡村地区缺乏紧密的联系。

无论新独立国家对领土的实际控制能力如何,其主权者的地位都得到了国际社会的承认。如果和欧洲经验作一比较,不难发现许多发展中国家在还没有奠定实证属性的情况下,其法律属性就受到了国际社会(国际组织及各种国际公约)的承认和保护。事实上,作为非洲最重要的国家间组织,非洲统一组织(Organization of African Unity)[2]在成立之初的 1963 年就通过决议,要求各成员国"尊重各国的主权和领土完整及其不可剥夺的独立生存权"。这一时期,非洲国家的实证属性还非常虚弱,体现在以下一些方面:缺乏国民共同体,部落和族群认同高过对国家的认同;权力高度个人化和家族化,没有发展出脱离于私人利益的公权力;军队对政府高度不信任,政变频繁;政府机构不发达,人手和财政高度紧张;腐败盛行;等等。尽管国家的实证属性虚化,但国家的法律属性却被国际社会保护了起来。国家没有被敌对势力吞并和消灭之虞,也就没有动力去强化自身的实证属性。这与孟子所说的"无敌国外患者,国恒亡"有异曲同工之妙,只不过这些国家恰恰不会"亡",

---

[1] Jeffrey Herbst, *States and Power in Africa: Comparative Lessons in Authority and Control*, Princeton University Press, 2000, p.72.
[2] 非洲统一组织成立于 1963 年,宗旨是促进非洲国家的统一与团结。2002 年,非洲联盟正式取代非洲统一组织。

而是长期处在一种孱弱的状态。以非洲为例,二战结束以后这一地区的领土几乎没有发生过变化,少数的例外是厄立特里亚于1993年脱离埃塞俄比亚而独立和2011年南苏丹共和国脱离苏丹而独立。非洲国家间几乎没有发生过旨在吞并领土的战争,所发生的国家间冲突也是围绕与国家生存无关的相对次要问题。

第四,一些发展中国家的财政收入高度依赖外来援助,它们无须与国内的民众和利益集团进行讨价还价,这极大地降低了政治体制的代表性和回应性。① 在欧洲国家建构的历程中,国家用来应付对外战争的人力物力资源主要是从国内获取的,因此它必须和国民进行一场旷日持久的谈判和妥协。为了降低国内民众对资源汲取的反抗情绪,国家不得不赋予国民更多的政治权利,包括代议机关中的代表权、对财政的知情权和监督权,以及文官集团对武装力量的控制权等。与此相比,二战之后发展中国家的财政收入相当一部分来自于外国援助(或其他形式的非税收收入)。在冷战时期,第三世界成了美苏两国试探对方实力和发动代理人战争的场所,因而得到了大量的经济和军事援助,这意味着国家获取资源时不必通过制度安排向民众做出妥协。因此,国民在政治上没有代表权,对政府问责的能力低下;制度监督的缺失让政府领导人可以从事大量中饱私囊、损公肥私的勾当。导致发展中国家腐败问题猖獗的因素有很多,但因财政收入来源性质所导致的国家社会脱节的确是一大祸根。此外,外来军事援助还让军事组织的力量不断膨胀,为频繁发生的军人政变埋下了伏笔。

第五,在比较欧洲和世界其他地区的国家建构经历时,不能不提到一个简单却直接的变量——时间。西欧国家的建构是在四五个世纪的漫长时段中完成的。现代国家形成所遭遇的诸多挑战——中央集权、认同构建、扩大参与和再分配——在西欧诸国是逐次出现并得到解决的。发展中国家则没有这样的奢侈,它们"必须同时处理与国家文化认同、政治参与和经济不平等相关的一系列问题:发展的脚步使它们还没有来得及为解决一组挑战形成暂时性的制度方案,下一组挑战就接踵而至"。②

---

① Charles Tilly, "War Making and State Making as Organized Crime", in Peter B. Evans, Dietrich Rueschemeyer, and Theda Skocpol, eds., *Bringing the State Back in*, Cambridge University Press, 1985, pp. 185-186; Jeffrey Herbst, *States and Power in Africa: Comparative Lessons in Authority and Control*, Princeton University Press, 2000, pp. 131-133.

② Stein Rokkan, "Dimensions of State Formation and Nation-Building: A Possible Paradigm for Research on Variations within Europe", in Charles Tilly, Gabriel Ardant, eds., *The Formation of National States in Western Europe*, Princeton University Press, p. 574.

正如克里斯托弗·克拉彭（Christopher Clapham）所指出的,国家建构的文献倾向于谈论现代国家所带来的益处,却很少涉及建构过程中当事者所要承担的巨大代价。① 与现代国家所要求的同质性不符的认同感和社会结构必须被牺牲,地方性的文化逐渐要走向式微。在这一过程中,不少构建现代国家的尝试最终遭遇了失败,比如曾经辉煌一时的奥匈帝国和奥斯曼帝国,这些故事的主角已经淹没在大多数人的记忆中。对发展中国家而言,要在半个多世纪的时间里同时面对这一系列历史问题,操作的难度可想而知。20世纪60年代担任尼日利亚领导人的雅库布·戈翁（Yakubu Gowon）曾感言:"一个新独立的非洲国家要与历史、地理、族群分布和帝国主义的邪恶后果等不利因素作斗争,并用欧洲国家所用时间的五十分之一来建构自己的国家。"② 从这个角度看,许多新兴国家的建构努力遭遇到挫折,也是值得同情和理解的。

第四节　中观政治发展理论的进步

20世纪80年代后,现代化理论和结构功能主义的影响式微,政治发展研究不再追求构建一个包罗万象的宏观理论体系,而是试图在更具体的中观领域取得突破。所谓中观理论,是相对宏观和微观理论而言的。与宏观理论不同,中观理论不奢望建立一个能解释所有社会现象的普适性理论,而是聚焦于有限的、可以被观察和测量的社会现象,提出能够被数据检验的理论。与微观理论不同,中观理论不局限于细枝末节的问题,而是关注具有一定普遍性的社会政治问题,它往往是许多具体研究假设和经验规律性（empirical regularities）的集合。近些年来,发展政治学在中观领域层面取得了较大进展,以下举若干例证以说明。

一是政治与经济发展的关系,即讨论何种政治制度或公共政策最有利于促进经济增长。一些学者重点考察了民主体制相比威权体制是否更有利于经济发展,

---

① Christopher Clapham, "The Global-Local Politics of State Decay", in Robert I. Rotberg, ed., *When States Fail: Causes and Consequences*, Princeton University Press, 2004, pp. 77-93.
② 转引自 Benyamin Neuberger, "State and Nation in African Thought", *Journal of African Studies*, 1977, 4(2), p. 204。

并且从产权保护、投资总量、国家自主性和技术创新等角度阐述了不同的因果机制。从大量统计研究的发现来看,没有充分的证据表明民主体制在这方面优于非民主体制,可见政体形式并不是决定经济发展的关键变量。还有一些学者就国家干预在多大程度上能促进经济发展进行了激烈的辩论。一派观点认为,二战后发展绩效良好的国家主要得益于市场力量和开放的国际贸易体系,而另一派则提出了"发展型国家"的理论,主张政府主导市场具有相当的优越性,政府能够以整体经济发展为目标,利用有选择的产业政策,实现国家经济的高速增长。

二是发展中国家的族群和政教关系问题。族群矛盾已经成为国内冲突最重要的导火索。所谓族群(ethnic group),指的是基于共同的祖先、语言、文化、历史、宗教等因素而产生集体归属感的群体。有学者指出,1946年以来全世界超过60%的内战是由族群矛盾导致的。① 战后获得独立的新国家继承了殖民帝国强制划定的领土边界,在其领土范围内往往有着复杂的族群构成。殖民者分而治之、厚此薄彼的政策为新国家内部的族群矛盾埋下了伏笔。去殖民化运动方兴未艾之时,各族群在争取民族独立的旗帜下尚能团结一致,但新国家一旦建立,缺乏共同文化、语言或宗教信仰的族群便面临分崩离析的危险。学术界早期针对族群问题的研究,产生了原生论、工具论、建构主义和制度主义等几个主要的理论范式,不同范式之间的争论支配了20世纪90年以前的族群问题研究。② 近年来,关于族群问题的研究已经超越了几大范式的争论,学者普遍认为,结合不同范式中的有用元素才是理解族群冲突的唯一途径。

近年来,宗教型政党的数量增加,宗教极端势力在一些地区抬头,与宗教相关的族群冲突也屡见不鲜。20世纪以后,伊斯兰世界中兴起了一股名为"政治伊斯兰"(political Islam)的运动,它指的是"旨在赋予伊斯兰教以政治生活中的权威地位的各类政治运动、意识形态潮流和国家政策"。③ 政治伊斯兰的参与者一般主张,历史上的伊斯兰文明中政治和宗教是密不可分的,政治领袖同时也是宗教领袖,政教分离和世俗主义是18世纪以后出现于西方社会的特定社会观念,不应当

---

① Elaine K. Denny, Barbara F. Walter, "Ethnicity and Civil War", *Journal of Peace Research*, 2014, 51(2), pp.199-212.
② 关于四种范式的介绍见阿舒托什·瓦尔什尼的综述性文章: Ashutosh Varshney, "Ethnicity and Ethnic Conflict", in Carles Boix and Susan C. Stokes, eds., *The Oxford Handbook of Comparative Politics*, Oxford University Press, 2007。
③ Andrew F. March, "Political Islam: Theory", *Annual Review of Political Science*, 2015, 18, p.104.

被所谓"普世化",更不能被强加给穆斯林社会。政治伊斯兰是一类非常复杂的现象,它不是一种单一的、整齐划一的政治组织或运动,而是有多种表现形式①,在埃及和土耳其等国家中,代议制和选举的存在使得伊斯兰运动可以通过制度内途径参与政治。为了以合法手段上台执政,有宗教背景的政党必须牺牲意识形态的纯洁性,采取更加务实的立场,并且掌握为社会提供公共服务和经济增长的能力。从这个角度来说,代议政治的框架也在改变"政治伊斯兰"运动的性质。

三是殖民主义为发展中国家所留下的政治、经济和社会遗产。发展中国家,历史上即使不是西方国家的殖民地,也遭遇过西方扩张和殖民主义的压迫。殖民主义对后殖民国家的政治结构和社会发展有着极为深远的影响。如达龙·阿西莫格鲁(Daron Acemoglu)等人指出,殖民时期的制度建设对后殖民社会的发展有长期的作用。② 在一些殖民地,殖民者建立起了掠夺性的制度,既缺乏对财产权的保护,也未能对政府的专断权力进行限制。这种制度的主要目标不过是尽可能地将财富从殖民地转移到宗主国。而在另外一些殖民地(如后来的美国、加拿大和澳大利亚),欧洲人迁徙定居下来,建立起了与宗主国类似的保障财产权和制约政府权力的制度。此外,殖民宗主国的法律传统、直接或间接统治的策略、劳工制度以及传教士活动都可能对后来的发展绩效产生难以预见的影响。最后,欧洲列强出于自身利益考虑所推行的政策,在很大程度上制约了后殖民社会中的国家建构过程。罗伯托·佛阿(Roberto Foa)在近期的一项研究中,比较了殖民经历对不同社会中国家能力建设的长期作用,并在此基础上提出了自己的综合性理论。③

第五节 中国的政治发展

自19世纪中叶以来,中国经历了一段较为动荡的时期,列强对中国进行了各种形式的侵略和掠夺,清王朝内部腐朽不堪,国家陷入危机之中。1911年发生的辛亥革命是中国政治上的里程碑,它推翻了清朝君主统治,建立了中华民国。这标

---

① 钱雪梅:《政治伊斯兰意识形态与伊斯兰教的政治化》,《西亚非洲》2009年第2期。
② Daron Acemoglu, Simon Johnson, and James A. Robinson, "The Colonial Origins of Comparative Development: An Empirical Investigation", *American Economic Review*, 2001, 91(5), pp. 1369-1401.
③ Roberto S. Foa, "Persistence or Reversal of Fortune? Early State Inheritance and the Legacies of Colonial Rule", *Politics and Society*, 2017, 45(2), pp. 301-324.

志着中国近代政治从传统帝制向现代民主政治的过渡。共和制建立后,中央政府进行了一系列改革措施,包括清除帝制残余、建立现代政府架构等,为中国政治的现代化作出了贡献。1949年,中国共产党领导的革命取得了全国胜利,新中国成立。此后,中国政治面貌发生了翻天覆地的变化。

新中国成立初期,面临着百废待兴的局面,中国共产党领导下的中国政府面对着重建国家和实现民族独立的艰巨任务。中国始终坚持走社会主义道路,建立了人民民主专政的政治制度,实行了党的领导和人民当家作主的原则。中国共产党领导下的中国政府不断加强党的建设,保持了党的团结和纯洁性,确保了党的正确领导。1978年以来,中国实施了改革开放政策,包括农村改革、城市改革、经济体制改革和科技创新等,推动中国经济的快速发展和社会进步。同时,中国政府积极推进党的建设和反腐败斗争。自改革开放以来,中国政府高度重视党风廉政建设,并且始终坚持反腐败的原则。中共十八大以来,中国政府加大力度打击腐败,取得了显著成效,建立起严密的反腐败体系,树立了执政党的良好形象。

同时,中国政府大力推动社会主义法治建设。建设社会主义法治是中国政治发展的一个重要方面。中国政府颁布了一系列法律法规,保障公民的基本权益,维护社会稳定和公平正义。中国政府还深化司法改革,提高司法公正性和效率,加强了对政府和公务员的监督,增强了人民群众的信任感和满意度。

总的来说,中国自1949年以来在政治上取得了众多的成就。中国政府领导下的发展道路为国家的繁荣和人民的幸福奠定了基础。中国政府继续致力于提高民众的生活水平,加强党的建设和党风廉政建设,推动社会主义法治建设,扩大对外开放,为建设富强、民主、文明、和谐的社会主义现代中国而努力。

本 章 小 结

政治发展研究关注的是第二次世界大战结束后发展中国家的各种政治问题。1960年代是发展政治学蓬勃发展的时期,在行为主义、结构功能主义和现代化理论范式的影响下,学者们为第三世界国家描绘了一条具有高度目的性和普适性的发展道路。现代化过程中所涉及的一系列问题,包括价值观的转变、官僚机构和政党的建设、大众传媒的兴起、经济结构的转型等都得到了密切关注。现代化理论也因此遭到了来自各方面的批评。政治发展应包含多个组成部分,包括政体的稳定、政治和社会秩序之间的关系、国家在社会经济发展中的作用、族群冲突对国家统一构成的威胁、政体转型等。不同的理论范式,如政治经济学、历史制度主义和政体分析都可以被用于分析政治发展。

思考题

1. 发展政治学出现的历史背景是什么?
2. 现代化理论的核心观点是什么?它到了20世纪70年代后为什么步入了低谷?
3. 政治现代化有客观标准吗?如果有,应是哪些标准?
4. 发展中国家的国家建构和西欧国家的经历有什么区别?

延伸阅读书目

1. 曾庆捷:《发展政治学》,复旦大学出版社2018年版。
2. [美]塞缪尔·P.亨廷顿:《变化社会中的政治秩序》,王冠华、刘为等译,生活·读书·新知三联书店1989年版。
3. [美]鲁洵·W.派伊:《政治发展面面观》,任晓、王元译,天津人民出版社2009年版。

后　　记

编写一本《政治学原理》教材，是复旦大学政治学原理教研室全体教师的共同愿望。复旦大学1981年恢复设立政治学的学科，为了做好本科生培养工作，就开始着手编写政治学原理教材，先后出版《政治学概要》《马克思主义政治学》《政治学概论》等本科生教材，影响深远。从前辈政治学者手中接过"政治学原理"课程的接力棒以来，教研室同仁不敢懈怠，所有的努力，都专注于让"政治学原理"这门面向社会科学本科生的大类课程持续升级提质。为此，教研室同仁集体备课，互相切磋，同时打造"慕课"，线上线下混合授课。功夫不负有心人，"政治学原理"先后成为上海市、国家级一流本科课程。与此同时，为课程撰写教材始终是我们念念不忘的手头工作。在复旦大学国际关系与公共事务学院和复旦大学出版社的鼎力支持下，正值复旦政治学学科成立百年，这本由教研室5位教师集体创作的《政治学原理》终于付梓。希冀此书可以一展新时代中国政治学人的风采，亦供众多方家批评。本书写作分工如下：

第一章：陈周旺

第二章：李辉

第三章：熊易寒

第四章：熊易寒

第五章：陈周旺

第六章：李辉

第七章第一、二、三、四节：包刚升；第五节：陈周旺

第八章第一、二、三、四节：包刚升；第五节：陈周旺

第九章：曾庆捷

第十章:曾庆捷

《政治学原理》的出版,除了仰赖学界同仁的支持,也特别要提及,前辈师长陈明明教授欣然为本教材撰写序言,数位国内政治学权威学者对本教材进行匿名评审,提出了宝贵的修改意见。复旦大学出版社邬红伟、孙程姣和朱枫诸位编辑倾尽心血,他们的细致工作令人惊叹,亦有复旦大学政治学系博士生赵迪新协助校对注释,在此一并致谢。

图书在版编目(CIP)数据

政治学原理/陈周旺等著.—上海:复旦大学出版社,2024.9
新时代政治学教材系列
ISBN 978-7-309-16564-7

Ⅰ.①政… Ⅱ.①陈… Ⅲ.①政治学-高等学校-教材 Ⅳ.①D0

中国版本图书馆 CIP 数据核字(2022)第 201016 号

政治学原理
ZHENGZHIXUE YUANLI
陈周旺　李　辉　熊易寒　包刚升　曾庆捷　著
责任编辑/孙程姣　朱　枫

复旦大学出版社有限公司出版发行
上海市国权路 579 号　邮编:200433
网址:fupnet@fudanpress.com　http://www.fudanpress.com
门市零售:86-21-65102580　团体订购:86-21-65104505
出版部电话:86-21-65642845
上海四维数字图文有限公司

开本 787 毫米×1092 毫米　1/16　印张 15.75　字数 265 千字
2024 年 9 月第 1 版第 1 次印刷

ISBN 978-7-309-16564-7/D·1140
定价:48.00 元

如有印装质量问题,请向复旦大学出版社有限公司出版部调换。
版权所有　侵权必究